Stb

Diane von Weltzien verbrachte einen Großteil ihrer Kindheit und Jugend in Südamerika und Afrika und brachte von dort ihre Faszination für Rituale mit. Nach Abschluß ihres Studiums der Geschichte und Psychologie arbeitete sie einige Jahre als Lektorin. Sie ist Autorin sowie Herausgeberin mehrerer Anthologien zu Themenbereichen der Esoterik. Heute lebt sie in Mecklenburg und arbeitet als freie Lektorin, Übersetzerin und Bildhauerin.

Hier stellt die Autorin ausgewählte, mystische Rituale quer durch alle Religionen vor, sie erklärt die Bedeutung der Rituale für den Einzelnen, aber auch für die Gemeinschaft, die sie ausführt. Vom Liebeszauber bis hin zur Dämonenaustreibung werden achtsam und sehr respektvoll die unterschiedlichsten Rituale gezeigt. Das Buch regt an, den Alltag selbst ein wenig bewußter und tiefergehend zu gestalten, es zeigt, mit welch einfachen Mitteln es möglich ist, dem Leben den Sinn zurückzugeben, den viele der Leser suchen. Ein sehr praxisorientiertes, fundiertes und spannendes Buch, das die Unterschiedlichkeit der Menschen zeigt, aber, und das ist verblüffend, erst recht die Gemeinsamkeiten, den gemeinsamen Wunsch nach Spiritualität, Nähe und Gemeinschaft.

Diane von Weltzien

Praxisbuch der Rituale

Rituale verschiedener Kulturen und Religionen

Stb

ISBN 3-89767-488-2

Ab 2007: ISBN 978-3-89767-488-2

1. Auflage

Umschlaggestaltung: Murat Karaçay
Satz: Elke Truckses
Herstellung: Reyhani Druck und Verlag, Darmstadt
www.schirner.com

Inhaltsverzeichnis

Die mit (*) gekennzeichneten Rituale eignen sich für den persönlichen Gebrauch.

»Die Funktion des Rituals, wie ich es verstehe, ist es, dem menschlichen Leben Form zu verleihen, und zwar nicht durch ein bloßes Ordnen auf der Oberfläche, sondern in seiner Tiefe.«

(Joseph Campbell, amerikanischer Mythenforscher)

Vorwort

Der Wecker klingelt. Ein Mann erwacht, reibt sich müde die Augen, verläßt das Bett und begibt sich ins Bad. Nach dem Duschen beginnt er mit der Prozedur der Rasur – wie jeden Morgen, zunächst die linke und dann die rechte Wange. Schließlich putzt er sich die Zähne, fährt sich mit dem Kamm durchs Haar. Er muß dabei nicht denken. Alle Bewegungen sind eingespielt. Schließlich verläßt er das Bad, um sich im Schlafzimmer anzukleiden. Ein Ritual?

Der Vollmond steht am Himmel, die Sterne funkeln. Ein Priester betritt die Lichtung. Er ist festlich gekleidet. Ehrerbietig kniet er vor dem Altar in der Mitte der Lichtung nieder, neigt sein Haupt und ruft mit magisch-religiösen Formeln den Gott an. Mit kontrollierten Bewegungen legt er jeden Gegenstand auf eine dafür vorgesehene Stelle des Altars: einen Dolch, eine flache Schale, in die er eine Flüssigkeit gießt und sie dann mit Blütenblättern bestreut, eine zweite Schale, die leer bleibt. Neben den Altar stellt er einen Käfig. Ein weißes Huhn ist darin. Jeder Handgriff erfüllt eine präzise Bestimmung, alles, was die rechte Hand tut, vollführt zu irgendeinem Zeitpunkt auch die linke. Der rituelle Kontext verwandelt und heiligt jeden Gegenstand, jede Geste, jedes Lied oder Gebet, jede Raum- und Zeiteinheit. Jedes Element bekommt eine neue Bedeutung. Alles ist mehr, als es scheint. Eine konzentrierte Stimmung erfüllt die Lichtung. Unter dem Singsang seiner Gebete erhebt sich der Priester, nimmt eine kleine Trommel von seinem Gürtel und beginnt, indem er sie in dumpfem Rhythmus schlägt, den Altar zu umtanzen. Er umkreist ihn siebenmal in die eine und siebenmal in die andere Richtung. Sein Gesang ist laut, als er schließlich wieder vor dem Altar niederkniet. Achtsam nimmt er das Huhn aus dem Käfig, hält es mit der Linken in geübtem Griff und führt mit der Rechten den Dolch. Dunkelrot tropft das Blut in die Schale, und der Gott fährt hinab in seinen Priester.

An dem ersten Beispiel des Morgenrituals zeigt sich, wie sinnentleert unsere Verwendung des Begriffs »Ritual« im Alltag ist. Wir meinen, weil eine Handlung regelmäßig und immer auf die gleiche Weise abläuft, müsse es sich dabei um ein Ritual handeln. Eine ihrer Wurzeln hat diese negative Sicht des Rituals in der modernen Vorstellung, daß Spontaneität im sozialen Miteinander das Erstrebenswerte ist. Rituale aber sind, bis auf wenige Ausnahmen, nicht spontan. Sie sind strukturiert, genau geplant und lange vorbereitet. Selbst manche der Ethnologen, die es sich zur Aufgabe gemacht haben, speziell die unterschiedlichen Rituale der Völker miteinander zu vergleichen und es eigentlich besser wissen müßten, reduzierten ihre Definition des Rituals darauf, daß es sich dabei um stereotypes Verhalten handle. Zwar sei es in der Vorstellung des Handelnden machtvoll, aber in einem rational-technischen Sinn bleibe es wirkungslos. Rituale als ineffiziente Technik?

Wirkliche Rituale aber, wie das zweite Beispiel, sind magisch-religiös. Sie sind dramatische Darstellungen des Todes und der Wiedergeburt des Mondes, der Jahreszeiten, des Jahres, der Vegetation und der für Wachstum und Gedeihen verantwortlichen Gottheiten. Sie markieren zeitliche Zäsuren in wiederkehrenden Abläufen, schlagen Brücken zwischen den verschiedenen menschlichen Lebensphasen, gliedern einzelne in die Gemeinschaft sozialer Gruppen der Gesellschaft ein. Sie sind eng verbunden mit der Mythologie des betreffenden Volkes und bedienen sich einer Fülle von Symbolen. Rituale sind Urbilder einer mythischen Welterkenntnis.

Am Anfang jeglicher Kultur steht das Staunen des Menschen vor der Fruchtbarkeit, vor dem Zyklus aus Tod und Wiedergeburt. Das agrarische Weltbild der ersten Menschen hat allem rituellen und kultischen Geschehen bis heute einen bleibenden Stempel aufgedrückt. Allein das schon macht Rituale zu einem faszinierenden Thema: In ihnen zeigt sich, wie nahe und vertraut uns die Empfindungswelt der ersten oder der »primitiven« Menschen ist. In Südwestindien gibt es vedische Rituale, die noch heute, nachdem sie über dreitausend Jahre getreu überliefert wurden, in ihrem ursprünglichen Ablauf praktiziert werden. Rituale sind ein erstaunlich konstantes Kulturzeugnis der Menschheit.

Die Funktion von magisch-religiösen Ritualen läßt sich unter fünf Aspekten zusammenfassen: dem rein religiösen Zweck, dem sozialen Charakter, der Bewältigung von Krisensituationen, der Transformation sozialer Strukturen und der reinen Unterhaltung.

»An erster Stelle steht die Verwendung des Rituals als Appell an einen göttlichen Helfer oder an eine überirdische Macht.

Auffallend ist ferner der eminent soziale Charakter. Das religiös-magische Ritual verbindet die Menschen, die daran teilhaben, auf feierliche und bedeutungsvolle Art; das Erneuern und Veranschaulichen der so erlebten Solidarität ist sein tieferer Sinn. »Jede Gesellschaft«, schreibt Émile Durkheim, der große alte Herr der Ethnologie, auf den diese Gedanken zurückgehen, »fühlt das Bedürfnis, die gemeinschaftlichen Gefühle und Gedanken, die ihre Einheit und ihren Charakter ausmachen, in regelmäßigen Abständen zu erneuern und zu bekräftigen. Eine solche moralische Erneuerung kann nur in Treffen und Versammlungen vor sich gehen, wenn die einzelnen sich einander nahe fühlen und ihre gemeinschaftlichen Gefühle bejahen und bekräftigen.«

Daß Rituale die Identität der Gruppe aufbauen, symbolisch darstellen, erneuern und festigen, zeigt kaum ein Beispiel so gut wie jenes des christlichen Abendmahls. Das gemeinsame Brechen des Brotes machte und macht noch heute Christen auf der ganzen Welt, egal welcher Hautfarbe und welchen Geschlechts, zu Tischgenossen und grenzt gleichzeitig die Nichtchristen aus. Mit der Förderung der Gruppensolidarität geht allerdings in der Regel auch eine Stärkung der Macht- und Autoritätsstrukturen innerhalb der Gruppe einher.

Die dritte Funktion des Rituals liegt in der Bewältigung von Krisensituationen. Sobald sich der Mensch für ihn kaum noch kalkulierbaren Risiken und Gefahren ausgesetzt fühlt, greift er auf Magische Formeln, Gebete und Opfer zurück, um sich des göttlichen Beistands zu versichern. Diese Riten vertreiben die Angst, denn sie lassen den Menschen etwas tun, was überschaubar und geregelt ist. Das aktive und kontrollierte Handeln ermöglicht, sich emotional zu stabilisieren. Krisenrituale spielen in einer hochindustrialisierten Gesellschaft eine untergeordnete Rolle, weil Medizin, Technik und Wirtschaft zu rationaler Lebensbewältigung beitragen.

Nicht minder bedeutend ist die Aufgabe von Ritualen, Entwicklungsstufen anzuzeigen. Geburt, Initiation in die Erwachsenenwelt, Eheschließung, Eintritt ins Berufsleben und die Trennung von einem Toten verlangen eine Neuanpassung der inneren Einstellung und die Übernahme einer neuen sozialen Rolle. Umstrukturierende Rituale sind von Natur aus schöpferisch, weil sie durch Definition und Umdefinition dem einzelnen seine soziale Position zuweisen und so die Gesellschaft ordnen.

Schließlich erfüllen manche Rituale auch noch den Zweck der Unterhaltung und des Spiels. Solche Kulthandlungen haben eine Eigendynamik entwickelt, die sie zum Selbstzweck machen. Je umfangreicher und komplizierter diese Rituale werden, desto mehr wird die Macht der dafür Verantwortlichen gestärkt. Denn neben besonderen Plätzen beziehungsweise Gebäuden wird nun auch die Beherrschung eines umfangreichen Wissens sowie die Kooperation von vielen im Ritual ausgebildeten Personen mit genau festgelegten Rollen verlangt. Antike Mysterienspiele fallen teilweise unter diese Kategorie; sie befriedigten in der vormodernen Gesellschaft den Wunsch eines mehr oder weniger passiven Publikums nach Unterhaltung und Zerstreuung.

In entwickelten Gesellschaften werden vor allem die vier zuletzt genannten Funktionen von anderen, nichtreligiösen Institutionen übernommen und erfüllt. So dienen die Staatsfeier und die Wahlveranstaltung der Schaffung von Solidarität. Die Ziviltrauung und in manchen Gegenden die Jugendweihe sind als Ritual der sozialen Umstrukturierung zu verstehen. Sport- oder Kulturveranstaltungen unterhalten die Massen. Mithin wird dem Bedürfnis des Menschen nach Ritualen scheinbar noch entsprochen, aber lediglich in einer entspiritualisierten Form.

Die christlichen Kirchen, insbesondere die römisch-katholische Kirche, haben uns lange Zeit die Rituale geboten, derer wir bedurften. Aber seit Jahren schon treten mehr und mehr Menschen aus den Kirchen aus. Viele von ihnen spüren schon bald das schmerzliche Fehlen von Ritualen und suchen nach neuen Möglichkeiten, um dieses menschliche Grundbedürfnis zu befriedigen.

Im nordamerikanischen Schamanismus und in der Alten Religion – dem Hexenkult, dessen Wurzeln größtenteils auf die Kelten zurückgehen – würden sie auf einen reichen Fundus von kultischen Festen und rituellen Zeremonien stoßen. Aber kaum jemand wagt sich in dieses Gebiet vor.

Selbstverständlich eignen sich nur die wenigsten alten oder kulturfremden Rituale dazu, heute in ihrer ursprünglichen Form zelebriert zu werden. Sie sind oftmals zu archaisch-blutig oder uns mit ihrem mythologischen und kulturellen Hintergrund zu fremd. Sie haben hier Aufnahme gefunden, damit der Leser erfährt, wie breit das Spektrum der Rituale tatsächlich ist, und damit er sich von ihrer Frische und Unverbrauchtheit anregen lassen kann.

Das Buch ist im wesentlichen eine Sammlung von Ritualen. Manche von ihnen haben lediglich die Aufgabe, dem Leser eine Vorstellung zu vermitteln, wie Rituale beschaffen sein und bei welchen Anlässen sie zum Einsatz kommen können. Andere wiederum sind eigens entwickelt worden, um heutigen Bedürfnissen entgegenzukommen und in entsprechenden rezeptähnlichen Vorschlägen »machbare« Zeremonien anzubieten. Vor allem letztere verleihen dem Band den Charakter des »Praxisbuches«.

Die theoretischen Grundlagen, die Voraussetzung sind, wenn der Leser selbst nach den eigenen Vorstellungen Rituale entwickeln oder erschaffen will, wurden weitgehend vernachlässigt. Sie sind das Thema meines zweiten Buches, *Rituale neu erschaffen.*

Eine solche Sammlung von Ritualen kann natürlich nicht vollständig sein; dies wäre in Anbetracht der unglaublichen Vielfalt und sogar oft regional stark ausgeprägten Unterschiedlichkeit ansonsten verwandter Rituale eine nicht zu bewältigende Aufgabe. An ihr scheiterte Anfang des Jahrhunderts schon der Religionshistoriker Sir James Frazer, dessen Lebenswerk *Der goldene Zweig* von der ersten bis zur letzten Ausgabe von ursprünglich zwei auf schließlich zwölf Bände anschwoll.

Die Gliederung des Stoffes in drei Abschnitte, wie sie von mir vorgenommen wurde, ist nicht immer ganz konsequent. Viele Rituale beinhalten mehrere Aspekte und können vollkommen korrekt gleichzeitig verschiedenen Sinnzusammenhängen zugeordnet werden. Schon aus Gründen der Übersichtlichkeit ist jedoch eine Struktur unbedingt erforderlich. Schließlich möchte ich mich an dieser Stelle bei all jenen, die mich beim Zusammentragen und Bearbeiten dieser großen Stoffmenge unterstützt haben, für ihre Hilfe bedanken. Mein Dank gilt auch jenen Ethnologen, die durch ihre engagierte Forschungsarbeit meinen Horizont als Fachfremde um so viel Interessantes bereichert haben. Ich wünsche Ihnen, liebe Leserin und lieber Leser, daß es Ihnen ebenso ergehen möge.

Schwarzenhof 1994/1996

I.

Rituale für den Jahreslauf

Einführung

Die im folgenden beschriebenen Rituale verlangen ein bestimmtes Wissen über den Kalender. Unser eigenes Kalendersystem hat sich im Alltag so sehr bewährt, daß wir uns kaum noch die Existenz und den Gebrauch anderer Jahresgliederungen vorstellen können. Doch viele Völker und Länder folgen bei der Strukturierung der Zeit anderen Prinzipien als wir. Und auch unser eigenes System war dem Wandel unterworfen.

Bis zur Regierungszeit Julius Cäsars begann das römische Jahr mit dem landwirtschaftlichen Jahr am 1. März; unsere Monatsnamen September, Oktober, November und Dezember sprechen noch von ihrer Vergangenheit als den siebten bis zehnten Monaten.

Cäsar griff bei seiner Kalenderreform auf die Ägypter zurück, die aus kultischen Gründen das Sonnenjahr als Zeitmaß gewählt hatten und auch schon über ein alle vier Jahre wiederkehrendes Schaltjahr verfügten. Im Julianischen Kalender wurden diese Aspekte übernommen, und auch den Jahresanfang legte man auf den 1. Januar.

Doch das Julianische Jahr war um 0,0078 Tage zu lang, und so entstand bis 1582 ein Überschuß von zehn Tagen, was sich insbesondere bei der Berechnung des Osterfestes bemerkbar machte. Papst Gregor XIII. verfügte daher, daß einmalig in diesem Jahr auf den 4. der 15. Oktober folgen sollte und setzte ein neues Schaltjahrsystem ein, das die nahezu vollkommene Übereinstimmung des Kalenderjahres mit dem astronomischen von 365,25636 Tagen ermöglichte.

Nicht immer und überall jedoch ist das Sonnenjahr die Berechnungsgrundlage. Sehr viel ursprünglicher, da leichter wahrnehmbar, ist der Mondmonat und das darauf aufbauende Jahr. Diese Zeitrechnung hat sich neben vielen anderen im jüdischen und im mohammedanischen Kalender erhalten. Der Kalender der Mohammedaner fußt auf einem reinen Mondjahr mit Monaten von neunundzwanzig und dreißig Tagen. Ein Zyklus von dreißig Mondjahren enthält neunzehn Jahre zu dreihundertvierundfünfzig Tagen und elf Jahre zu dreihundertfünfundfünfzig Tagen. Das entspricht erstaunlich gut der astronomischen Länge des Mondjahres, das zwölf Mondzyklen von neunundzwanzig Tagen, zwölf Stunden, vierundvierzig Minuten und drei Sekunden beinhaltet.

Wir sehen also, weder Berechnungsgrundlage oder der Anfang des Jahres, noch der Zählbeginn der Zeit – von den Christen bei Jesu Geburt, den Juden bei der Weltschöpfung (3761 v. Chr.) und den Mohammedanern bei der Hedschra (Auswanderung Mohammeds von Mekka nach Medina zwischen dem 28.6. und 20.9.622 n. Chr.) festgemacht – ist kulturübergreifend.

Rituale, die den Jahres-, Jahreszeiten- und Monatswechsel, den Wechsel zwischen Tag und Nacht begleiten und unterstreichen sollen, gehören in die Kategorie der Übergangsriten. Die Dauer des Übergangs kann dabei von einem bis zu mehreren Tagen variieren. Von alters her haben zum Beispiel die zwölf Tage und Nächte zwischen Wintersonnenwende und Dreikönige den Charakter eines solchen Übergangs.

Mit dem Ende und Anfang der durch den Kalender festgelegten Zyklen gehen in den Ritualen oft Umkehrungen des normalen Lebens einher. Die soziale Ordnung wird aufgehoben, Herren werden plötzlich zu Dienern, die Toten nehmen für eine kurze Zeit wieder am irdischen Leben teil.

Neben diesen durch den Kalender bedingten »klassischen« Anlässen wie Sonnenwende, Tagundnachtgleiche, Vollmond, Neumond und so weiter gibt es Tage, die mit einer bestimmten Gottheit verbunden sind und daher durch Rituale und Feste gefeiert werden.

Tag und Nacht

Begrüßung des Tageslichts

Bei Völkern, die in Gegenden mit langen Wintern leben, ist das Bewußtsein für die Kostbarkeit von Sonnenlicht verständlicherweise besonders ausgeprägt. Viele kennen daher täglich wiederholte Zeremonien zur Begrüßung des ersten Tageslichts, die aber nicht unbedingt auf einen zugrundeliegenden Sonnenkult schließen lassen.

Bei den Aleuten Alaskas verweisen mythologische Quellen eher auf Sila, die Gottheit des Wetters und des Windes, die mit dem folgenden Ritual jeden Morgen begrüßt wurde:

Bei Tagesanbruch kamen die Männer der Aleuten nackt aus ihren Behausungen, stellten sich mit dem Gesicht zur aufgehenden Sonne und öffneten ihre Münder, um Licht und Luft zu schlucken. Sie gingen an einen Bach oder an den Strand, schlugen mehrmals mit der rechten Hand auf das Wasser und sagten: »Ich schlafe nicht; ich bin lebendig; ich begrüße gemeinsam mit dir das lebenspendende Licht.«

Darauf wandten sie sich erneut dem Osten zu und hoben ihren rechten Arm, um Wasser aus ihren Händen auf ihren Körper hinablaufen zu lassen. Dann tranken sie ein wenig, wuschen ihre Hände und Gesichter und wateten in den Bach, um den Sonnenaufgang zu erwarten.

An den Tagen, an denen sie dieser Zeremonie ein Bad folgen ließen, nahmen sie frisches Wasser mit nach Hause und boten es anderen Stammesmitgliedern an.

Kleines Zubettgehritual

Kinder zeigen ein großes Bedürfnis nach Ritualen, die das Zubettgehen erleichtern. Vielleicht erleben sie die Angst vor der Nacht als kleinem Tod noch stärker als die Erwachsenen und brauchen deshalb etwas Tröstendes, bevor sie einschlafen.

Für die meisten Menschen reiht sich ein Tag an den anderen, ohne daß sie noch genau sagen könnten, welche Ereignisse sich im einzelnen zugetragen haben oder was den einen Tag vom anderen unterschied. Ein Tagebuch zu führen ist hier ein guter Weg, bewußter leben zu lernen, und eingebettet in ein entsprechendes Ritual ist es auch dazu geeignet, dem Tag einen angemessenen Abschluß zu geben.

- Schaffen Sie sich in Ihrem Schlafzimmer eine kleine private Ecke mit einem Schreibtisch. Es sollte wirklich ein intimer Platz sein, den sowohl Ihr Partner oder Ihre Partnerin als auch Ihre Familie als solchen respektiert. Schmücken Sie ihn mit Gegenständen, die Ihnen von Bedeutung sind, mit Fotos von Menschen, die Ihnen nahestehen und mit kleinen Dingen, die für Sie symbolischen Wert haben. Auf dem Schreibtisch haben Sie immer Ihr Tagebuch liegen – es muß selbstverständlich sein, daß Ihre Mitbewohner diese Intimsphäre respektieren.
- Wenn Sie abends bereit sind, ins Bett zu gehen, dann legen Sie sich noch nicht gleich hin, sondern setzen sich erst noch an Ihren kleinen Schreibtisch.
- Zünden Sie dort eine Kerze an, ordnen Sie die Blumen, die Sie in einer Vase immer dort stehen haben, und stecken Sie ein Räucherstäbchen an. So haben Sie alle

vier Elemente – Feuer, Wasser, Erde und Luft – als Zeugen für Ihre allabendliche Bestandsaufnahme beisammen.

- Schließen Sie die Augen, und lassen Sie die Ereignisse an Ihrem inneren Auge vorüberziehen.
- Erst dann, wenn Sie die Höhen und Tiefen des Tages »gesichtet« haben, schreiben Sie sich die *wichtigsten* auf. Versuchen Sie nicht, den chronologischen Tagesablauf festzuhalten, denn das wird Sie wahrscheinlich bald überfordern und Sie verlieren vielleicht die Lust, das Ritual auch weiterhin durchzuführen.
- Wenn Sie mit dem Schreiben fertig sind, dann schlagen Sie das Buch zu und rufen die vier Elemente als Zeugen dafür auf, daß Sie sich nach bestem Wissen und Gewissen erinnert haben.
- Gehen Sie in sich, danken Sie dem Gott und der Göttin für den verstrichenen Tag, und bitten Sie um ihren Schutz in der Nacht und um ihre Führung für den kommenden Tag.
- Löschen Sie die Kerze und das Räucherstäbchen. Nun können Sie mit einem Gefühl der Zufriedenheit zu Bett gehen.

Vollmond und Neumond

Neumond

Der Neumond, der eine Phase abschließt und eine neue einleitet, eignet sich besonders gut für einen Liebeszauber. Wenn eine Frau nach einem längeren Weg allein nun das Gefühl hat, wieder einen Partner in ihr Leben einladen zu wollen, dann könnte sie sich mit dem folgenden, dem Hexenkult entstammenden Ritual einen neuen Geliebten »herbeizaubern«.

- Beschaffen Sie sich eine rosafarbene Kerze und eine Schale, in die Sie Rosenblütenblätter legen.
- Am Abend des Neumonds setzen Sie sich vor Ihren Altar und konzentrieren sich eine Weile auf Ihr Vorhaben. Ihren Altar können Sie in einer beliebigen Ecke Ihrer Wohnung errichten, die Sie zu diesem Zweck ein wenig dekorieren. Vielleicht entschließen Sie sich ja auch dazu, Ihrem Altar einen festen, dauerhaften Platz einzuräumen.
- Ritzen Sie Ihren Namen dreimal in die Kerze, zünden Sie sie an, und stellen Sie sie auf Ihren Altar.
- Nehmen Sie ein paar Blütenblätter aus der Schale, und lassen Sie sie im Osten der Kerze fallen. Dazu sagen Sie: »Aus dem Osten rufe ich meinen neuen Geliebten, der für mich genau die richtigen Eigenschaften hat. Wie der Wind wirst du erwachen, wie ein Wunsch dich erheben! Komm in mein Leben!«
- Nehmen Sie wieder ein paar Blütenblätter aus der Schale, und lassen Sie sie im Süden der Kerze fallen. Dazu

sagen Sie: »Aus dem Süden rufe ich meinen neuen Geliebten, der für mich genau die richtigen Eigenschaften hat. Ziehe ein in mein Leben mit Feuer und Liebe, mit Freude und Tanz!«

- Nehmen Sie zum dritten Mal ein paar Blütenblätter aus der Schale, und lassen Sie sie im Westen der Kerze fallen. Dazu sagen Sie: »Aus dem Westen, aus Aphrodites Gefilden, rufe ich meinen neuen Geliebten, der für mich genau die richtigen Eigenschaften hat. Die Gezeiten werden dich zu mir tragen. Halte Einzug in mein Leben, die Türen sind weit geöffnet.«
- Ergreifen Sie ein letztes Mal ein paar Blütenblätter aus der Schale, und lassen Sie sie im Norden der Kerze fallen. Dazu sagen Sie: »Aus dem Norden rufe ich dich, mein neuer Geliebter, der du für mich genau die richtigen Eigenschaften haben wirst. Aus der Erde wirst du dich erheben. Eile herbei! Kehre mit Weisheit bei mir ein! Ich habe dir die Tür zu meinem Herzen geöffnet und beschwöre dich nun. Materialisiere dich, Geliebter. Das ist der Wille der Göttin.«

Es dauert etwa einen Mondzyklus, bevor das Ritual Wirksamkeit zeigt. Wenn diese Geduldsprobe überstanden ist, dann werden nach und nach neue Menschen in Ihr Leben treten, unter denen sich auch ein oder mehrere Bewerber befinden. Da Sie sich mit Ihrer Bitte direkt an das Universum gewandt haben, verlangt es die Höflichkeit, daß Sie jedem der Bewerber zumindest eine Chance geben.

Vollmond

Der Vollmond spielt in allen sogenannten Naturreligionen eine entscheidende Rolle. Zum einen ist der Mond mit seinem Zu- und Abnehmen das Symbol des Gebarens schlechthin, zum anderen ist er ganz einfach jener Himmelskörper, dessen regelmäßige Veränderung am leichtesten wahrgenommen werden kann.

Viele Rituale haben eine größere Wirksamkeit, wenn sie im Freien bei Vollmond zelebriert werden.

Bei alten und modernen Hexengemeinschaften ist der Stand des Mondes bei allen Ritualen von großer Wichtigkeit, sei er zunehmend oder abnehmend, sei es Neumond oder Vollmond. Es gibt jedoch auch rituelle Zeremonien, die den Mond nicht nur als zusätzliche Kraft nutzen, sondern den Mond als solchen ehren wollen.

Die folgende Zeremonie wird bei Sun Bears multikulturell-indianischem Bären-Stamm sowohl im Raum als auch unter freiem Himmel gefeiert.

- Der Zeremonienleiter tritt zuerst in den Raum und geht in Richtung des Mondes – also entgegen dem Uhrzeigersinn – einmal im Kreis herum.
- Wenn er zu seiner Ausgangsposition zurückgekehrt ist, dann sollte er so lange warten, bis der Kreis der Teilnehmer sich gebildet hat. Dann tritt er ins Zentrum, bietet dem Mond in einer kleinen Flasche Wasser an und gießt es in eine bereitstehende Schale. Danach offeriert er auch die Schale dem Mond und stellt sie schließlich in die Mitte des Zirkels. Darauf bietet er dem Mond einen bereitgehaltenen Kristall an und stellt ihn neben die Schale mit dem Wasser.

Auf gleiche Weise verfährt er mit einer Schüssel voll Maismehl.

- Er bereitet das *Smudging*, die reinigende Räucherung, die im dritten Teil des Buches (S. 228-230) beschrieben wird, vor und beräuchert jeden Teilnehmer.
- Während der Räucherung können die Teilnehmer chanten oder singen.
- Der Zeremonienmeister geht in die Mitte des Kreises, holt das Maismehl und setzt sich dann wieder an seinen Platz. Er nimmt eine Prise Maismehl und bietet sie zusammen mit seinen Wünschen, Chants, Gedichten oder Gebeten dem Mond an. Dann reicht er die Schale mit dem Maismehl an seinen rechten Nachbarn weiter, der ebenfalls eine Prise nimmt und diese mit einem Opfer in Form eines Gebets dem Mond darbietet. So wird das Maismehl in der Runde herumgereicht.
- Der Ritualleiter geht in die Mitte des Zirkels und nimmt den Kristall in die Hand. Er hebt ihn über seinen Kopf, mit der Spitze zum Mond gerichtet, und bittet dann entweder still oder laut darum, daß die Energie des Mondes in den Kristall hinabsteigen möge. Dann richtet er die Spitze des Kristalls über die Schüssel mit dem Wasser und schüttelt ihn viermal. Dadurch wird die Energie des Mondes in das Wasser gezogen.
- Er bietet die Schüssel mit dem Wasser dem Mond an. Dann bittet er den Mond, das Wasser zu segnen, auf daß es allen zu klaren, lebhaften Träumen verhelfen möge. Anschließend reicht er die Schale in Mondrichtung unter den Teilnehmern herum. Jeder nimmt einen kleinen Schluck von dem Wasser und bittet still für sich, das Wasser möge helfen, die Wahrheit des Mondes zu empfangen, zu verstehen und auszusprechen.
- Der Zeremonienmeister bietet das in der Schale verbliebene Wasser nochmals dem Mond an. Er bittet dar-

um, daß der Erde und allen ihren Kindern in dem nun beginnenden Zyklus ausreichend Wasser zur Verfügung stehen möge.
Anschließend gießt er den Rest des Wassers auf die Erde.

- Je nach Wunsch kann die Gruppe nun noch einmal zur Großmutter Mond chanten oder singen.
- Der Leiter sammelt die Gegenstände, die für die Zeremonie verwendet wurden, wieder ein. Von ihm angeführt verlassen die Teilnehmer den Kreis. In Mondrichtung, wie sie ihn betreten haben. Dadurch kann jeder seinen Gang um den Zirkel vervollständigen.
- Der Leiter reinigt alle zeremoniellen Gegenstände, damit sie für ein neues Ritual zur Verfügung stehen. Wenn Sie einen Mondkristall haben, so sollten Sie ihn an einem Ort aufbewahren, wo das Mondlicht auf ihn scheinen kann.

Jahresfreud und Jahresleid

Die Ernte

Die Hos, ein Stamm im Nordosten Indiens, feiern ihr größtes Fest im Januar, nachdem die Ernte eingebracht ist und alle Scheunen voll mit Korn sind. Nach ihren eigenen Angaben fühlen sich Männer und Frauen in dieser Zeit so aufgeladen, so überdreht und voller Übermut, daß es um des allgemeinen Friedens willen unbedingt erforderlich ist, Dampf abzulassen und Leidenschaften auszuleben.

Die Zeremonien, wie Sir James Frazer sie beschreibt, beginnen mit einer Opferung an den Dorfgott, bestehend aus drei jungen Hühnern, einem Hahn und zwei Hennen, von denen die eine schwarz sein muß. Hinzu kommen die Blüten eines bestimmten Busches, Reismehlbrot und Sesamsaat. Diese Gaben werden von dem Dorfpriester dargereicht, der darum betet, daß sie und ihre Kinder in dem neu beginnenden Jahr von Krankheit und Unglück verschont bleiben mögen, daß der Regen zur rechten Zeit und in der richtigen Menge komme und ihnen eine gute Ernte beschere. Manchmal wird bei diesem Anlaß auch für die Seelen der Toten gebetet.

Die Hos gehen davon aus, daß sie regelmäßig, gerade zu dieser Jahreszeit, von einem bösen Geist heimgesucht werden. Daher versammeln sich Männer, Frauen und Kinder auf dem Dorfplatz und ziehen mit Stöcken bewaffnet, mit denen sie an die Wände der Hütten und auf den Boden schlagen, laut singend und schreiend durch das Dorf, bis sie sicher sind, daß sie den bösen Geist in die Flucht geschlagen haben. Danach lassen sie sich nieder, um kräftig zu speisen und sich mit Reisbier für die wilden Ausbrüche zu stärken, die danach folgen.

Für drei bis vier Tage ist die alltägliche gesellschaftliche Ordnung vollkommen aufgehoben. Diener lassen sich von ihrem Herrn aufwarten, Kinder sind ihren Eltern nicht mehr gehorsam, Männer verlieren ihren Respekt vor den Frauen, und die Frauen selbst sind auf einmal nicht mehr scheu und zurückhaltend. Sie alle werden zu Bacchanten, die sich in einer Orgie saturnalischen Gepräges verlieren. Söhne und Töchter schmähen ihre Eltern, die ihnen in nichts nachstehen, mit groben Worten, Männer und Frauen verwandeln sich, indem sie nur an die Erfüllung ihrer sexuellen Bedürfnisse denken, zu Tieren.

Das Fest wird nicht gleichzeitig in allen Dörfern der Hos abgehalten, sondern in einer abgesprochenen Reihenfolge, so daß diejenigen, die von Dorf zu Dorf ziehen, insgesamt vier bis sechs Wochen feiern können. Jedem Teilnehmer ist die größtmögliche Freizügigkeit eingeräumt. Junge Frauen können sich tagelang bei den Männern ihrer Nachbardörfer aufhalten, ohne daß ihnen irgendwelche Zwänge auferlegt oder Vorwürfe gemacht werden.

Neujahr

Die Lisu in Nordthailand, so berichtet unter anderen Hans Manndorff, zelebrieren ihr Neujahrsritual abhängig vom Mondkalender Anfang Februar. Die Zeremonien, die damit in Verbindung stehen, werden als die wichtigsten im Jahreslauf angesehen und dauern drei Tage. Zentraler Inhalt des Festes ist die Erneuerung der Verbundenheit mit den Dorfnachbarn wie auch die mit der Dorf- und Stammesgemeinschaft. Auch die Verehrung der Ahnen, wobei Schweine geopfert, zeremonielle Mahlzeiten abgehalten und Besuche zu den Gräbern kürzlich Verstorbener unternommen werden, spielt eine große Rolle.

Die *Vorbereitungszeit*, die gewöhnlich mehrere Wochen dauert, gehört bereits zum Ritual. Vor allem die Frauen des Stammes haben ein gewaltiges Arbeitspensum zu bewältigen: Nicht nur die Stammestracht aller Familienangehörigen, sondern auch sämtliche Haushaltsgeräte wie Körbe, Bambusgefäße, Textil- und Holzgegenstände müssen erneuert werden. Als Symbol für das verstrichene Jahr legt man das Alte außerhalb des Dorfes ab. Am ersten Festtag werden die neuen Sachen in Gebrauch genommen, da ja auch das Jahr und der Mensch sich erneuern und läutern sollen.

Schon seit den frühen Morgenstunden des *ersten Rituatages* werden Reiskuchen und andere süße Speisen zubereitet. Frauen und Kinder, Burschen und junge Mädchen sammeln sich um die Reisstampfer, denn jeder ist darum bemüht, den Stampfer für einige Zeit zu betätigen. Auf diese Weise, von Lachen und Geplauder, von gelegentlichem Gesang und Trinken begleitet, hält das fröhliche Treiben bis zum Nachmittag an.

In jedem Haushalt werden an diesem Tag Schweine oder

Hühner vom Familienoberhaupt, das damit zu diesem Anlaß jeweils die Funktion des Dorfzauberers übernimmt, rituell geschlachtet. Unter Anrufung der Ahnengeister und Bitten um Schutz und Wohlstand wird dem Tier die Kehle durchgeschnitten. Das Blut wird aufgefangen und in gestocktem Zustand zu einer Art Blutwurst verarbeitet.

Jedes Familienoberhaupt schmückt dann den Hausaltar und legt auf ihm das Fleisch und andere Gaben aus. Es sind die Opfer für die Ahnengeister. Dieser Zeremonie schließt sich der Besuch des Grabes des zuletzt verstorbenen Verwandten an.

Ist dies geschehen, werden die Nachbarn besucht. Man wünscht sich gegenseitig Gesundheit und ein langes Leben und nimmt an dem Schmaus teil, der aus dem Fleisch der geopferten Schweine und zubereiteten Neujahrsspeisen besteht. Die Männer sprechen dem Alkohol zu, der von den jeweiligen Gastgebern freigiebig angeboten wird.

Noch am Nachmittag dieses ersten Tages holen die jungen Burschen kleine grüne laubtragende Bäume aus dem Wald und pflanzen einen von ihnen vor jedem Haus des Dorfes auf. Diese Bäume werden mit Reiskuchen, Schweinefleisch und Bananenblättern behängt. Auch am Fuße dieses Neujahrsbaumes legt man zahlreiche Gaben nieder, darunter alkoholische Getränke, Räucherstäbchen, Wachskerzen, Reiskuchen auf Bananenblättern und Fleischstücke des geopferten Schweines.

Am Abend des gleichen Tages finden sich die Dorfbewohner zu rituellen Kreistänzen zusammen. Burschen und Mädchen, Frauen und Männer ziehen von Haus zu Haus, formen Tanzgruppen und umtanzen die vor den Häusern aufgestellten Neujahrsbäume. Die Leitung des Tanzes haben die Musikanten, vor allem Lautenspieler und Mundorgelbläser. Die Frauen und Mädchen bilden einen weiten Kreis, halten sich bei den Händen und bewegen sich mit ruhigen, verhaltenen rhythmischen Schritten. Manch eine Frau trägt dabei ihr Kleinkind auf dem Rücken. Die Männer und Burschen hingegen tanzen in wilden Springtänzen entgegen dem Uhrzeigersinn im Inneren des Kreises, wobei sie ihre nackten Füße heftig auf den Boden stoßen und damit den Rhythmus angeben. Diese Tänze dauern bis tief in die Nacht.

Am *zweiten und dritten Tag* werden die Tänze, Besuche und Festmahlzeiten fortgeführt. Höhepunkte ergeben sich, wenn eine Tanzgruppe vor dem Haus des Dorfvorstands ankommt. Dieser tritt dann in der Regel mit einigen alten Männern und dem Dorfzauberer vor sein Haus, um zuzusehen. Er bewirtet die Tanzgruppen gewöhnlich reichlicher als die Haushaltsvorstände, vor allem mit dem hochprozentigen Maisschnaps. Mitunter nimmt er wie alle anderen an dem Tanz um die Neujahrsbäume teil.

Gegen *Ende der Festzeit* führt der Dorfzauberer für einen Haushaltsvorstand auf Wunsch ein Hühnerorakel durch. Ein Hahn oder eine Henne wird geschächtet. Das Blut aus der durchgeschnittenen Kehle läßt man in das Loch, in dem der Neujahrsbaum steckt, fließen. Dann überprüft der Zauberer, wie viele Löcher die Knochen der Hühnerbeine aufweisen. Hat das linke Bein ein Loch, so bedeutet dies, daß der Geist anwesend und das Huhn für das Orakel geeignet ist. Entdeckt der Zauberer in dem rechten Bein drei Löcher, so wird die Familie im kommenden Jahr im Wohlstand leben. Sind jedoch keine Löcher im rechten Bein zu finden, dann muß die Familie alle Haustiere töten, um die Geister zu versöhnen. Ein kundiger Zauberer vermag aus den Knochen des geschlachteten Huhns sogar die Art der Feldfrüchte vorherzusagen, die im kommenden Jahr besonders gut gedeihen werden.

Während der gesamten dreitägigen Festzeit soll niemand in das Dorf zuziehen und niemand es verlassen. Auch alle Arbeiten müssen eingestellt werden – abgesehen von jenen, die unmittelbar den Feierlichkeiten dienen. Alle Menschen des Dorfes werden durch das Neujahrsfest zu einer Einheit, ja zu einer großen Familie zusammengeschweißt. Indem man Tanzgruppen formt, jeden in den Reigen aufnimmt, die Neujahrsbäume vor den Türen aller Häuser umtanzt, Besucher bewirtet und selbst als Besuchender bewirtet wird, bekundet man seine Verbundenheit und gemeinschaftliche Gesinnung. Indem man sich im Rhythmus uralter kultischer Tanzschritte bewegt und vom Klang der Mundorgeln, welche die Stimmen der Dschungelgeister repräsentieren, begleitet wird, vollführt man eine heilige Handlung. Bei diesem Anlaß scheint die soziale und die kultische Einheit tatsächlich in einer heiligen Harmonie identisch geworden zu sein.

Ackerbau- und Regenkult

Entscheidend für den Regenkult der Pangwa, die in Ostafrika an der Ostseite des Malawisees leben, ist ihre gesellschaftliche Struktur: Die einzelnen Verwandtschaftsgruppen sind in einem eigenen Siedlungsgebiet weitgehend eigenständig. Zentraler Ort des Siedlungsterritoriums ist das Grab des Gründervaters der Sippe, das im allgemeinen in einem schützenden Hain liegt und in allen Opfer- und Ritualhandlungen eine wichtige Rolle spielt. Auf den Gründervater führen sich alle bedeutsamen Traditionen zurück. Damit gilt er als Schöpfer der das gesellschaftliche Leben wesentlich prägenden Riten und vor allem als Spender wichtiger Fruchtbarkeitsmedizinen. Diese Zusammenhänge sind für die Ackerbauriten der Pangwa, die hier nach Werner Petermann geschildert werden, von großer Bedeutung.

Jede Verwandtschaftsgruppe hat an ihrer Spitze einen Ältesten, der immer ein direkter Nachfahre des Gründervaters ist. Seine Führungsrolle beruht auf ritueller Autorität, und seine wesentliche Aufgabe ist die Versöhnung der Lebenden untereinander – sowie die Versöhnung der Lebenden mit den verstorbenen Vätern. Er ist bei allen Opferdiensten der Hauptoffiziant, und ihm sind alle anderen Medizinmänner oder Heilkundigen untergeordnet, einschließlich der Regenmacher. Regenzeremonien sind bei den Pangwa keine isolierten Aktivitäten, sondern fester Bestandteil komplexer Ackerbauriten, die zu Beginn jeder Pflanzzeit, im Februar und März, zur Anwendung kommen. Eine Reihe von vorbereitenden Schritten gehen dem Regenopfer, das den Abschluß des Zyklus bildet, voraus: die Reinigung und Neuzubereitung von Medizinen, das »Verschließen des Körpers« und das »Verschließen des Landes«.

Das »Verschließen des Körpers«

Es erfolgt als Abwehrzeremonie gegen Krankheiten und anderes Unheil. Der Älteste stellt dazu eine bestimmte Medizin her, die alle Bewohner seines Siedlungsgebiets in einer gemeinschaftlichen Zeremonie zu sich nehmen und mit der die Herden rituell besprengt werden.

Sobald jeder Mensch und jedes Tier mit der Abwehrmedizin versorgt worden ist, erfolgt als Symbol der Reinigung das Neuanfachen des Feuers. Schlagen die Flammen erst empor, dann erhält jeder Haushalt von diesem Ritualfeuer die Glut für seinen Herd.

Das »Verschließen des Landes«

Gegen Hunger, Dürre, Unwetter, Heuschrecken, Epidemien, wilde Tiere und feindliche Angriffe erfolgt das *»Verschließen des Landes«*. Zu diesem Zweck schreitet der Älteste, assistiert von seinen Brüdern und Söhnen, die Grenzen des Territoriums ab und erneuert die Abwehrmedizin an den Grenzsteinen.

Zur Erneuerung der Fruchtbarkeit steckt er in Bambusröhrchen abgefüllte spezielle Medizin, *inaxata* genannt, in den Ackerboden. Auch die Feldwerkzeuge und das Saatgut werden mit diesem Saft besprengt.

Ihren Abschluß findet die Flurprozession mit Gebeten und Opfern an den Ahnengräbern. Während des Rundgangs hat alle Feldarbeit zu ruhen, und die nicht aktiv am Ritual beteiligten Bewohner dürfen ihre Häuser nicht verlassen.

Die sexuelle Symbolik ist nicht zu übersehen: *inaxata* steht für den männlichen Samen und für die Fruchtbarkeit. Die Regenmedizin *inaxata* hat die Aufgabe, den Regen aus den Wolken auf die Äcker herabzuziehen und sie so zu befruchten.

Sobald das erste Donnergrollen ertönt, entzündet der Älteste mit speziellen, magisch behandelten Reibstöcken auf den Feldern Grashaufen. Ihre Asche gilt als besonders fruchtbar und wird später untergehackt.

Das Regenopfer

Sollte das Gewitter und damit der Regen wider Erwarten vorbeiziehen, so wird ein Regenopfer, das unter anderem die Schlachtung eines weißen Ziegenbocks verlangt, beschlossen. Als Ursache für die drohende Dürre wird der Unfrieden zwischen Lebenden und Toten gesehen. Daher müssen die Toten versöhnt werden. Dies geschieht am Grab des Gründervaters.

Verantwortlich für das Regenopfer ist der Älteste, aber im allgemeinen ist seine Rolle auf die bloße Aufsichtsfunktion beschränkt, während dem Regenmacher alle wichtigen rituellen Handlungen obliegen. Früher einmal hatte jedes Siedlungsgebiet seinen eigenen Regenmacher. Nun aber haben sich die Regenmacher überwiegend direkt am Ufer des Malawisees niedergelassen, da sich die Gewitterwolken über dem See bilden.

Der Älteste des Siedlungsgebiets, in dem trotz der zuvor beschriebenen Rituale der Regen ausgeblieben ist, schickt eine Delegation, die auch schon die erforderlichen Geschenke im Gepäck hat, zu einem der Regenmacher am Malawisee.

Vor der Regenzeremonie darf sich der Regenmacher nicht waschen. Er muß nüchtern bleiben und drei bis vier Tage sexuelle Enthaltsamkeit üben. So ist er im Vollbesitz seiner Kräfte, was eine Vorbedingung für die rituellen Handlungen darstellt, die er vollziehen soll. Der Regenmacher bereitet aus mehreren Pflanzen, darunter als wichtigste *ilixunganguluvi,* ein sehr wasserhaltiger Strauch, einen Brei, dem er durch Besprechen und Bespucken Kraft verleiht. Den größten Teil des Breis nimmt die Delegation wieder mit zurück in ihr Siedlungsgebiet, da sie ihn zum »Verschließen des Landes« benötigen. Den Rest verwendet der Regenmacher für die eigentliche Regenzeremonie.

In einen großen Regentopf, der die Form eines weiblichen Oberkörpers hat und in dem sich zwei Regensteine, der eine männlich, der andere weiblich, befinden, gibt der Regenmacher zu Eleusinefladen, Hanfmehl, *ilixunganguluvi*, anderen Blättermedizinen und einer Masse aus Rizinuskernen den Rest des Medizinbreis. Er fügt Wasser aus dem Malawisee hinzu und verrührt den Inhalt.

Auch hier ist, wie bei vielen Ackerbauriten, die sexuelle Symbolik leicht zu erkennen: Der Regenmacher (Mann) gießt den Medizinbrei (männlicher Samen) in den Regentopf (Körper der Frau). Der Topf hat, wie gesagt, die Form eines weiblichen Oberkörpers. An der Stelle der Brustwarzen befinden sich zwei Öffnungen. Schaum, der durch diese Öffnungen austritt, kündigt Nebel an, quillt er über den Topfrand, so deutet dies auf Wolkenbrüche hin. Stoßen die beiden Regensteine beim Umrühren heftig zusammen, so verursachen sie Blitz und Donner. Das Umrühren muß also vorsichtig geschehen.

Danach taucht der Regenmacher dreimal im See unter, schwimmt unter Wasser ans Ufer zurück und versprüht dort mit dem Mund jedesmal Wasser so, wie der Regen fallen soll. Dabei fordert er den Regen auf, für eine gute Ernte zu sorgen. Dann kehrt er wieder zu seinem Topf zurück, um weiterzurühren. Dieser Prozeß wiederholt sich so lange, bis die Auftraggeber ihm mitteilen, daß ausreichend Regen fällt.

Regen »holen«

Wenn dennoch auch das Regenritual nicht zum Ziel führt, so gibt es in einigen Gegenden der Pangwa noch die Möglichkeit, Regen aus Ludewa zu »holen«. Ludewa ist ein einflußreiches rituelles Zentrum mit einem ungewöhnlichen Opferplatz, zu dem bei Trockenheit auch fremde Stämme, wie zum Beispiel die Ukinga und Ubena, pilgern.

Jene, die dort opfern und von dort Regen holen, haben mit den Leuten von Ludewa den Stammvater gemein, denn der Urahn Pavupala hatte den Opferhain den Kindern seiner Nebenfrau hinterlassen. Daher tritt der Älteste von Ludewa als Sprachrohr des großen Ahnen auf, ist der rituelle Hüter des Regenschreins und Offiziant bei den Regenzeremonien, ohne jedoch damit politische Macht zu erlangen.

Das Regenmachen ist ein fester Bestandteil der Feldbaurituale bei den Pangwa. Eine besonders hervorgehobene Rolle spielt es aber nur dann, wenn der Regen ausbleibt oder eine plötzliche Dürre eintritt.

Regenfall und Gedeihen der Feldfrüchte hängen bei den Pangwa vom Wohlwollen der Ahnen ab, die als Mittler zwischen den Lebenden und der Gottheit fungieren, die den Regen schickt. Regenopfer und Regenzeremonien sind demgemäß in erster Linie an die Ahnen gerichtet und damit Bestandteil eines Ahnenkultes.

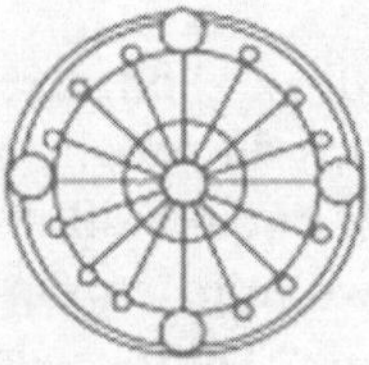

Opfer an die sechs Himmelsrichtungen

Es gibt vier Tage im Jahr, die besondere Einschnitte markieren und die sich daher gut dazu eignen, dem Schöpfer mit einem Ritual für unser Leben und die Existenz aller anderen Lebewesen zu danken: Es sind dies das Frühlingsäquinoktium am 21. März, das Sommersolstitium am 22. Juni, das Herbstäquinoktium am 23. September und das Wintersolstitium am 22. Dezember. Die Tagundnachtgleiche im Frühjahr und im Herbst sowie der längste und der kürzeste Tag im Jahr sind die Schwellen zu den Jahreszeiten Frühling, Sommer, Herbst und Winter. Gerade in der Stadt haben wir fast verlernt, sie wahrzunehmen, und das ist schade, denn letztlich prägt die Natur mit ihren Zyklen jeden von uns, auch wenn es uns kaum mehr bewußt ist.

Versuchen Sie, dieses kleine Ritual, das im wesentlichen aus indianischem Gedankengut entwickelt wurde, zu einem festen Bestandteil Ihres Lebens zu machen. Es bedarf keines großen Zeitaufwands – was sind schon vier halbe Tage auf ein ganzes Jahr gerechnet? Es vermag Ihnen die Übergänge von der einen Jahreszeit zur anderen, und damit die gesamte Natur näherzubringen. Wenn Sie es in einer Gruppe zelebrieren, festigt es auch Ihre Verwurzelung in der Gemeinschaft.

- Leiten Sie das Ritual durch eine Reinigung ein. Nehmen Sie entweder ein ausgiebiges Bad, besuchen Sie eine Sauna, oder machen Sie mit Ihrer Gruppe die weiter hinten im Buch beschriebene Schwitzhüttenzeremonie (S. 225-227). Ihre eigene Reinigung mag mit der Säuberung Ihrer Wohnung oder Ihres Hauses, zum Beispiel durch Räuchern, einhergehen – der sogenannte Frühjahrsputz kann durchaus rituellen Charakter haben.

- Wählen Sie einen geeigneten Platz in der Natur aus, zu dem Sie für dieses Ritual, aber auch für andere Zeremonien immer wieder zurückkehren können. Es sollte ein Platz sein, an dem Sie »etwas spüren«, eher einsam gelegen und vielleicht etwas geschützt. Bedenken Sie bei Ihrer Wahl, daß es am 22. Dezember und am 21. März draußen sehr kalt und unwirtlich sein kann.
- Die Tageszeit, zu der Sie Ihr Ritual durchführen, bleibt Ihnen überlassen. Jedoch sind die frühen Morgenstunden und die Abenddämmerung besonders geeignet. Sollte zufällig Vollmond sein, bietet es sich bei entsprechender Wetterlage an, das Ritual nachts durchzuführen. Um die richtigen »Dinge« für Ihr Opfer an die sechs Himmelsrichtungen mitzubringen, können Sie sich an der im folgenden beschriebenen Symbolik des Medizinrads orientieren.

Der *Norden* (Winter) ist mit dem Monat der Erderneuerung (22.12. bis 19.1.), dem Monat der Rast und Reinigung (20.1. bis 18. 2.) und dem Monat der großen Winde (19.2. bis 20.3.) verbunden. Ihm zur Seite stehen die *Minerale* Quarz, Silber und Türkis, die *Pflanzen* Birke, Zitterpappel und Wegerich, die *Tiere* Schneegans, Otter und Puma, die *Farben* Weiß, Silber und Türkis sowie das *Element* Erde.

Der *Osten* (Frühling) ist mit dem Monat der knospen den Bäume (21.3. bis 19.4.), dem Monat der wiederkehrenden Frösche (20.4. bis 20.5.) und dem Monat der Maisaussaat (21.5. bis 20.6.) verbunden. Ihm zur Seite stehen die *Minerale* Feueropal, Chrysokoll und Moosachat, die *Pflanzen* Löwenzahn, blaue Camaspflanze und Schafgarbe, die *Tiere* roter Habicht, Biber und Hirsch, die *Farben* Löwenzahngelb, Blau und Weiß/Grün sowie das *Element* Luft.

Der *Süden* (Sommer) ist mit dem Monat der kraftvollen Sonne (21.6. bis 22.7.), dem Monat der reifenden Beeren (23.7. bis 22.8.) und dem Monat der Ernte (23.8. bis 22.9.) verbunden. Ihm zur Seite stehen die *Minerale* Karneol, Granat/Eisen und Amethyst, die *Pflanzen* Heckenrose, Himbeere und Veilchen, die *Tiere* Specht, Stör und Braunbär, die *Farben* Rosa, Rot und Purpur sowie das *Element* Wasser.

Der *Westen* (Herbst) ist mit dem Monat der fliegenden Enten (23.9. bis 23.10.), dem Monat der ersten Fröste (24.10. bis 21.11.) und dem Monat des langen Schnees (22.11. bis 21.12.) verbunden. Ihm zur Seite stehen die *Minerale* Jaspis, Kupfer/Malachit und Obsidian, die *Pflanzen* Königskerze, Distel und Schwarzfichte, die *Tiere* Rabe, Schlange und Elch, die *Farben* Braun, Orange und Schwarz sowie das *Element* Feuer.

Natürlich müssen Sie sich nun nicht auf die Suche nach einem Braunbären oder blauen Camasspflanzen machen, um sie zu opfern. Das ist auch nicht der Sinn dieser Zuordnungen. Sie sollen vielmehr bei Ihnen Assoziationen wecken. Denkbar wäre also zum Beispiel, als Vorbereitung des Rituals einen Braunbären zu zeichnen und dann zu »opfern«. Erscheint Ihnen dies zu aufwendig, so können Sie auch einfach auf die vier Elemente oder aber auf die Farben zurückgreifen. Eine weitere Möglichkeit wäre, jeweils die Jahreszeit besonders zu würdigen und hervorzuheben, die mit dem Datum der Zeremonie verbunden ist, also am 21. März den Frühling, am 22. Juni den Sommer, am 23. September den Herbst und am 22. Dezember den Winter.

Als Opfergaben für die fünfte Himmelsrichtung, die Mutter Erde, benötigen Sie Maismehl oder Bohnen und als Geschenk für Vater Himmel, die sechste Himmelsrichtung, bietet sich Tabak, eine Strähne Ihres Haares oder eine andere Gabe, die Ihnen etwas bedeutet, an.

- Gereinigt und mit den richtigen Gegenständen ausgerüstet sind Sie also nun an dem von Ihnen gewählten Ort des Rituals angelangt. Knien Sie nieder, und verharren Sie einen Augenblick in meditativer Selbstbesinnung. Erinnern Sie sich daran, wozu Sie gekommen sind! Erinnern Sie sich Ihrer selbst!
- Legen Sie Steine in einem Kreis aus, in dem sich ein nach den Himmelsrichtungen ausgerichtetes Kreuz befindet. Macht Ihnen das zuviel Mühe, so genügt es auch, lediglich die Himmelsrichtungen und ihre Mitte mit Steinen oder Stöcken zu markieren.
- Sie ergreifen nun Ihre Opfergabe für den Himmel und strecken sie mit beiden Händen dem Himmel anbietend entgegen. Sprechen Sie Worte wie zum Beispiel: »Ich danke dir, Vater, daß du mir und allen Wesen Leben schenkst.« Denken Sie die Worte nicht nur! Sie manifestieren sich leichter, wenn Sie sie laut aussprechen. Handelt es sich bei Ihrer Gabe um Tabak, so können Sie ihn aus Ihren Händen einfach fortblasen und dem Wind überantworten.
- Als nächstes beugen Sie sich mit Ihrem Geschenk für Mutter Erde zum Boden und sagen: »Ich danke dir Mutter, daß du mich und alle Lebewesen trägst und nährst.« Geben Sie dann das Maismehl oder die Bohnen in die Mitte Ihres Kreises.
- Die erste Himmelsrichtung, der Sie sich zuwenden, ist jene, deren Jahreszeit Sie einleiten. Am 23. September beispielsweise beginnen Sie mit dem Westen. Reichen Sie dem Westen Ihre Gabe entgegen, und sprechen Sie: »Ich danke dir, Westen, für den Herbst, den du schickst.« Dann legen Sie Ihr Geschenk am Westpunkt Ihres

Steinkreuzes nieder. Auf die gleiche Weise und mit ähnlichen Worten verfahren Sie dann mit dem Norden, dem Osten und dem Süden.

- Die jeweiligen Formulierungen, die ja *Ihre* persönliche Dankbarkeit ausdrücken sollen, können Sie natürlich auch selbst wählen. Denkbar sind auch Bitten oder die Benennung von Dingen beziehungsweise Menschen, für die Sie besonders dankbar sind.
- Nachdem Sie allen sechs Himmelsrichtungen geopfert haben, verweilen Sie noch einen Augenblick in meditativem Schweigen und verlassen schließlich den Ort.

Beltane

Der Hexenkult oder die Alte Religion, wie er auch manchmal genannt wird, war in Europa viele Jahrhunderte, bevor das Christentum kam, aktiv. Manche Forscher führen ihn bis auf das Paläolithikum, also etwa zwanzigtausend Jahre vor unserer Zeit, zurück. Da Nahrungssuche und Fruchtbarkeit im Mittelpunkt jeglichen Strebens des altsteinzeitlichen Menschen lagen, trat aus der Vielzahl der Geistwesen, die Verehrung fanden, bald ein Götterpaar hervor: ein männlicher Gott der Jagd und eine weibliche Göttin der Fruchtbarkeit. Eine lange Entwicklungsgeschichte liegt dieser alten Naturreligion zugrunde, und trotz der Verbreitung des Christentums und der Hexenverfolgung im Mittelalter ist der Hexenkult mit seinen zahlreichen Ritualen bis heute lebendig geblieben. Es ist das Verdienst der Frauenbewegung der sechziger und siebziger Jahre, den Hexenkult – und besonders seine auf das Matriarchat zurückgehenden Aspekte – wiedererweckt zu haben.

Jedoch tut eine Überbetonung des weiblichen Aspekts der Alten Religion unrecht. Da es sich bei ihr um eine Naturreligion handelt und da in der Natur eine Ausgewogenheit zwischen männlich und weiblich besteht, so müssen Gott und Göttin gleichrangig ihren Platz einnehmen. Schließlich trägt jeder von uns auch den gegengeschlechtlichen Aspekt in sich, und nichts anderes hat es mit dem Gott und der Göttin des Hexenkultes auf sich.

Traditionell wird im Hexenkult die dunkle Jahreshälfte, also der Winter, der von Anfang November bis Ende April datiert wird, mit dem Gott assoziiert und die helle Jahreszeit, der Sommer von Anfang Mai bis Ende Oktober, mit der Göttin. Das bedeutet jedoch nicht, daß der Gott im Sommer und die Göttin im Winter weniger aktiv oder unansprechbar sind. Es heißt lediglich, daß während der hellen Jahreshälfte der weibliche Aspekt des Gottes und in der dunklen der männliche Aspekt der Göttin lebendig ist.

Die helle wird von der dunklen Jahreshälfte durch zwei Rituale getrennt: Beltane in der letzten Aprilwoche und Samhain in der letzten Oktoberwoche. In die Sommerhälfte des Jahres fallen drei Rituale: das Fest der Sommersonnenwende um den 22. Juni, Lughnasadh in der letzten Juliwoche und das Fest der Herbsttagundnachtgleiche um den 23. September. Für die Winterhälfte des Jahres sind entsprechend ebenfalls drei Rituale zu nennen: das Julfest der Wintersonnenwende um den 22. Dezember, Imbolc in der letzten Januarwoche und das Fest der Frühlingstagundnachtgleiche um den 21. März. Die natürliche Viertelung des Jahres durch die beiden Tagundnachtgleichen und die beiden Sonnenwenden wird also im Hexenkult noch einmal durch die Feste Imbolc, Beltane, Lughnasadh und Samhain in Achtel halbiert.

Begreift man das Jahr als Kreis, dann entstehen darin mithin zwei Kreuze: eines mit den astronomisch gegebenen Jahreszäsuren und ein zweites mit den jeweils zwischen diesen Terminen liegenden vier Festen. Alle acht Feste werden im Hexenkult als »Sabbatfeste« bezeichnet, wobei die astronomischen Daten die »kleinen Sabbatfeste« festlegen, und die vier dazwischenliegenden Termine werden als die »großen Sabbatfeste« begangen.

Zwei der »großen Sabbatfeste« sollen in diesem Buch beschrieben werden: Beltane an dieser Stelle und Samhain zu einem späteren Zeitpunkt. Beltane ist vor allem durch Marion Zimmer-Bradleys Interpretation in ihrem Buch *Die Nebel von Avalon* weithin bekannt. Was dort geschildert wird, hat jedoch mit dem Beltane, wie es heute in unterschiedlichsten Ausprägungen von Hexenkonventen gefeiert wird, recht wenig gemeinsam.

Dieses wie alle anderen Sabbatrituale wird durch das Ziehen des magischen Kreises eingeleitet, um damit den Ort für die Handlung zu weihen.

Das Ziehen des magischen Kreises

Der Steinkreis und die Schale oder der Kelch beziehungsweise der Gral spielten in keltischen Kulten, zwischen denen und der Alten Religion ein enger Zusammenhang besteht, eine herausragende Rolle. So wenig wir auch über die Praktiken der keltischen Druiden wissen, seien sie in der Bretagne, in England oder in Irland lokalisiert, Steinkreise als magische Orte finden wir nahezu überall. Jeder, der einen Steinkreis betritt, und sei es auch der kleinste, unbedeutendste, spürt die Kraft, die in seinem Zentrum herrscht, und die besondere Ausstrahlung.

Der Kelch unterscheidet sich in seiner symbolischen Bedeutung nur wenig vom Steinkreis. Die Fülle, die Fruchtbarkeit und damit Nahrung und Leben wurden mit ihm assoziiert. Tierisches wie menschliches Blut, das Symbol für die Lebenskraft schlechthin, wurde von Druiden im Zusammenhang mit dem Steinkreis wie auch mit dem Kelch reichlich vergossen.

Der Kreis wie auch der Kelch umfassen einen magischen Inhalt. Im Fall des Steinkreises ist es das gesamte Ritual, im Fall des Kelches die kultische Essenz des Rituals. Nicht nur wird das Magische in beiden praktisch eingesperrt, es werden zugleich auch böse Mächte, Dämonen und Gedanken ausgegrenzt.

Das Ziehen des Kreises hat eine ähnliche Funktion: Die beschworene Kraft soll im Kreis konzentriert und alle störenden Einflüsse am Eindringen gehindert werden.

Der magische Kreis hat in der Regel einen Durchmesser von etwa drei Metern. Er kann im Abstand von einem halben Meter oder weniger von einem weiteren Kreis umschlossen werden. Ist dies der Fall, so wird der Platz zwischen beiden genutzt, um die Namen von Schutzmächten oder von magischen Pflanzen wie Eisenkraut hineinzuschreiben. Gezogen wird der Kreis mit einem realen oder einem imaginierten geweihten Schwert beziehungsweise Dolch. Eine kleine Öffnung wird ausgespart, damit der das Ritual Zelebrierende den Kreis betreten kann. Er schließt ihn, sobald er eingetreten ist.

Hier der Ablauf dieses vorbereitenden Rituals:

- Stellen Sie sich mit dem Gesicht nach Osten gewandt auf, und schlagen Sie ein Kreuz, indem Sie Ihre Stirn, Ihre beiden Schultern und Ihren Solarplexus berühren. Es handelt sich hierbei nicht um das christliche Kreuz, sondern um das gleichschenklige Kreuz der vier Elemente oder der vier kardinalen Richtungen und damit um das Kreuz als Symbol für die Herrschaft über alle Dinge.
- Besitzen Sie ein geweihtes Schwert (oder einen entsprechenden Dolch), so können Sie es verwenden. Tatsächlich ist aber ein solches Instrument nicht unbedingt real erforderlich. Stellen Sie sich ein großes Schwert mit kreuzförmigem Griff vor, das Sie mit der Spitze nach oben in Ihren Händen halten.
- Sagen Sie: »Im Namen der Gottheit ergreife ich dieses Schwert der Macht zur Verteidigung gegen alles Übel und gegen alle Aggression.«
- Stellen Sie sich vor, Sie seien schwer bewaffnet, mit einer undurchdringbaren Rüstung angetan und vibrierten vor lauter göttlicher Kraft.
- Sodann senken Sie das gedachte Schwert und ziehen mit seiner Spitze vom Osten über den Süden und We-

sten bis zum Norden einen Kreis aus goldenen Flammen. Sie können dies tun, indem sie im Mittelpunkt des Kreises stehen und sich um die eigene Achse drehen oder indem Sie den Kreis von außen umschreiten, dann jedoch unbedingt eine Öffnung lassen, um ihn betreten zu können. Wenn Sie einen äußeren Kreis ziehen und in den so entstandenen Ring entsprechende Namen schreiben wollen, dann tun Sie jetzt auch dies.

- Danach stellen Sie sich wieder in die Mitte des Kreises, wenden sich dem Osten zu, strecken mit beiden Händen das Schwert über den Kopf und sagen: »Möge mich der mächtige Erzengel Raphael vor allem Übel beschützen, das aus dem Osten kommt.« Sie wiederholen die Prozedur, indem Sie sich dem Süden zuwenden und den Erzengel Michael, für Westen den Erzengel Gabriel und für Norden den Erzengel Uriel anrufen.
- Nun ist Ihr magischer Kreis geschlossen, und Sie können entweder mit dem eigentlichen Ritual, für das Sie den richtigen Raum bereiten wollten, beginnen oder aber die Zeremonie als magisches Selbstschutzritual abschließen, indem Sie noch einen Augenblick meditierend im Kreis verbleiben und ihn dann verlassen.

Die Beschreibung des eigentlichen Beltane-Rituals folgt den Anweisungen von Raymond Buckland für den von ihm selbst gegründeten Konvent Seax-Wica.

Die Kreislinie und der Altar selbst können mit Blumen geschmückt werden, die Farbe für die Altardecke und die Kerzen ist dunkelgrün. Neben dem Altar liegt eine aus Blumen gewundene Krone. Im nördlichen Viertel des Kreises steht ein großer Kessel mit Brennmaterial für ein Feuer. Im östlichen Viertel ist ein Maibaum errichtet.

Nach dem Ziehen des Kreises wird von einem Ritualassistenten die Glocke dreimal geläutet, um die Konventmitglieder, die Hohepriesterin und den Hohepriester offiziell zum Sabbat zu rufen. Alle zusammen gehen oder tanzen dann mehrmals um den Kreis und schlagen dabei mit kleinen Trommeln oder Tamburinen den Rhythmus. Der Hohepriester und die Hohepriesterin singen gemeinsam eine Hymne und preisen den Gott und die Göttin. Schließlich kommt die Prozession zu einem Ende.

Der Hohepriester sagt: »Der Gott hat das Ende seiner Reise erreicht.« Und die Hohepriesterin fügt hinzu: »Und die Göttin betritt nun den Pfad.« Damit beginnt eine dramatische Darstellung der Ereignisse, die diese Jahreszeit symbolisieren. Zum Beispiel kehrt die Göttin triumphierend aus der Zwischenwelt zurück; ihre Kreativität und Fruchtbarkeit werden zum Thema eines Rollenspiels. Ein Tanz um den Maibaum findet statt, oder Kühe werden zwischen zwei Feuern hindurchgetrieben, um sich ihrer guten Milchleistung zu versichern. Was sich hier abspielt, kann durchaus Ähnlichkeit mit einem griechischen Mysterienspiel, dem Ursprung des Theaters schlechthin, haben. Den Abschluß dieser Sequenz bildet das siebenmalige Schlagen der Glocke, das eine Art Sprechgesang einleitet.

Ritualassistent: »Das Tor schwingt vor und zurück, und jeder kann sich frei von der einen Seite zur anderen bewegen. Der Gott hat das Ende seiner Reise erreicht, um auf die Göttin zu stoßen, die ihn mit Wärme und Behaglichkeit erwartet. Dies ist eine Zeit der Freude und des Teilens. Jetzt nimmt die reiche Erde die Saat an, und darum soll sie jetzt ausgeworfen werden. Gemeinschaft schafft Freude, und Überfluß füllt den Boden. Laßt uns das Pflanzen des Überflusses feiern, das Drehen des Rades, die Jahreszeit der Göttin. Laßt uns die Nacht verabschieden und das Licht willkommen heißen. Gott und Göttin werden zu Göttin und Gott, denn das Rad dreht sich, und wir bewegen uns ewig weiter.«

Hohepriester: »Das Rad dreht sich.«

Alle: »Ohne Unterlaß.«
Hohepriesterin: »Das Rad dreht sich.«
Alle: »Immerfort.«
Hohepriester: »Lebe wohl, Gott.«
Alle: »Willkommen seist du, Göttin.«
Hohepriesterin: »Die Regierungszeit des Wintergottes ist beendet.«
Alle: »Und die Sommergöttin wendet sich dem Licht zu.«
Hohepriesterin: »Willkommen und Abschied.«
Alle: »Willkommen und Abschied.«

Hohepriester und Hohepriesterin führen den Konvent in einem Tanz um den magischen Kreis herum an den Maibaum. Jedes der Konventmitglieder ergreift eines der herabhängenden Bänder, und im gemeinsamen Tanz wird der »Baum bekleidet«. Damit werden die Vereinigung von Männlich und Weiblich wie auch die Gemeinschaft symbolisiert. Dazu wird ein Lied gesungen, das die typischen Eigenschaften dieser Jahreszeit beschreibt.

Hohepriesterin und Hohepriester kehren danach zum Altar zurück. Sie steht mit gesenktem Haupt und vor der Brust gekreuzten Armen vor ihm, und er nimmt die Blumenkrone auf und hält sie über ihren Kopf. Dazu spricht er: »Unser Gott, mit der Göttin an seiner Seite, hat uns durch die Dunkelheit zum Licht geführt. Es war eine lange, nicht immer einfache Reise. Dennoch, die Götter haben ihre Kraft gezeigt, und durch sie sind wir alle gewachsen und gediehen. Mögen sie nun beide ihren Weg fortsetzen. Möge nun die Göttin, mit dem Gott an ihrer Seite, dem Weg weiter folgen. Möge sie alles mit Licht überziehen und die Dunkelheit vertreiben.«

Mit gespreizten Beinen und nach oben gestreckten Armen steht die Hohepriesterin nun da, während der Hohepriester ihr die Krone aufsetzt. Während er dies tut, wird von einem der Ritualhelfer das Feuer im Kessel entzündet, der, wenn er seine Aufgabe erfüllt hat, sagt: »Nun ist die Göttin unter uns. Sprich zu uns Göttin, denn wir sind deine Kinder.«

Die Hohepriesterin nimmt ihre Arme herunter, öffnet sie weit zum ganzen Konvent und spricht: »Ich bin die, die das Rad in Bewegung hält, die neues Leben in die Welt bringt, die allen, die vorübergehen, zuwinkt. In der Kühle des Windhauchs hört ihr mein Seufzen; mein Herz ist von der Brise getragen. Wenn ihr dürstet, so laßt meine Tränen als sanften Regen auf euch fallen; wenn ihr müde seid, so ruht euch auf der Erde, die meine Brust ist, aus. Wärme und Zufriedenheit schenke ich euch und verlange nichts dafür, als daß ihr alle Dinge liebt wie euch selbst. Wisset, daß die Liebe der Funken des Lebens ist. Sie ist immer da, immer bei euch, wenn ihr sie nur sehen wollt, das Licht, das ohne Flackern brennt, das bernsteinfarbene Glühen im Inneren. Liebe ist der Anfang und das Ende aller Dinge. Und ich bin die Liebe.«

Der Hohepriester küßt darauf die Hohepriesterin, und alle Konventmitglieder tun es ihm eines nach dem anderen gleich. Nachdem alle auf ihre Plätze zurückgekehrt sind, führen Hohepriester und Hohepriesterin Hand in Hand alle Anwesenden in einem Tanz um den Kreis an. Immer wenn sie beim Kessel anlangen, springen sie über ihn hinweg. Mehrere Runden tanzen sie, dann verkündet die dreimal geschlagene Glocke das Ende der Zeremonie. Gemeinsam, wie nach jedem Sabbat, wird rituell das Brot gebrochen und Wein getrunken und schließlich der magische Kreis geöffnet. Es folgt nun nach dem Ritual die Beltane-Feier mit Festmahl, Tanz und jeglicher Form von vergnüglicher Unterhaltung.

Sonnentanz

Manche Rituale sind nicht einem bestimmten Datum zuzuordnen und dennoch untrennbar mit dem Jahreslauf verknüpft. Das trifft auch auf eine in der ethnologischen Literatur als »Sonnentanz« bekannte Zeremonie zu, die ihren Ursprung bei den Algonkin-Indianern hat und von den Cheyenne und Arapaho auf ihrer Wanderung nach Westen mitgeführt wurde. Von diesen beiden Stämmen ausgehend fand die Kulthandlung weite Verbreitung bei anderen nordamerikanischen Indianern der Plains.

Die Bezeichnung »Sonnentanz« ist insofern mißverständlich, als die Zeremonie weit mehr Aspekte beinhaltet, als durch diese Namensgebung angedeutet wird. Grundgedanke der Feier war die Neuschöpfung der durch eine imaginierte urzeitliche Katastrophe zerstörten Erde. Getreu ihres Schöpfungsmythos nannten die Süd-Cheyenne den Ritus daher »Neulebenshütte« – nach dem Rundbau, der eigens zu dem Zweck errichtet wurde, um die Welt immer wieder neu zu erschaffen.

Die »Neulebenshütte« garantierte den Fortbestand des Kosmos einschließlich unserer Erde mit all ihren Pflanzen, Tieren und Menschen. Es ist eine sehr ergreifende Vorstellung, daß der Mensch die Fortexistenz der Welt durch eine rituelle Neubelebung jedes Jahr aufs neue sichern muß. Tatsächlich kam das Verbot des Tanzes durch die Amerikaner einem doppelten Tod der Plains-Indianer gleich: Der Verlust ihrer bedeutsamsten religiösen Feier ging einher mit dem Weltuntergang, der Freiheitsberaubung im Reservat und der Zerstörung ihrer mythologischen und religiösen Identität.

Die »Neulebensfeier« fand meistens zwischen Juni und August statt, wenn auch nicht zwingend jedes Jahr. Anstoß zum Tanz gab das Gelübde eines Mannes, der von schwerer Krankheit genesen oder aus großer Gefahr gerettet worden war. Er war der Veranstalter der Feier und spielte als solcher eine zentrale Rolle.

Ich zitiere bei der Schilderung des Rituals aus den Auswertungen, die Horst Hartmann anhand der Aufzeichnungen von Alfred L. Kroeber vornahm, der die Zeremonie im Juni 1900 in einem Reservat der Nord-Arapahos in Wyoming beobachtet und dokumentiert hat.

Der Eröffnungstag

»Nachdem der Stamm am Eröffnungstag seine Zelte in Kreisform aufgestellt hatte, konnte die Opferhütte (...) vorbereitet werden. Unter einem inmitten des Festplatzes errichteten Laubdach versammelten sich die Greise einschließlich des Oberpriesters, des Hüters der heiligen Pfeife. Mitglieder eines geheimen Männerbundes umritten das Lager, zunächst gegen die Sonnenbahn, dann in umgekehrter Richtung innen an den Tipis vorbei. Abends schlug man auf halbem Wege zwischen dem Zentrum des Zirkels und dem westlichsten Punkt des Dorfes das Kaninchenzelt auf, in dem bei Gesang die weiteren Vorkehrungen getroffen werden sollten.

Erster Vorbereitungstag

Drei Ereignisse kennzeichneten den zweiten Tag, der als erster Vorbereitungstag des Sonnentanzes galt: die geheimen Riten im Kaninchenzelt, die Suche nach einem geeigneten Zentralpfosten für die Opferhütte und das symbolische Erlegen eines Bisons. Der Mittelbaum wurde von vier Spähern ausfindig gemacht, die man nach Erfüllung ihres Auftrages mit Gesang und Trommelschlag begrüßte. Anstelle des in früheren Zeiten zur Strecke gebrachten Bisons wurde dann eine Bisonhaut mit Pfeilen beschossen, die außerhalb des Zeltringes auf das Steppengras gelegt worden war. Das Fell wurde nach dieser von drei älteren Männern sinnbildlich vollzogenen Tötung und einer anschließenden Ehrung in das Kaninchen-Tipi gebracht.

Zweiter Vorbereitungstag

Die zeremoniellen Verrichtungen im Kaninchenzelt nahmen auch am zweiten Vorbereitungstag ihren Fortgang. Außerdem wurde die Schwitzhütte gebaut, in der die Reinigung der Tänzer vonstatten gehen sollte. Östlich ihres Eingangs lag auf einem kleinen Erdhügel ein rot und schwarz bemalter Bisonschädel, dessen Nasenlöcher und Augenhöhlen mit Pflanzen – wahrscheinlich mit Beifuß – ausgestopft waren. Während der Veranstalter und seine Frau im Kaninchen-Tipi fasteten, verteilte das Volk in den Gesangspausen Pferde und Nahrungsmittel.

Am frühen Nachmittag grub man die Löcher für den Zentralpfosten und die sechzehn Stützpfeiler des Festhauses. Vor Sonnenuntergang rollte ein Wagen in das Lager, der die Kiefernstämme trug, die als Dachbalken dienen sollten. Diese waren aus den Bergen herangefahren worden.

Jetzt teilten sich die jungen Männer in zwei Gruppen, um ein Scheingefecht zu Pferde durchzuführen. Hernach ritten beide Abteilungen erneut am Zeltring entlang, eine außen, eine innen. Abends gingen zwei Teilnehmer des Tanzes in das Tipi eines alten Mannes, der als ihr ›Großvater‹, das heißt als ihr geistlicher Betreuer, fungierte.

Dritter Vorbereitungstag

Das erste wichtige Geschehnis des dritten Vorbereitungstages war das Fällen und Einbringen des Zentralpfostens für die

Tanzhütte. Gleichzeitig wurden belaubte Cottonwood-Zweige für die Wand des Festhauses (...) herangefahren. Als die Kavalkade und die Wagen das Zeltdorf erreicht hatten, formierten sich wiederum zwei Trupps zu einem Scheingefecht. Darauf folgten zwei Umkreisungen des Lagers in entgegengesetzten Richtungen.

Am späten Nachmittag fand die bedeutsamste Begebenheit der Präparationsperiode statt: der Bau der Opferhütte. Zunächst verließen der Veranstalter, seine Frau und andere Personen das Kaninchenzelt, um sich in einer festlichen Prozession an den Platz zu begeben, auf dem das Tanzhaus entstehen sollte. Das kultische Inventar setzte sich aus dem bereits beschriebenen Schädel, der ›beschossenen‹ Bisonhaut, einer Robe, einer Dachshaut, einem Grabstock, einem Lederseil, dem heiligen Reifen, einem Messer sowie schwarzer und roter Farbe zusammen.

Die Bemalung der Dachbalken, die nach Nordost, Nordwest, Südost und Südwest zeigen sollten, war wie die Ausschmückung des Zentralpfostens in ein schier endloses Geflecht feierlicher Handlungen eingesponnen. Nach dieser Zeremonie richtete man den Mittelbaum mit Hilfe von Zeltstangen in Intervallen auf und senkte ihn in die vorbereitete Grube. Dann wurden die Dachbalken in die Gabel der großen Säule gelegt und auf den inzwischen ebenfalls plazierten Wandpfosten befestigt. Die an der Peripherie des Rundhauses stehenden Cottonwood-Pfeiler waren durch Horizontalstreben verbunden worden, und diese Hölzer bildeten das Widerlager für die zuletzt errichtete, aus dem erwähnten Buschwerk bestehende Wandung.

Auf den Bau der Opferhütte folgte der Einzugstanz, an dem sich die Mehrzahl der versammelten Männer und Frauen beteiligte. An diesem Abend begannen die Sonnentänzer zu fasten, und zuletzt wurde zu später Stunde das Kaninchenzelt abgeschlagen.

Die Neulebenshütte

Hier wäre zu bemerken, daß Kroebers Notizen über die Opferhütte der Nord-Arapaho nichts über den Sinngehalt dieses Bauwerks und seine Ausstattung enthalten. Der Altar, dessen Elemente er bei der Darstellung des zweiten Tanztages skizziert, wurde realiter am ersten Tanztag erstellt. Deshalb wollen wir unser Augenmerk von der Betrachtung der zweiundsiebzig Stunden des eigentlichen Tanzes auf die Hütte und ihr Inventar richten.«

Zum symbolischen Gefüge des Festhauses gehörte, daß die Nord-Arapaho die nach Nordosten, Nordwesten, Südosten und Südwesten weisenden Dachbalken bemalten. »Die Streben im Nordosten und Nordwesten bekamen rote, die Balken im Südosten und Südwesten schwarze Markierungen. Die vier kolorierten Stützen vertraten die ›Vier Alten Männer‹, also die ›Götter der vier Weltviertel‹.

Der Mittelbaum erhielt zwei Ringe, und zwar in einer Höhe von etwa zehn Fuß einen schwarzen, darüber einen roten. Zwischen ihnen wehte ein Stück leuchtenden Baumwollstoffs, während die Gabel des Zentralpfostens mit einem Weidenbusch geschmückt war. Von der Spitze der Säule hing eine mit Adlerfedern und anderen Sakramentalien verzierte Robe herab.

Der im Westteil des Hauses befindliche Altar setzte sich aus dem Bisonschädel, dessen Nase nach Osten zeigte, und einem teilweise überdachten, auf den Zentralpfosten zulaufenden Graben zusammen. Beiderseits der Vertiefung lag je ein Stamm auf dem Boden, und zwischen diesen Stämmen und dem ausgehobenen Rechteck waren jeweils sieben bemalte, mit Kaninchenfell dekorierte Äste eingepflanzt. Hinter dem Altar erhob sich ein Schirm aus sieben Bäumchen, und auf der Rückseite des von zwei Grassoden flankierten Schädels stand ein gegabelter Stab, an den der Veranstalter den heiligen Reifen hängen konnte. Den zitierten, mit belaubten Zweigen geschmückten Rasenstücken kam in diesem Heiligtum große Bedeutung zu: Sie repräsentierten – wie der ganze Altar – die Erde.

Resümierend sei festgestellt, daß das Rundhaus als Ganzes den Kosmos versinnbildlichte. Die Mittelsäule galt als Symbol jener Gottheit, die die Arapaho Heisanani nannten.

Erster Tanztag

Bislang waren die vierundzwanzig Tänzer, die an der von Kroeber studierten Zeremonie teilnahmen, noch nicht als geschlossene Gruppe in Erscheinung getreten. Sie betraten die Bühne am ersten Tanztag, nur mit einer von den Hüften herabhängenden Decke und einem Schurz bekleidet. In ihren Gürteln steckten drei Sage-Büschel, und am Hinterkopf eines jeden Mannes ragte eine Flaumfeder empor. Alle waren mit weißer, gelber oder rötlicher Farbe bemalt. Dazu kamen eine Gesichtsumrahmung und ein Kreisornament auf der Brust. Von der letztgenannten Figur liefen zwei farbige Linien oder Punktreihen schräg nach unten, zwei andere nach oben, über die Schultern hinweg und an den Armen hinunter. Die Handgelenke waren von einem farbigen Ring umgeben.

Die Muster wechselten an den folgenden Tagen ständig. Kroeber hat insgesamt fünf Bemalungen gezählt; er ist aber der Meinung, daß es mindestens sechs – an jedem Tanztag zwei – gegeben hat.

Die Hände des Veranstalters, der sich ebenfalls unter den Akteuren befand, waren bis an die Gelenke geschwärzt; er schwenkte den heiligen Reifen bei jeder Tanzbewegung nach oben.

Sonst gibt es über die Aktionen der Teilnehmer relativ wenig zu sagen: Alle Tänzer standen im Westteil der Hütte nebeneinander und stemmten in kurzen Abständen ihre

Hacken empor. Dabei verließ niemand seinen Platz. Der Oberkörper war leicht nach vorn gebeugt und der Blick auf die Gabel der Zentralsäule gerichtet.

Jeder hielt eine Flöte aus Adlerknochen im Mund, die an ihrer Spitze mit einer Flaumfeder verziert war. Die Instrumente wurden immer dann geblasen, wenn der Körper angehoben wurde. Vor den Männern lagen Bündel mit Decken, auf denen sie in den Pausen ruhten.

Selten agierten alle gemeinsam. Vor Einbruch der Dämmerung zählte Kroeber achtzehn Tänzer; später stahl sich einer nach dem anderen fort. Um halb elf standen nur noch vier Akteure auf den Beinen. Zu dieser Zeit brannte ein Feuer in der Hütte, das auch die Trommler und Sänger im Südostteil des Festhauses beleuchtete. Vierzehn jüngere Männer, die in einem engen Zirkel saßen, bearbeiteten das an einem Gerüst hängende Instrument; sie leiteten jeden Gesang ein, schwiegen aber beim Trommeln, während die dieser Gruppe angehörenden Frauen das Singen kurz nach vier lauten Schlägen beendeten. Kroeber meinte, daß der Tanz die ganze Nacht andauerte.

Zweiter Tanztag

Als die Sonne über den Horizont kroch und der sechste Tag der Zeremonie – der zweite des eigentlichen Tanzes – das erste Licht empfing, sollen alle Fastenden mit dem Blick nach Osten getanzt haben. Danach wurde den vier bemalten Balken, den ›Göttern der vier Weltviertel‹, Nahrung angeboten. Lebensmittel erhielten an diesem Morgen auch die ›Großvaters‹ denen die Bemalung der Tänzer oblag.

Zum Schutz der Teilnehmer war längs der Westwand der Hütte Stoff gespannt worden, der von abgebrochenen Tipis stammte. Außerdem legte man in der Frühe dieses Tages Zeltlinnen über die Dachbalken im Westteil des Bauwerks, um die durstenden Männer vor den Strahlen der Sonne zu bewahren.

Als Auftakt für die neue Einfärbung der handelnden Personen setzte zwischen neun und zehn Uhr der Gesang wieder ein. Vier Männer wurden mit Adlerfiguren dekoriert, und zwar auf Armen und Beinen, auf der Brust und im Gesicht. Diese vier wichen auch in ihrer sonstigen Ausstattung von den übrigen Tänzern ab. Während das Gros der Akteure mit Kränzen und Gürteln aus Sagebrush erschien und die Flaumfeder nun auf der Stirn befestigt hatte, zeigten die Adlerträger das gleiche Bild wie am vorangegangenen Tag. Eine Ausnahme bildeten nur die Fußringe und Handgelenkbänder aus Artemisia, mit denen alle verziert waren.

Mittags begann der Tanz, aber das Volk bewies zunächst wenig Interesse. Es war damit beschäftigt, Pferde zu verschenken und die Ohrläppchen von Kindern zu durchbohren. Nachmittags wurden der Zentralbaum und das Pfeifenbündel mit einem Busch aus Beifuß berührt, der vorher in Nahrung getaucht worden war. Obwohl die Tänzer abends ruhten oder neu bemalt wurden, ging das Singen und Trommeln unentwegt weiter. Der Veranstalter und seine Frau hatten übrigens ihren ständigen Aufenthaltsort hinter dem aus Bäumen bestehenden Schirm westlich des Altars; die Frau hielt sich dort verborgen und nahm an keinem der Tänze teil.

Dritter Tanztag

Unser Berichterstatter scheint sich am siebten Tag schon sehr früh von seinem Lager erhoben zu haben, denn er bekundet, daß um 4.15 ante meridiem nur ein paar Akteure auf ihren Plätzen standen. Als die Sonne aufging, tanzten hingegen zweiundzwanzig der vierundzwanzig Mitwirkenden fünf bis zehn Minuten lang. Anschließend begaben sich alle wieder zur Ruhe.

Um sieben Uhr versammelten sich die ›Großväter‹ und die alten Männer des Stammes in der Hütte. Rings um den Zentralpfosten lag eine Menge Nahrung. Man rauchte, und der Hüter der heiligen Pfeife brachte den transzendenten Mächten ein Tabakopfer dar. Andere Greise bezeigten ihre Ehrfurcht auf ähnliche Art.

Gegen Mittag begann der Tanz von neuem. Alle Teilnehmer agierten mit lebhaftem Gebärdenspiel. Vor Durst und Ermattung sank plötzlich einer von ihnen zu Boden, erholte sich jedoch bald darauf. Die vier Arapaho, die am vorhergehenden Tag mit Adlersymbolen verziert worden waren, trugen ein grünes Kolorit am Körper, ein rotes im Gesicht und ein gelbes an den Händen und Unterarmen. Auf diesem Untergrund prunkten Libellenmuster in Gelb und Rot. Der Veranstalter und dessen Vater, die sich in einem Weiß präsentierten, das eine Beimischung von Purpur oder Blaßrosa enthielt, waren auf den Gliedmaßen mit Doppelreihen aus farbigen Punkten geschmückt. Die allgemeine Erschöpfung der Akteure äußerte sich bei einem Teil der Truppe nunmehr in Wein- und Schreikrämpfen.

Am frühen Nachmittag tauchte der Vater des Veranstalters wiederum ein Beifuß-Büschel in Nahrung, bewegte diesen Strauß von den vier bemalten Dachbalken in Richtung Erde und danach gegen den Zentralbaum. Anschließend berührte er das Pfeifenbündel damit.

Die Mehrheit ließ sich abermals mit roten, grünen, blauen oder schwarzen Punkten schmücken, die wie üblich in Reihen angeordnet waren. Einer der Männer hatte ein Baumdesign auf den Gliedmaßen, während der Veranstalter und sein Vater ein Blitzzeichen vorwiesen, das an den Armen hinablief.

Gegen fünf Uhr nachmittags beobachtete eine größere Zuschauermenge das lebendige Geschehen. Später verschwanden einige Tänzer, um zu ruhen, und vor Sonnenuntergang gaben die Fastenden ihre Decken fort, offensichtlich an ihre Betreuer.

Als sich die Sonne dem Horizont näherte, wurde ein Abschnitt der Leinwand im Westen der Hütte entfernt. Sieben Tänzer, darunter der Veranstalter, bauten sich erstmals im Ostteil des Hauses auf, das Gesicht dem verschwindenden Tagesgestirn zugekehrt. Ein einziger Gesang wurde fast eine halbe Stunde ohne Unterbrechung rezitiert, wobei der Veranstalter den heiligen Reifen dauernd nach unten stieß.

Nachdem die Alten verkündet hatten, daß der letzte rote Schimmer vom Himmel verschwunden sei, stürzte alles auf das heilige ›Gänsewasser‹ zu, das hinter dem Altar getrunken wurde. Viele Personen aus dem Publikum nahmen ebenfalls einen Schluck von dieser Flüssigkeit.

Als sich die Tänzer erbrochen hatten, erfolgte die erste Nahrungsaufnahme nach drei Tagen. Die versammelten Leute saßen unterdessen weit verstreut auf dem Festplatz und aßen gleichfalls. Gegen 8.30 post meridiem klang der letzte Gesang dieser Zeremonie aus. Vor dem Ende des Tanzes hatte der Pfeifenbewahrer die heiligen Objekte am Fuß der Mittelsäule niedergelegt. Wahrscheinlich sind sie am folgenden Morgen fortgebracht worden.

Der Schlußtag

Den Schlußtag, also den achten Tag des Sonnentanzes, hat Kroeber nicht mehr miterlebt. Er versichert jedoch, daß das Austanzen und das Befestigen abgenutzter Kinderkleidung an den Hüttenpfählen nach traditioneller Manier erfolgte. Die nördlichen Arapaho hängten diese Gewänder an die Gabeln der peripheren Pfeiler. Im Laufe des letzten Tages wurde das Lager abgebrochen, und abends sollen nur noch einige Tipis auf dem Festplatz gestanden haben.«

Frauentanz

Auch unter den nordamerikanischen Indianern ist es relativ selten, daß Frauen ein Ritual organisieren, leiten und ausführen. Alle wichtigen religiösen Zeremonien sind in der Leitung und Ausführung Männern vorbehalten. Bei den Gros Ventres, einem Präriestamm, der sich schließlich im heutigen Montana südlich der kanadischen Grenze ansiedelte, existierte jedoch ein Zeremoniell, das den Frauen vorbehalten war. Ich folge hier den Beschreibungen des amerikanischen Ethnologen John M. Cooper.

Der mythologische Hintergrund dieses Frauentanzes ist nicht erhalten geblieben, fest steht jedoch, daß er einmal jährlich im Sommer abgehalten wurde, ohne dabei an ein festes Datum gebunden zu sein.

Im wesentlichen stellte dieses vier Tage und Nächte andauernde Ritual die Büffeljagd nach und hatte damit die Aufgabe, den Gott durch Opfer und Geschenke zu versöhnen und um reiche Jagdbeute zu bitten.

Der Anlaß für den Frauentanz war das Versprechen einer Frau. Sie wollte damit meist den Schutz ihres Mannes bei einem Kriegszug oder seine beziehungsweise die Genesung eines Verwandten erbitten. Ihr schlössen sich mitunter zahlreiche andere Frauen an, die jedoch alle über fünfundvierzig oder fünfzig Jahre alt sein mußten und damit zu der Gruppe der nicht mehr menstruierenden, alten weisen Frauen gehörten.

So wie es auch bei den Zeremonien der Männer üblich war, wurden die Teilnehmerinnen in zwei Gruppen aufgeteilt: in die schlanken, großen und in die kleinen Frauen.

Gemeinsam wählten sie zwei junge (menstruierende) Frauen, die während des Rituals als Gehilfinnen dienen sollten.

Die Veranstalterin des Tanzes wählte sich eine zeremonielle »Großmutter«, indem sie mit einer tabakgefüllten Pfeife zu einer alten Frau ihrer Wahl ging und sie bat, das Ereignis zu organisieren. Die »Großmutter« war nun verantwortlich für den Ablauf und durfte allen Beteiligten sagen, was sie zu tun hatten.

Die Tänzerinnen wurden als »Büffelkühe« betrachtet und als »Mütter« der »Kälber«. Letztere wurden von bis zu vier kleinen Mädchen gestellt, die in Beziehung entweder zu den großen oder zu den kleinen Tänzerinnen standen. Zusätzlich wählte man einen kleinen Jungen als männliches »Kalb« aus. Eine der alten Frauen spielte die Rolle des Bullen.

Während des größten Teils der Zeremonie war Männern das Betreten der Tanzhütte untersagt. Lediglich zwei ältere männliche Sänger saßen gemeinsam mit der Veranstalterin und der »Großmutter« auf dem Ehrenplatz gegenüber dem Eingang. Sie hatten keine Trommeln, sondern begleiteten ihren Gesang lediglich mit Rasseln. Gemeinsam mit den beiden Frauen sangen sie, während die »Kühe« tanzten.

Jede der »Kühe« hatte ihren eigenen Kopfschmuck, der aus vielfarbigen Federn bestand und im wesentlichen eine kleinere Version des bei den Männern üblichen Kriegskopfputzes war. Bekleidet waren sie mit ihren guten Hirschhautkleidern und einem Gürtel aus dem Fell eines Büffelkalbes. Nur die Frau, die den »Bullen« spielte, hatte Hörner an ihrem Kopfschmuck befestigt. Die »Kälber«, sowohl die weiblichen als auch das männliche, trugen keine zeremonielle Kleidung.

Die Tanzhütte wurde von den Männern des Stammes außerhalb des Lagers für die Frauen errichtet. Den Mittelpfosten rammten sie ohne großes Zeremoniell in die Erde, und die »Großmutter« malte ihn rot an. Alle beteiligten Tänzerinnen banden ihren Grabestock, ihr wichtigstes Instrument für die Feldarbeit, mit dem Griff nach unten an diesem Mittelpfosten fest, und die »Großmutter« bepinselte auch diese Werkzeuge anschließend mit roter Farbe. In geringer Entfernung vom Mittelpfosten wurde ein Feuer entfacht.

In der Festhütte saßen die beiden alten Männer, die Veranstalterin und die »Großmutter« auf dem Ehrenplatz gegenüber dem Eingang. Die »großen« Tänzerinnen nahmen auf der linken, der Westseite Aufstellung und die »kleinen« auf der Ostseite. Die »Kälber« waren auf der Seite ihrer Mütter nahe dem Eingang, und der »Bulle« wie auch das »Bullenkalb« standen rechts und links von den beiden Gehilfinnen neben dem Eingang.

Das Ritual war, wie bereits erwähnt, größtenteils eine pantomimische Darstellung der Büffeljagd. Es war ein Gebet der Frauen an den Gott, das ihren Männern zu reicher Jagdbeute verhelfen sollte. Die Büffeljagd spielte bei allen Prärieindianern eine zentrale Rolle, da durch sie der Bedarf eines Stammes an Fleisch, Häuten und vielen anderen lebenswichtigen Dingen für das ganze Jahr gedeckt wurde.

Die ersten drei Tage

Über den genauen Ablauf der ersten drei Tage ist leider nur wenig überliefert. Man weiß jedoch, daß die folgenden Bestandteile eine Rolle gespielt haben: Gebete unter Einbeziehung der heiligen Pfeife, Opferhandlungen, die Bemalung der Tanzhütte und der Tänzerinnen, durch rituelles Rauchen unterbrochenes Singen und Tanzen, die festliche und gemeinschaftliche Einnahme der Mahlzeiten, das Verteilen von Geschenken zu Ehren der Teilnehmerinnen, und schließlich war es nicht nur erlaubt, sondern sogar erwünscht, sich gegenseitig Streiche zu spielen und übereinander lustig zu machen.

Die teilnehmenden Frauen blieben während der ganzen vier Tage in der Festhütte und schliefen auch dort.

Die Opfergaben bestanden aus Gegenständen des täglichen Bedarfs, welche die am Tanz beteiligten Frauen am oberen Ende des Mittelpfostens befestigten. Sie blieben nach Beendigung des Rituals dort hängen, und der Stamm ließ, wenn er weiterzog, die Festhütte mit allem, was sich in ihr befand, unangetastet zurück.

Die »Großmutter« bemalte bei allen Tänzerinnen, den beiden Gehilfinnen und den »Kälbern« das Gesicht, den Scheitel und die Haare, die bis auf die Schultern hinunterhingen. Während sie dies tat, betete sie laut für die Frau, mit der sie sich gerade beschäftigte, und diese Frau mochte ihrerseits um die Dinge beten, die sie sich wünschte, seien es ein langes Leben, magische Kräfte oder ein gesundes Kind.

Gesungen wurden vor allem Lieder ohne Worte – offenbar maß man der Melodie die größere Bedeutung zu. Die beiden alten Männer leiteten die Gesänge und wurden gelegentlich von der Veranstalterin, der »Großmutter«, und sogar von den »Kühen« darin unterstützt. Die »Kühe« sangen aber nur dann, wenn sie nicht tanzten. Allein die »Kühe«, die »Kälber« und die beiden Gehilfinnen tanzten, der »Bulle« saß reglos mit gesenktem Haupt auf »seinem« Platz neben der Tür. Die Tänzerinnen bewegten sich in Richtung auf den Ehrenplatz gegenüber dem Eingang der Festhütte mit kleinen, hüpfenden Sprüngen vor und zurück. Dabei schüttelten sie den Kopf hin und her. Wenn eine der »Kühe« nach einer Pause nicht aufstehen wollte, um sich an einer neuen Serie von Tänzen zu beteiligen, dann trat der »Bulle« in Aktion. Zum allseitigen Amüsement besprang »er« dann die unwillige »Kuh«, als wolle »er« mit ihr kopulieren.

Die Pausen zwischen den Tanzsequenzen füllten die Frauen mit Rauchen, Plaudern, Speisen und allerlei Spaßen. Alle Tänzerinnen hatten ausreichend Nahrungsmittel mitzubringen, denn die Festmahle waren ein wichtiges Element des Rituals, und vor allem die Frauen im hinteren Teil der Hütte ließen es sich gutgehen. Auch spielten sich die Frauen in den Pausen allerlei Streiche, versteckten sich gegenseitig ihre Sachen und ließen keine Möglichkeit aus, lauthals zu lachen und jede Menge Spaß zu haben.

Der Höhepunkt des vierten Tages

Der öffentlichere und spektakulärere Abschnitt des Rituals fand am vierten Tag statt. Die »Kühe«, »Kälber« und der »Bulle«, alle mit ihrem Kopfschmuck angetan, verließen die Hütte, um im nahen Bach Wasser zu trinken. Der »Bulle« befand sich am hinteren Ende und hielt die »Kühe« in einer Gruppe zusammen. Wenigstens zeitweise tanzten die »Kühe« vorn übergebeugt oder gingen gar auf allen vieren. Der »Bulle« rannte manchen von ihnen hinterher und tat so, als ob »er« sie bespringen würde. Die »Kälber« versuchten an der Seite ihrer »Mütter« zu bleiben, wurden von dem »Bullen« jedoch immer wieder verjagt.

Nach dem Trinken im Bach kam es zu der eigentlichen Jagdszene. Zwei junge Krieger, für die es eine große Ehre war, als »Jäger« ausgewählt worden zu sein, trieben auf Pferden sitzend, die »Büffel« zusammen und schössen die »Kühe« mit stumpfen Pfeilen ab. Die »Kühe« ließen sich wie tot fallen, und die »Jäger« eilten herbei, um ihnen die Nieren herauszuschneiden und gemeinsam mit den Anwesenden zu verspeisen – die »Kühe« hatten zuvor Nieren von frischgeschlachteten Tieren unter ihren Kleidern verborgen. Auch der »Bulle« wurde mit einem stumpfen Pfeil »erlegt« und »geschlachtet«, und seine Nieren wurden ebenfalls von den Umstehenden verspeist. Die »Kühe«, »Kälber« und der »Bulle« rannten in einer gestellten wilden Flucht zurück in die Festhütte. Dort angekommen umrundeten die »Kühe« schnaubend mehrmals den Mittelpfosten, ließen sich schließlich zu einem herzhaften Schmaus auf dem Boden nieder und tanzten danach noch einmal.

An dieser Stelle im Ablauf des Rituals wurden hochrangige und prominente Männer und Krieger eingeladen, die Tanzhütte zu betreten und von dem »Beerenwasser« zu trinken. Neben dem Mittelpfosten stand ein hölzernes Behältnis, in dem Beeren zu einer dicken Flüssigkeit zerdrückt worden waren. Die »großen« Männer betraten einzeln die Hütte, gingen an der linken Seite vorbei, tranken den süßen Saft und verließen die Hütte über die rechte Seite. Da es eine große Ehre war, zu diesem Trank eingeladen zu werden, mußten sie ein Geschenk – eine Decke, ein Gewehr oder ein Pferd – dalassen. Während dieser das Ritual abschließenden Zeremonie, saß der »Bulle« in vollem Kopfschmuck mit gesenkten Hörnern still auf »seinem« Platz.

Damit war der Frauentanz beendet, und die Beteiligten gingen nach Hause. Dort waren sie frei, ein abschließendes, privates Ritual anzuschließen.

Das Frauenritual der Gros Ventres ist ein gutes Beispiel dafür, daß Rituale nicht immer den ernsten, freudlosen Charakter haben müssen, den wir ihnen gerne unterstellen. Fröhlichkeit, Scherze und Spaße sind ein wichtiger Bestandteil dieser Zeremonie und nehmen ihr doch nichts von ihrer Kraft.

Man bedarf keiner großen Vorstellungsgabe, um zu begreifen, welch starken Zusammenhalt diese Viertagesfeier unter den Frauen schuf. Hinzu kam die wertvolle Gelegenheit, sich spielerisch über die Männer und das Männliche schlechthin lustig zu machen und auf diesem Weg wenigstens einen Teil der täglich verlangten Unterordnung aggressionslos zu verarbeiten. Man stelle sich ein ähnliches Ritual für ein beliebiges Dorf oder einen Stadtteil bei uns vor; welch einzigartige, gemeinschaftsfördernde Freude könnte das sein.

Herbsttagundnachtgleiche

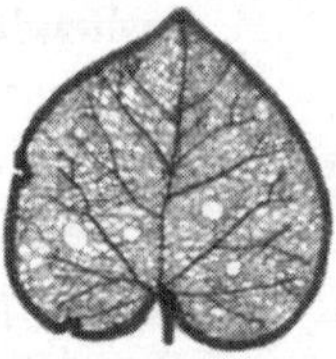

Keine Jahreszeit ist besser dazu geeignet, um unsere spirituelle Verbindung zu unseren kosmischen Eltern – dem Vater Himmel und der Mutter Erde – zu erneuern. Sonne/Tag und Mond/Nacht, erstere Repräsentanten für das Männliche und letztere stellvertretend für das Weibliche, herrschen gleichberechtigt nebeneinander. Dies geschieht nur an zwei Terminen im Jahr: am 21. März und am 23. September.

Sie müssen das folgende schamanistische Ritual nicht unbedingt wie hier vorgeschlagen zur Herbsttagundnachtgleiche zelebrieren, der Frühlingstermin ist gleichermaßen sinnvoll.

- Dieses Ritual sollte im Freien zelebriert werden. Suchen Sie sich eine Hügelspitze, eine Lichtung in einem nahe gelegenen Wald, einen Platz an einem Fluß oder an einem See, wo Sie etwa eine halbe Stunde ungestört verweilen können.
- Ziehen Sie nach Ihrer Ankunft an der von Ihnen ausgewählten Stelle Schuhe und Strümpfe aus, damit Sie die Erde auch tatsächlich unter Ihren Füßen spüren können.
- Entscheiden Sie, wo der Mittelpunkt des Kreises sein soll, und bestimmen Sie mit Hilfe eines Kompasses von dort aus die vier Himmelsrichtungen. Markieren Sie alle fünf Stellen mit einem Stein oder etwas ähnlichem – die Steine für die Himmelsrichtungen sollten etwa zwei bis drei Schritte vom Zentrum entfernt liegen.
- Kehren Sie in die Mitte des Kreises zurück, und besinnen Sie sich kurz auf den Grund Ihres Hierseins: Sie

wollen Ihre Beziehung zu den kosmischen Eltern Himmel und Erde erneuern und festigen.

- Dann wenden Sie sich dem Westen zu. Erinnern Sie sich daran, daß der Westen die Erde repräsentiert, für alle körperlichen Bedürfnisse und materiellen Güter steht. Deshalb wenden Sie sich ihm als erstes zu, denn Ihr Thema ist die Mutter Erde.
- Tun Sie einen Schritt vorwärts, und knien Sie sich dann vor den Stein, mit dem Sie den Westen markiert haben. Halten Sie Ihre Hände vor sich, mit den Handflächen nach oben wie bei einer Geste des Anbietens, und sagen Sie laut: »Mutter Erde, aus deren Schoß ich meinen Körper erhalten habe, öffne mein Herz und meinen Geist, damit ich deine Liebe und deinen Segen empfangen kann.« Beugen Sie sich vor, und küssen Sie die Erde. Verweilen Sie einen Moment in dieser Haltung, und versuchen Sie, sich die Mutter Erde oder Natur vorzustellen. Erzwingen Sie nichts. Die Bilder, die aufsteigen, sollen Ihnen willkommen sein. Schenken Sie ihnen eine Weile Aufmerksamkeit. Wenn es sich richtig anfühlt, dann stehen Sie auf und kehren in die Kreismitte zurück.
- Nun wenden Sie sich dem Süden zu. Erinnern Sie sich daran, daß der Süden für die Gefühlswelt steht.
- Tun Sie einen Schritt vorwärts, und knien Sie sich dann vor den Stein, mit dem Sie den Süden markiert haben. Fügen Sie wieder Ihre Hände in der oben beschriebenen Geste zusammen, und sagen Sie dann: »Geist der fließenden Wasser, gieße deine Segnung über mir aus.« Stellen Sie sich das Mondlicht vor, wie es auf einen ruhig daliegenden See oder auf einen breiten, träge dahinfließenden Fluß scheint. Halten Sie das Bild einen Augenblick fest, und stehen Sie dann auf, um in die Mitte zurückzukehren.

- Wenden Sie sich sodann dem Osten zu. Machen Sie einen Schritt nach vorn, strecken Sie die Hände auf Schulterhöhe mit den Handflächen nach oben vor sich aus, und blicken Sie auf die Sonne. Sagen Sie: »Vater Sonne, Schöpfer und Erhalter des Lebens und des Lichts, schenke mir Erleuchtung.« Bleiben Sie einen Moment so stehen. Öffnen Sie sich für ein Bild von Vater Sonne. Dann treten Sie zurück in den Mittelpunkt.
- Schließlich richten Sie sich nach Norden aus. Erinnern Sie sich daran, daß der Norden die Luft, den Verstand, das Wissen und die Weisheit repräsentiert. Machen Sie einen Schritt nach vorn, und verschränken Sie Ihre Daumen so miteinander, daß die übrigen Finger wie die Schwingen eines Vogels aussehen. Sprechen Sie: »Geist der luftigen Winde, Spender des Lebensatems, schenk mir Wissen und Weisheit.« Öffnen Sie sich erneut für die Bilder, die in Ihnen aufsteigen, und kehren Sie dann in die Mitte zurück.
- Dort wenden Sie sich mit ausgebreiteten Armen und mit nach oben geöffneten Handflächen erneut dem Osten zu und sagen: »Vater Sonne, Mutter Erde, ihr Geister von Erde, Wasser, Feuer und Luft, sendet mir eure Kraft, helft mir, und inspiriert mich, hebt mich auf den Pfad der Schönheit und Wahrheit, jetzt und für alle Zeit.« Verharren Sie so für einen Moment, und nehmen Sie die Segnung an, die Sie erfleht haben.
- Setzen oder knien Sie sich für einige Zeit hin. Seien Sie offen für die Zeichen, die Ihnen geschickt werden mögen. Wenn Sie das Gefühl haben, das Ritual sei beendet, dann bedanken Sie sich und verlassen den Platz.

Wenn Sie öfter mit diesem Ritual arbeiten, dann wird es Ihnen von Nutzen sein, wenn Sie sich Notizen über Ihre Wahrnehmungen machen.

Dämonenaustreibung

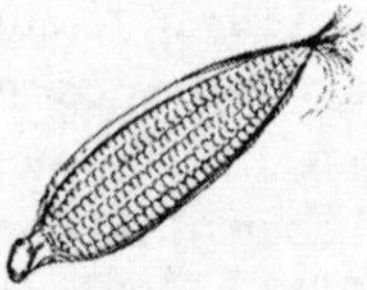

Häufig sind mit Aussaat- und Erntefesten wie auch mit Feiern des Jahreswechsels Dämonenaustreibungen verbunden. Dahinter steht die Vorstellung, daß alles klar und rein sein muß, bevor sich etwas Neues entwickeln kann. Ein entsprechendes Ritual ist uns von den Inkas aus der Zeit überliefert, als die Spanier dort als Handelsmacht bereits etabliert waren. Der Reisende C. Gay schilderte es 1843 in einer geographischen Zeitschrift.

Ende September, Anfang Oktober, wenn die Regenzeit einsetzt, verbreiteten sich zahlreiche Krankheiten. Um dem vorzubeugen, feierte man in der Inka-Hauptstadt Cuzco das Ritual *Situa.* Es setzte jährlich am ersten Vollmond nach der Herbsttagundnachtgleiche am 23. September ein.

Vorbereitend wurde den ganzen Tag gefastet. Nach Einbruch der Dunkelheit bereitete man zweierlei Teigarten aus Mais zu. In den einen wurde das Blut von Kindern im Alter zwischen fünf und zehn Jahren, das man ihnen mit Hilfe eines Schnittes zwischen ihren Augenbrauen entnommen hatte, hineingeknetet, den anderen beließ man ohne weitere Zusätze. Die Familien versammelten sich im Haus ihres ältesten Bruders, um das Fest zu begehen. Dort, wo kein ältester Bruder existierte, ging man zum nächsten ältesten Verwandten. Alle, die während des Tages gefastet hatten, wuschen sich und nahmen dann von dem Blutteig, um ihn über Kopf, Gesicht, Brust, Schultern, Arme und Beine zu verschmieren. Dies taten sie, damit der Blutteig sie von all ihren Gebrechen befreie. Der Familienälteste bestrich darauf den Hausaltar mit der Paste und beließ den Rest dort zum Zeichen, daß die Bewohner des Hauses ihre Waschung und die Reinigung ihrer Körper vollzogen hatten.

Zur selben Zeit zelebrierte der Hohepriester im Sonnentempel die gleichen Handlungen. Sobald die Sonne aufging, beteten alle sie an und erflehten von ihr, daß sie die Stadt von allem Übel befreien und sie schützen möge. Zu einer genau festgesetzten Morgenstunde brach die ganze Bevölkerung gemeinsam mit dem zweiten, zu einem Brot verbackenen Teig ihr Fasten, um damit der Sonne zu huldigen.

Aus dem Palast trat nun ein in einen kostbaren Mantel gekleideter Mann aus der herrschenden Inkafamilie. In seiner Hand hielt er eine Lanze, an der von der Spitze bis zum Schaftende unzählige bunte Federn mit Goldringen befestigt waren. Er rannte, seine Lanze schwingend, den Palasthügel hinunter bis auf den großen Platz, wo die goldene Urne stand, die zur Opferung von fermentierten! Maissaft diente. Dort erwarteten ihn vier Inkas, ebenfalls aus der Herrscherfamilie und wie er mit Mantel und Lanze versehen. Er berührte ihre Lanzen mit der seinen und sagte ihnen, daß die Sonne sie bitte, das Böse in ihrem Auftrag aus der Stadt zu vertreiben. Die vier Inkas eilten davon, ein jeder auf einer der vier großen Reichsstraßen, die in alle vier Himmelsrichtungen aus der Stadt hinaus zu den vier Weltenvierteln führten.

Während sie losrannten, trat jung und alt vor die Häuser und rief: »Auf daß das Böse vertrieben werden möge! Wie sehr wir uns dieses Fest schon gewünscht haben! Oh, Schöpfer aller Dinge, gestatte uns, das neue Jahr zu erreichen, damit wir wieder ein Fest wie dieses erleben!« Sie schüttelten ihre Kleider aus, als seien sie staubig, und fuhren sich mit den Händen über Kopf, Arme und Beine, als ob sie sich wüschen. Sie taten dies, um symbolisch das Böse von sich abzuschütteln, damit es von den vier Sonnenboten aus der Stadt gejagt würde.

Die ganze Stadt begann zu tanzen, unter ihnen auch der erste reich gekleidete Inka aus der Herrscherfamilie mit seinem Speer, und ein jeder eilte zu Flüssen, Bächen und Brunnen, um sich zu waschen. Auf diese Weise würden alle Krankheitskeime vertrieben. Aus Stroh fertigten sie große Fackeln, zündeten sie an und reichten sie mit den Worten »Möge alles Übel von uns weichen« von Hand zu Hand weiter.

Inzwischen liefen die vier Sonnenboten mit ihren Lanzen bis vor die Stadt, wo vier weitere Inkas auf sie warteten und die Lanzen aus ihren Händen in Empfang nahmen. Auf diese Weise wurden die Lanzen in mehreren Etappen ins Land hineingetragen. Jeder Läufer wusch die Lanze, bevor er sie übergab, und dann sich selbst. Die letzten Läufer stießen die Lanzen in den Boden als die markierten Eckpunkte eines Gebiets, in das das Böse nicht eindringen durfte.

Samhain

Dies ist das Ritual, mit dem der Hexenkonvent Seax-Wica die zweite, die kalte Jahreszeit von November bis April einleitet. Aus den Händen der Göttin übernimmt nun wieder der Gott die Herrschaft.

Vor dem Winterbeginn sortierten Bauern früher das Vieh aus ihrer Herde aus, das ihnen zu schwach erschien, um über den Winter zu kommen, und schlachteten es. Auf den Menschen übertragen gibt uns also der Herbst die Gelegenheit, uns all unserer »Schwächen« zu entledigen. Deshalb erfordert das Samhain-Ritual von jedem Konventmitglied eine Vorbereitung. Jeder hat sich zu Hause darüber Gedanken zu machen, welche seiner Eigenschaften, Ansichten, Beziehungen oder ähnliches so »schwach« sind, daß sie besser vor dem Winter »getötet« werden.

Die Kreislinie wird wie bei dem Beltane-Ritual gezogen. Sie wie auch der Altar können mit Herbstblumen, bunten Blättern, kleinen Kürbissen und Tannenzapfen geschmückt werden. Die Farbe für die Altardecke und die Kerzen ist Orange. Neben dem Altar liegt der gehörnte Helm des Gottes. Am. Rande des nördlichen Kreisviertels steht ein Kessel mit Brennmaterial für ein Feuer.

Nach dem Ziehen des Kreises wird von einem Ritualassistenten die Glocke dreimal geläutet, um die Konventmitglieder, die Hohepriesterin und den Hohepriester offiziell zum Sabbat zu rufen. Alle zusammen gehen oder tanzen dann mehrmals um den Kreis und schlagen dabei mit kleinen Trommeln oder Tamburinen den Rhythmus. Der Hohepriester und die Hohepriesterin singen gemeinsam eine Hymne und preisen den Gott und die Göttin. Schließlich kommt die Prozession zu einem Ende.

Der Hohepriester sagt: »Die Zeit des Wandels ist gekommen. Wir verlassen das Licht und tauchen in die Dunkelheit ein. Wir tun das ohne Bedauern, denn wir wissen, daß es das mächtige Jahresrad ist, das sich dreht.« Und die Hohepriesterin fügt hinzu: »Zu dieser Zeit im Jahr stehen die Tore zwischen den Welten weit offen. Wir rufen unsere Vorfahren, damit sie die Grenze überschreiten und zu uns kommen. Wir laden sie dazu ein, sich an der Feier derer zu erfreuen, die sie lieben.« Damit beginnt eine dramatische Darstellung von Handlungen, die diese Jahreszeit symbolisieren. Zum Beispiel wird die Tötung des alten Königs und die Krönung des neuen dargestellt, das sich drehende Rad des Jahres, die Rückkehr der Toten, um für kurze Zeit noch einmal mit den Lebenden zu feiern, oder das Einbringen der Ernte und ihr Lagern. Den Abschluß dieser Sequenz bildet das siebenmalige Schlagen der Glocke, und eine Art Sprechgesang beginnt.

Ritualhelfer: »Wir sind an einem Zeitsprung angelangt, denn dieser Tag gehört weder zum alten noch zum neuen Jahr. Und da keine Trennung zwischen den Jahren existiert, fehlt sie auch zwischen den Welten. Jene, die wir vor langer Zeit gekannt und geliebt haben, können heute zu uns an diesen Ort zurückkehren. Ein jeder strecke seine Hände aus, um die Anwesenheit der Toten zu spüren, die er gekannt und verloren geglaubt hat. Stärkt euch durch dieses Wiedersehen. Wisset alle, daß es kein Ende und keinen Anfang gibt. Alles ist in Bewegung, ein spiralförmiger Tanz, der kommt und geht und sich bis in die Ewigkeit fortsetzt. In dem sich drehenden Rad des Jahres bezeichnet Samhain das Ende des Sommers und den Anfang des Winters, eine Zeit, um zu feiern, eine Zeit, in der der Gott, der am Anfang seiner Reise hinab in den dunklen Tunnel zum Licht der Göttin steht, willkommen geheißen werden muß.«

Hohepriester: »Das alte Jahr geht zu Ende.«

Alle: »Das neue Jahr beginnt.«

Hohepriesterin: »Das Rad dreht sich.«
Alle: »Ohne Unterlaß.«
Hohepriester: »Das Rad dreht sich.«
Alle: »Immerfort.«
Hohepriesterin: »Lebe wohl, Göttin.«
Alle: »Willkommen seist du, Gott.«
Hohepriester: »Die Regierungszeit der Sommergöttin ist beendet.«
Alle: »Und der Wintergott setzt seinen Fuß auf den Pfad.«
Hohepriesterin: »Willkommen und Abschied.«
Alle: »Willkommen und Abschied.«

Hohepriester und Hohepriesterin führen den Konvent in einem Tanz um den Kreis herum. Dazu können sie ein der Jahreszeit gemäßes Lied singen oder chanten.

Hohepriesterin und Hohepriester kehren danach zum Altar zurück. Er steht mit gesenktem Kopf und über der Brust gekreuzten Armen vor ihr, und sie nimmt den gehörnten Helm und hält ihn über seinen Kopf. Dazu spricht sie: »Gütige Göttin, wir danken dir für die Freuden des Sommers. Wir danken dir für deine Freigebigkeit, für die Früchte, das Getreide, für alles, was wir geerntet haben. Kehre zu uns zurück, wie das Rad sich dreht, und sei wieder unter uns. Unser Gott nimmt den schwarzen Mantel an, gehe du mit ihm durch die Dunkelheit, um wieder in das Licht hervorzutreten. Über sein Haupt halte ich das Symbol des Gottes, der den Tod und das, was danach kommt, beherrscht, der Bruder und Gemahl des Lichts. Möge er uns führen und beschützen, bei allem, was wir tun, egal, ob innerhalb oder außerhalb des Kreises. Mit unserer Göttin an seiner Seite möge er uns durch die schweren vor uns liegenden Zeiten führen und uns sicher ins Licht geleiten.«

Die Hohepriesterin setzt dem Hohepriester den gehörnten Helm auf. Im gleichen Moment wird von einem der Ritualhelfer das Feuer im Kessel entzündet, der, wenn er seine Aufgabe erfüllt hat, sagt: »Nun ist der Gott unter uns. Sprich zu uns, Gott, denn wir sind deine Kinder.«

Der Hohepriester nimmt seine Arme herunter, öffnet sie weit zum ganzen Konvent und spricht: »Seht, ich bin der, der am Anfang und am Ende der Zeit steht. Ich bin im Herzen der Sonne und in der kühlen Brise. Der Funke des Lebens ist in mir wie die Dunkelheit des Todes. Denn ich bin der Hüter des Tores am Ende der Zeit. Ich bin der Herr der Meere, ihr hört das Donnern meiner Hufe auf dem Strand und seht die Gischt aufspritzen, während ich vorbeieile. Meine Macht ist so groß, daß ich die Welt aufheben könnte, um mit ihr die Sterne zu berühren. Als Liebhaber jedoch bin ich sanft. Ich bin der, dem alle zur festgesetzten Stunde gegenübertreten müssen, doch braucht man sich vor mir nicht zu ängstigen, denn ich bin Bruder, Liebhaber und Sohn. Der Tod ist nur der Anfang des Lebens, und ich bin der, der den Schlüssel dreht.«

Die Hohepriesterin küßt den Hohepriester. Alle Konventmitglieder treten einzeln vor ihn hin. Wenn sie wollen, können sie ein Opfer auf den Altar niederlegen, bevor sie den Hohepriester umarmen oder küssen. Wenn sie an dem im Kessel brennenden Feuer vorbeikommen, werfen sie das Papier, auf dem sie ihre »Schwächen« aufgeschrieben haben, in die Flammen.

Der Hohepriester bleibt noch eine Weile vor dem Altar stehen und meditiert über seine Stellung für das kommende halbe Jahr. Dann nimmt er den gehörnten Helm vom Kopf und legt ihn wieder neben den Altar.

Die neunmal geschlagene Glocke verkündet das Ende der Zeremonie. Gemeinsam, wie nach jedem Sabbat, wird rituell das Brot gebrochen und Wein getrunken und schließlich der magische Kreis geöffnet. Es folgt nun nach dem Ritual die Samhain-Feier mit Festmahl, Tanz und jeglicher Form von vergnüglicher Unterhaltung.

Martini

Zahlreiche christliche Feiertage haben einen heidnischen Ursprung. So verhält es sich aller Wahrscheinlichkeit nach auch mit dem Fest des heiligen Martin am 11. November, das ursprünglich wohl zu Ehren der Erdgöttin in ihrer Gestalt als Totengöttin begangen wurde.

Der Tradition nach sollte an diesem Tag ein Blutopfer dargebracht werden. In vorchristlichen irischen Aufzeichnungen wird für diesen Tag die rituelle Schlachtung eines Schweins beschrieben. Später opferte man eine Kuh, ein Schaf oder eine Gans, einen Truthahn oder auch ein Huhn. Mit ihrem Blut bespritzte man die Schwelle und die vier Ekken des Hauses, um auch im kommenden Jahr die bösen Geister von ihm fernzuhalten. Bei dem auf das Zeremoniell folgende Festmahl hatten die Reichen ihr Essen mit den Armen zu teilen.

Alle fleischverzehrenden Kulturen der alten Welt spiritualisierten das natürliche Blutvergießen, das mit der Schlachtung von Tieren verbunden war, indem sie den Göttern in regelmäßigen Abständen oder gar bei jeder Schlachtung Fleischstücke als Opfergabe darboten. Üblicherweise gab man einen Teil des Tieres der Erde und verzehrte den Rest in der Gemeinschaft. In manchen Gegenden war dies die einzige Zeit, in der die meisten Menschen ihr Bedürfnis nach Fleischgerichten vorübergehend stillen konnten. In der Regel dankte man dem Geschöpf rituell, das zu diesem Zweck sein Leben gab.

Frauen verfügen allerdings über eine Quelle des Blutopfers, die keinem anderen Wesen Leid zufügt. Das folgende Ritual, das von Zsuzsanna Budapest inspiriert wurde, kann von

Frauen als Herbstopfer zur Zeit der Menstruation, vorzugsweise bei Vollmond, durchgeführt werden.

- Als Vorbereitung sollte das Haus oder die Wohnung geputzt und die Dinge, die man im kommenden Winter nicht mehr braucht, fortgegeben werden. Auch Ihr Körper bedarf eines reinigenden Bades.
- Danach sammeln Sie ein wenig Menstruationsblut in einer silbernen Schale und stellen sie auf den Altar. Es ist generell empfehlenswert, einen Platz im Haus für das Göttliche zu reservieren und dort auch zu meditieren. Es muß nicht unbedingt die klassische Form eines Altars sein. Was auch immer einem angemessen erscheint, ist hier richtig.
- Auf dem Altar wird nun eine rote Kerze und ein herbes, reinigendes Räucherwerk, wie zum Beispiel Salbei, entzündet.
- Vor der Schale mit dem Menstruationsblut kniend, sprechen Sie die folgenden Worte:

  »Herrin über Leben und Tod –
  wie das Jahr sich vom Sommer zum Winter wandelt,
  wie der Mond sich von neu zu dunkel wandelt,
  nimmt auch mein Schoß zu und ab.
  Nimm dies Blut meiner ungebrauchten Fruchtbarkeit,
  Blut, das im Wandel des Mondes fließt,
  freiwillig gegeben als Opfer an,
  so wie meinen Körper und Geist, wenn die Zeit gekommen.
  So wie mein Schoß mit jedem Mond erneuert wird,
  laß meinen Geist zur rechten Zeit wiedergeboren sein.«
- Verbringen Sie einige Momente in der Meditation über die dunkle Göttin, und spüren Sie ihre Liebe zu Ihnen. Nehmen Sie dann Ihr Blut, und markieren Sie Ihre

Türschwelle und die vier Ecken Ihres Hauses. Sprechen Sie dazu die Worte: »Das Opfer ist vollbracht, der Preis bezahlt. Blut der Erde und des Mondes – schütze dieses Haus!«

- Für ein anschließendes Festessen könnten Sie Ihr Lieblingsfleischgericht zubereiten, Nüsse und andere herbstliche Spezialitäten vielleicht auch mit Ihren Freundinnen teilen. Dies ist kein Ritual, das man unbedingt allein feiern muß. Danken Sie auf jeden Fall dem geschlachteten Tier dafür, daß es Sie und Ihre Gäste ernährt.
- Bringen Sie danach Lebensmittel als Geschenk in ein Obdachlosenasyl oder in eine ähnliche Einrichtung.

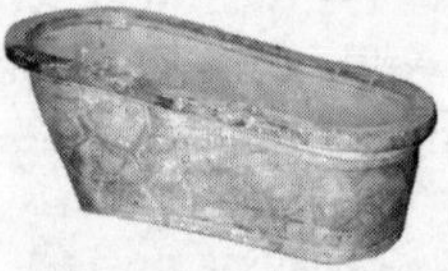

Das königliche Bad

Den Merina, einem Volk im Zentrum von Madagaskar, gelang gegen Ende des 18. Jahrhunderts ein bemerkenswerter Machtzuwachs. In dieser Blütezeit zelebrierten die Merina jährlich das Ritual des königlichen Bades. Durch europäische Reisende, Missionare und Verwaltungsbeamte ist es erstaunlich gut dokumentiert.

Das Ritual ist zeitlich mit dem Jahreswechsel verbunden, denn die Menschen wünschten sich gegenseitig ein gutes neues Jahr, wenn es gefeiert wurde. Jedoch läßt sich nicht mehr eindeutig festlegen, nach welchem Kalender man sich bei dem Termin des Jahreswechsels richtete. Am wahrscheinlichsten ist jedoch, daß das königliche Bad zwischen den beiden arabischen lunaren Monaten Alohotsy und Alahamady gefeiert wurde, da ersterer als schwacher Monat und letzterer als starker, mit Wachstum und Heiligkeit verbundener Monat gilt.

Wie bei vielen anderen königlichen Ritualen auch, so verknüpfte das königliche Bad das Königtum mit dem Zyklus der Jahreszeiten. Durch das Ritual wurde die Autorität des Königs direkt mit natürlichen Zyklen in Verbindung gebracht, die jenseits menschlicher Einflußnahme liegen.

Die Vorbereitungen

Das Ritual wurde zwei Wochen im voraus angekündigt; damit begannen die Vorbereitungen. Die Ankündigung geschah von einem Felsen aus, der sowohl mit Krönungs- als auch mit Beschneidungsriten in Verbindung gebracht wurde. Ab diesem Zeitpunkt galten bestimmte Einschränkungen wie zum Beispiel, daß alle Tätigkeiten im alten Jahr abgeschlossen werden mußten und nicht in das neue Jahr hinübergreifen durften. Verboten waren das Töten von Tieren, Beerdigungen und das Waschen des Kopfes. Der Sinn des letzteren Verbots lag vor allem darin, das Neue und Wichtige der Kopfwaschung beim königlichen Bad nicht vorwegzunehmen.

Die Ankündigung des Rituals war mit zwei Arten von Abgaben verbunden. Die erste, unter dem Namen »Preis des Lebens«, wurde dem König in Anerkennung seiner Rolle in dem Ritual der Erneuerung des Lebens entrichtet. Die zweite, das »Neujahrsgeschenk«, hatte neben ihrem finanziellen Aspekt vor allem das Ziel, die Gesellschaftsordnung vor Beginn des Rituals auszurichten. Das »Neujahrsgeschenk« übergaben alle Untergebenen an die in der gesellschaftlichen Ordnung über sie Gestellten mit den Worten: »Gott segne dich. Da das neue Jahr beginnt und mit ihm die Jahreszeit der Düfte, bringen wir dir dieses Neujahrsgeschenk.« Ursprünglich wurden die Abgaben in Form von getrocknetem Fleisch entrichtet, später wurde dies durch eine Geldgabe ersetzt.

Die drei Tage vor dem Bad

Nachdem die Phase der Übergabe von Geschenken abgeschlossen war, begann das eigentliche Ritual. Auf den Hügeln wurden Freudenfeuer angezündet, und Fackelzüge formierten sich. Gleichzeitig weinten und jammerten in dieser Nacht die Frauen in ihren Häusern, wie sie dies auch bei einer Beerdigung taten. Diese kollektive Trauer geschah im Namen all jener, die im abgelaufenen Jahr verstorben waren.

Am Morgen nach der »Totenwache« trugen die Frauen ihr gesamtes Hab und Gut aus den Hütten und reinigten es, wie sie es auch nach jeder Beerdigung taten.

Der Folgetag war der gleichen Thematik gewidmet. Die Menschen kleideten sich in Gewänder, die Totenhemden glichen, und gingen zu ihren Familiengräbern, um auf unterschiedliche Weise mit den Verstorbenen Verbindung aufzunehmen. Vor allem nahmen sie ein wenig Erde von dem Grab, um sie später in das Wasser des Bades zu werfen. Der König tat es ihnen gleich, besuchte die Gräber seiner Vorgänger und trat in physischen Kontakt mit ihren Überresten; auf welche Weise dies geschah, ist leider nicht überliefert. Die Gräber blieben geöffnet bis nach dem Festmahl, das dem Bad folgte – auch hier ist unklar, wie man sich das vorzustellen hat.

Am Abend vor dem Bad, das zu Mitternacht, genau zum Jahreswechsel, stattfand, waren sämtliche gesellschaftlichen Regeln und Verbote aufgehoben. Die Folge war eine Orgie, in deren Verlauf jeder mit jedem in sexuellen Kontakt treten konnte, ohne dafür wie sonst bestraft zu werden.

Das mitternächtliche Bad

Dann folgte das eigentliche Bad. Das Wasser hierfür wurde von Jugendlichen herangeschafft, bei denen beide Elternteile noch lebten, was die ununterbrochene Fortdauer der Generationenabstammung symbolisierte. Das Wasser mußte aus bestimmten Flüssen und Seen geschöpft werden, die mit den Vazimbas, den ursprünglichen Besitzern des Landes, in Verbindung gebracht wurden. Weil sie die ursprünglichen Könige gewesen waren, kontrollierten ihre Geister bestimmte Aspekte der Fruchtbarkeit und wurden deshalb als Naturgeister verehrt. Das Wasser wurde vor allem solchen Gewässern entnommen, von denen man annahm, daß darin Vazimba-Königinnen beerdigt worden waren. Diese waren zwar nur besiegte Herrscherinnen, aber sie stellten auch die Vorfahrinnen der Merina-Könige und wurden generell mit allem Weiblichen in Verbindung gebracht.

Nachdem das Wasser zum Palast gebracht und erwärmt

worden war, streifte der Monarch im Augenblick des Jahreswechsels seine *alten* Kleider vom Leib, tauchte mit dem ganzen Körper, vor allem aber mit dem Kopf ins Wasser und verließ die Wanne sogleich wieder. Dann legte er reiche *neue* Gewänder an, bespritzte seine versammelten Untertanen mit ein wenig Badewasser und vollzog damit die entscheidende Segnung durch das Bad.

Ein Londoner Missionar, der der Zeremonie beiwohnte, als Rasoaherina Königin der Merina war und Madagaskar schon recht stark unter dem Einfluß von Franzosen und Briten stand, beschreibt das Ritual folgendermaßen:

»Inzwischen hatten bereits andere Diener der Königin das Bad für Ihre Majestät bereitet. Die Wanne war aus Silber und in der den Merina heiligen Nordostrichtung im Raum aufgestellt. Den Blick auf die Wanne verwehrten von Hofdamen hochgehaltene scharlachrote Schirme. Hinter sie wurde die Königin nun geführt, um zu baden. Danach wurden draußen alle Kanonen abgefeuert, um dem Volk die Beendigung der Zeremonie anzukündigen. Nach wenigen Minuten des Wartens trat Ihre Majestät wieder hinter den Schirmen hervor mit vom Bad nassen Haaren und nassem Gesicht. Sie sprach die übliche Danksagung: ›Samba samba Andriamanitra, Andriananahary, ho arivo tratry ny taona anie tsy hisaramiana-kavy!‹ was bedeutet: Seid gesegnet, gesegnet von Gott! Auf daß wir tausend Jahre eine ungeteilte Familie seien! Darauf entgegneten alle mit ›Tarantitra‹, das heißt: Alt mögest du werden. In ihrer Hand das Horn mit dem warmen Wasser haltend und von einem höheren Offizier begleitet, schritt die Königin durch die Reihen und besprenkelte die Hände der Leute und dann auch die Soldaten und Offiziere, die auf der Veranda Wache hielten. (Jetzt ist es so, daß Ranavalona III., die uns alle recht gut kennt, auf ihrem Weg durch die Menge manchem von uns das Wasser schelmisch ins Gesicht spritzt und dabei ganz offensichtlich ihren Spaß hat.)«

Von diesem Badewasser auch nur ein paar Spritzer abzubekommen war ein Zeichen von Zugehörigkeit, entweder politisch oder familiär, tatsächlich war beides miteinander verknüpft. Wenn also irgendein Sklave der Segnung durch das Wasser teilhaftig wurde, so war er hinfort frei.

Dasselbe Ritual vollzog sich nun in jedem Haus des Landes, wo jeweils das Familienoberhaupt badete, sich zumindest seinen Kopf wusch, und mit dem Wasser seine Angehörigen segnete. Der Rest des königlichen Badewassers wurde für die Segnung jüngerer Mitglieder der Königsfamilie und ihrer Dienerschaft verwendet.

Das rituelle Mahl

Im Anschluß an das Bad folgte das rituelle Mahl, das von fast gleicher Bedeutung war. Hierzu wurde nun verlangt, daß ein jeder an seinem Platz sein sollte: die Kinder im Haus ihrer Eltern, die Sklaven im Haus ihrer Herren und vor allem die Frauen im Haus ihrer Männer, auch wenn sie getrennt lebten.

Der Reis für dieses Mahl wurde unmittelbar vor dem königlichen Bad in besonderen alten Töpfen zubereitet und sofort nach dem Bad gegessen. Zuvor wurde der Reis mit Milch und Honig gemischt und dann *Tatao* genannt, ein Wort, das für Überlegenheit stand. Dazu reichte man eine Mischung aus frischem und getrocknetem Fleisch, letzteres stammte aus der Steuererhebung des Vorjahres.

Im Palast, wo die Vorbereitungen des Mahls besonders feierlich waren, gab man ein wenig Reis und Fleisch auf den Kopf des Herrschers, bevor er zu essen begann. Das gleiche vollzog sich in den Häusern der Untertanen, nachdem vom Palast aus das Zeichen gegeben worden war, daß der Herrscher seinen Teil erfüllt hatte. Das Mahl beendete den Festtag.

Die Abschlußtage

Der nächste Tag war dadurch gekennzeichnet, daß Höhergestellte an ihre Untergebenen Rinder verteilten, vor allem aber der Herrscher an seine Untertanen. Der Hintergrund für diese Freigiebigkeit lag in dem Mythos verborgen, daß König Ralambo, der Begründer der Königsdynastie, eines Tages den Wohlgeschmack von Rindfleisch entdeckt hatte. Die Rinder, die beim Fest des königlichen Bades verteilt wurden, waren von zweierlei Art. Zum einen handelte es sich um besonders stark gemästete Rinder, und zum anderen um solche, die besonders eng mit dem König und, wegen eines kreisrunden Zeichens, mit dem Vollmond in Verbindung gebracht wurden. Sie versinnbildlichten den astronomischen Aspekt des Rituals und dessen unlösbare Verknüpfung mit dem Königshaus.

Das Verteilen und Schlachten der Rinder stand im Zentrum der dem Bad folgenden Tage. Danach klang das Fest langsam aus, und alle weiteren Zeremonien, die mit ihm in Zusammenhang standen, schienen von geringerer Bedeutung zu sein.

Das zentrale Thema dieses Rituals des königlichen Bades ist die Segnung – durch die fruchtbare, wilde Kraft des Wassers der Vazimbas –, die von der toten über die ältere, lebende an die jüngere, lebende, untergebene Generation weitergereicht wird. Dem Höhepunkt des Rituals liegt die Vorstellung von einer Welt zugrunde, in der alles an seinem richtigen Platz ist: die Himmelskörper, das Königreich und das Verwandtschaftssystem.

Ritual zur Heilung der Erde

Im Zentrum aller Rituale steht, nicht immer auf den ersten Blick sichtbar, der Zyklus von Leben und Sterben. Nahezu ohne Ausnahme haben alle magisch-religiösen Rituale die Aufgabe übernommen, diesen zentralen Aspekt der menschlichen Existenz, des Planeten Erde, des Kosmos zu dramatisieren. Globales Denken und Handeln haben es uns ermöglicht, vom Rhythmus der Natur losgelöst zu leben. Wir essen im Herbst und Winter Erdbeeren, die wir aus Südafrika importieren, wir fliehen vor den Unbilden des Winters in wärmere Klimaregionen und fahren im Sommer Ski auf den Gletschern. Wir haben verlernt und vergessen, die jahreszeitlichen Botschaften der Natur richtig wahrzunehmen und zu verstehen.

Die Indianer beziehen auf sich eine Prophezeiung, daß ihr Volk hundert Jahre wie tot im Staub liegen werde, um sich dann zu erheben und zu den rechtmäßigen Bewahrern und Beschützern der Natur zu werden. Tatsächlich ist auch über die Romantisierung des roten Volkes hinaus noch ihre starke Verbundenheit, ja Vertrautheit mit der Natur spürbar. Warum also sollten nicht sie es sein, die uns den spirituellen Aspekt der Natur wieder näherbringen, die uns helfen, die Erde zu heilen und das Bewußtsein für diese Notwendigkeit zu schaffen?

Natürlich kann ein Ritual wie das folgende keine Giftmülldeponie auflösen, auch kann es weder große noch kleine Umweltsünden rückgängig machen. Aber es vermag vielleicht unsere Wahrnehmung für die Natur und ihre Zyklen neu zu beleben.

- Sie können dieses Ritual allein oder zu mehreren zelebrieren. Jedoch sollte es eine Gruppe von überschaubarer Größe sein, die sechs bis acht Personen nicht überschreitet.
- Den Termin können Sie frei nach Ihren eigenen Vorstellungen wählen; er spielt keine entscheidende Rolle.
- Als Ort eignet sich hierzulande besonders gut ein alter keltischer Steinkreis. Denkbar sind auch alte, allein stehende Bäume oder Bachquellen. Was Sie suchen, ist ein »Ort der Kraft«. Betrachten Sie auch schon die Wahl Ihres Kultplatzes als ein Teil des Rituals, dann wird Ihnen die Suche leichterfallen. Selbstverständlich können Sie das Ritual auch in Ihrem Wohnzimmer feiern.
- Wenn Sie an Ihrem Ritualplatz sind, dann legen Sie zunächst die vier Himmelsrichtungen fest. Machen Sie sich mit dem Ort vertraut, indem Sie ihn mehrmals umkreisen und bei jedem der vier Kardinalpunkte, die entweder schon vorhanden sind oder die Sie selbst markiert haben, eine kleine Pause einlegen. Sobald Sie sich auf dem Platz zu Hause fühlen, bitten Sie an der Markierung jeder der vier Himmelsrichtungen um den Segen der mit ihr verbundenen Kraft oder des Totems:

	Element	*Totem*
Osten	Feuer	Adler
Süden	Wasser	Maus
Westen	Erde	Grizzlybär
Norden	Luft	Büffel

Also zum Beispiel für den Süden: »Ich bitte um den Segen des Südens. Möge mir die Beweglichkeit des Wassers als Vorbild dienen und dein Totemtier, die Maus, mich beschützen und jetzt und hier bei mir sein.«

- Dann kehren Sie in die Mitte des Kreises zurück und rufen die Göttin Erde um ihren Beistand an. Sie könnten beispielsweise sagen: »Mutter Erde, Schöpferin, Erhalterin und ewig Gebende, höre mich an. Laß meine Worte und Gedanken, die ich dir von diesem heiligen Ort sende, zu dir durchdringen. Da ich dir die tiefsten Wünsche meines Herzens eröffne, sorge gut für sie, und schicke sie gestärkt von deiner Liebe und deiner ewigen Wahrhaftigkeit zu mir zurück.«

Nachdem Sie nun die äußeren Bedingungen hergestellt haben, müssen Sie jetzt den inneren Raum schaffen. Um das notwendige heilige innere Zentrum zu finden, meditieren Sie für eine Weile über den Zustand der Erde, der Gegend, in der Sie leben, oder Ihrer direkten Nachbarschaft. Achten Sie darauf, daß klare Bilder vor Ihrem inneren Auge entstehen, daß Sie wirklich *spüren*, wie es um die Natur bestellt ist.

Dann erheben Sie sich wieder und gehen nacheinander an jeden der vier Kardinalpunkte, um dort für das Land zu beten. Sie können sich dabei entweder von den jeweiligen Elementen oder auch von der folgenden Zuordnung leiten lassen:

Osten:	Königreich der Menschheit,
Süden:	Königreich der Pflanzen,
Westen:	Königreich der Minerale,
Norden:	Königreich der Tiere.

Berücksichtigen Sie nun alles, was die Menschheit getan hat, um die Erde in diesen vier Aspekten, die Sie anrufen, zu verletzen. Wahrscheinlich wird Ihnen eine lange Liste einfallen. Es ist wichtig, daß Sie sich diese Einzelheiten bewußt machen – jedoch ohne sich selbst für die gesamte ökologische Katastrophe persönlich verantwortlich zu fühlen. Sie vollziehen dieses Ritual als ein Vertreter der Menschheit, jedoch nicht als ihr Gewissen oder Sündenbock.

ꙮ Kehren Sie sodann in die Mitte des Kreises zurück, nehmen eine bequeme, meditative sitzende Haltung ein und visualisieren das folgende:

Sie durchschreiten eine Wildnis, in welcher der Boden trocken und seit langem tot ist. Alte Bäume, die einst ihre Äste grün belaubt in den Himmel streckten, stehen nun da wie Skelette in vertrockneter, rissiger Erde, die ihre Wurzeln der Sonnenhitze preisgibt. Flußläufe, einst voll Wasser, liegen nun ausgetrocknet und wie tote Schlangen in der apokalyptischen Landschaft, Überall türmen sich Berge von stinkendem, verfaulendem Unrat, der Geruch des Todes deckt alles zu. Der Himmel ist grau und dunstig, die sengende Sonne dringt durch einen Schleier von Smog. Nichts und niemand außer Ihnen bewegt sich in dieser Landschaft, und Sie spüren die Trauer des Ortes in Ihrem Inneren wie verzehrende Hitze. Dennoch müssen Sie weiterziehen, als wären Sie auf der Suche nach etwas Verlorenem.

Die Zeit vergeht, Sie haben kein Gefühl dafür. Dann nehmen Sie am Horizont einen winzigen Farbklecks in dieser Einöde von Grau und Braun wahr. Sie gehen darauf zu, und indem Sie näher kommen, erkennen Sie, daß es sich um eine winzige grüne Insel inmitten des toten und wüsten Landes handelt. Drei alte Bäume breiten ihre grünen Arme schützend über einer Quelle aus. Doch das kleine Paradies ist von einer dichten, undurchdringlichen Dornenhecke umgeben. Sie hören das Plätschern des Wassers, aber ein Zugang ins Innere ist nicht zu finden. Sie schauen sich nach jemandem um, der helfen könnte, aber es ist niemand da.

Was werden Sie jetzt tun? Sie könnten aufgeben und das Land dem Griff des Todes überlassen. Wie lange aber würde dann das Wasser noch aus der Quelle sprudeln? Es gibt nur eine Möglichkeit: Sie müssen das Hindernis der Dornenhecke über-

winden, um dem Wasser einen Weg in das umliegende Land zu bahnen.

Die Hecke ist entsetzlich hoch und dicht, und ihre Dornen sind lang und spitz. Sie werden Ihren ganzen Mut zusammennehmen müssen. Bitten Sie die Totemtiere und andere Mächte, die Sie kennen, um Unterstützung. Vielleicht wissen sie Rat oder haben mehr Mut als Sie. Dann sind Sie bereit, den Schritt zu wagen – und noch bevor Sie die Hecke auch nur berühren, weicht sie vor Ihnen zurück.

Sie betreten den verzauberten Kreis und betrachten die Quelle. Moos und abgefallene Blätter, Kies und Steine verstopfen sie, so daß das Wasser kaum noch an die Oberfläche dringen kann. Eine ganze Zeitlang müssen Sie hart arbeiten, bis Sie die Quelle erneut freigelegt haben, doch dann bricht das Wasser durch und folgt seiner alten Bahn hinein in das verdörrte Land.

Und nun geschieht ein Wunder: Überall dort, wo das Wasser den Boden berührt, kehrt das Leben zurück. Bäume entrollen ihre Blätter, Gräser und Blumen beginnen zu sprießen, Flüsse und Bäche entspringen, und ein endloses Farbenmeer breitet sich vor Ihren Augen aus. Der Himmel ist wieder klar und blau, und die Sonne verliert ihre Aggressivität und lacht wieder freundlich. Wie von einer anderen Welt kommt Ihnen diese Farbenpracht vor. Doch befinden Sie sich nicht in einem fremden Traumland, sondern in Ihrer eigenen Welt, die von der Heilkraft des Wassers wieder zum Leben erweckt worden ist.

༄ Wiederholen Sie jetzt das Gebet an die Göttin Erde, mit dem Sie begannen: »Mutter Erde, Schöpferin, Erhalterin und ewig Gebende, höre mich an. Laß meine Worte und Gedanken, die ich dir von diesem heiligen Ort sende, zu dir durchdringen. Da ich dir die tiefsten Wünsche meines Herzens eröffne, sorge gut für sie, und schicke sie gestärkt von deiner Liebe und deiner ewigen Wahrhaftigkeit zu mir zurück.«

- Wenn Sie bereit sind, dann kehren Sie von Ihrer visualisierten inneren Reise zu ihrem normalen Tagesbewußtsein zurück. Danken Sie den Totemtieren für ihre Hilfe.
- Gehen Sie an jeden der vier Kardinalpunkte, und danken Sie auch den vier Himmelsrichtungen und den Elementen für ihre Unterstützung und Begleitung.
- Damit ist Ihr Ritual beendet, und Sie können Ihren »Ort der Kraft« verlassen.

Je öfter Sie Gelegenheit haben, das Ritual allein oder mit anderen zu wiederholen, desto besser. Es ist eine gute Methode, um die Erde zu unterstützen und um die Göttin und Mutter wissen zu lassen, daß wir ihre Notlage nicht vergessen haben.

II.

Rituale für den Lebensweg

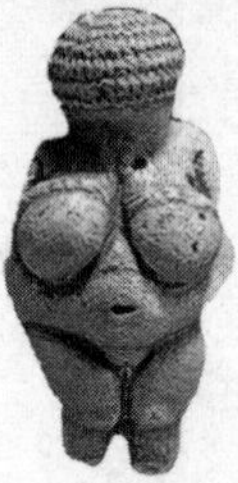

Geburt und Kindheit

Schwangerschaftszeremonie

Die Angehörigen der Tiyan-Kaste Südindiens veranstalten, wenn die Frau etwa im siebten Schwangerschaftsmonat ist, nach Frazer das folgende Ritual des Tamarindentrinken. Am Abend wird ein Tanz gegeben, aber die eigentliche Zeremonie findet erst am nächsten Morgen im Haus des Vaters der Frau statt. Die Kosten dafür hat ihr Mann zu tragen.

Der Mann badet frühmorgens mit zwei Gefährten. Sie legen reine Kleider an und der Mann zusätzlich noch ein Halsband. Gemeinsam gehen sie zu dem nächsten Tamarindenbaum, wo ein jeder einen kleinen Zweig pflückt und zu der Schwangeren trägt. Die Schwester des Mannes zerstößt die Blätter von zwei Zweigen in einem Mörser, entweder in einem kleinen abgeschlossenen Raum oder aber in einer Laube im Vorgarten. Der Saft, der eine die Entbindung fördernde Wirkung hat, wird dann von der Schwester des Mannes durch ein neues, doppelt gefaltetes Tuch einer vorgeschriebenen Größe gesiebt. Wenn der zukünftige Vater keine Schwester hat, so erfolgt die Zubereitung durch seine Mutter oder seine Schwiegermutter. Dann wird Reis in Wasser gekocht und der Tamarindensaft hinzugegeben.

Der Mann und seine beiden Gefährten sitzen in der Laube; seine schwangere Frau nimmt hinter ihm Platz. Der Bruder der Frau füttert den Mann dreimal mit dem Reis mit Hilfe eines kleinen goldenen Löffels. Die Schwester des Mannes füttert die Gattin in gleicher Weise. Abschließend wird der dritte Tamarindenzweig in den Vorgarten gepflanzt, und die Schwangere wässert ihn jeden Tag, bis das Kind geboren ist.

Männerkindbett

Bei manchen Stämmen in Nordamerika, Südamerika und Asien existiert eine Sitte, die Männerkindbett oder ethnologisch korrekter Couvade genannt wird. Der zugrundeliegende Gedanke ist hierbei, daß der Mann der wichtigere Teil bei der Zeugung und Geburt des Menschen ist und daher auch die größere Aufmerksamkeit benötigt. In Südindien bei der Korava-Kaste, einem Dravida-Stamm, läßt sich die Couvade, geschildert von Wilhelm Schmidt, am vollständigsten nachweisen.

Sobald die Frau die ersten Geburtswehen spürt, benachrichtigt sie ihren Mann. Der zieht darauf einige ihrer Kleider an und bringt auf seiner Stirn das Zeichen an, das Frauen für gewöhnlich dort tragen. Er zieht sich in einen abgedunkelten Raum zurück, legt sich aufs Bett und bedeckt sich mit einem langen Kleid. Er erhält dann wie seine tatsächlich gebärende Frau *Asa foetida*, einen entbindungsfördernden Trank, und täuscht Geburtswehen vor.

Ist das Kind geboren, so wird es neben den Vater aufs Bett gelegt. In den nächsten drei Tagen gehört alle Aufmerksamkeit dem Vater, und seine Frau, die gleich nach der Entbindung wieder zu arbeiten beginnt, bedient und versorgt ihn, oft gemeinsam mit anderen Frauen. Es wird ihm nicht erlaubt, das Bett zu verlassen, sondern alles Notwendige wird ihm gebracht, und er wird einer strengen Diät unterworfen.

Geburt

Die Geburt wie auch die Zeit der Menstruation ist häufig mit einem Tabu belegt; sie gilt bei vielen Völkern als unrein und bedarf daher einer Phase der Absonderung von der Gemeinschaft und der Reinigung. Hinzu kommt, daß nach Ablauf der Ausgrenzung, die je nach Kultur zwischen zwei und vierzig Tagen dauern kann, das neugeborene Menschenkind in die Gemeinschaft aufgenommen werden muß. Das Kind muß in die Welt eingeführt oder, wie die Dajak in Nordborneo sagen, »zur Welt gelassen« werden, wie auch ein Boot zu Wasser gelassen wird.

Für das hinduistische Indien der Jahrhundertwende beschreibt Arnold van Gennet den folgenden Übergangsritus. Am zehnten Tag nach der Geburt, dem letzten, den die Mutter in Abgeschiedenheit verbringen mußte, rezitierte man eine entsprechende Stelle aus den *Veden* und heftete dem Kind einen Talisman aus einem wohlriechenden harzigen Holz mit den Worten an: »Nimm dieses Amulett der Unsterblichkeit in deinen Besitz ... Ich bringe dir Atem und Leben; geh nicht zu den schwarzen Schatten; bleibe im Sicheren; geh zum Licht der Lebenden vor dir.« Weitere ähnliche Ratschläge folgten, die dem Kind vor Augen führen sollten, daß es sich neu inkarniert und das Reich der Toten mit dem der Lebenden vertauscht hatte.

Dann gab man dem Kind zwei Namen, einen gewöhnlichen, den es der Gemeinschaft der Lebenden angliederte, und einen anderen, den nur seine Familie kannte.

In der dritten Nacht des Mondzyklus, bei zunehmendem Mond, nahm der Vater sein Kind in den Arm und trug es hinaus, um es dem Mond vorzustellen, dem dabei auch geopfert wurde. Damit wurde es in den Kosmos integriert, wie es schon zuvor in sein soziales Umfeld eingeführt worden war.

Später feierte man nicht, wie wir es gewohnt sind, jedes Jahr den Geburtstag des Kindes, sondern zum Beispiel das erste Verlassen des Hauses im Alter von vier Monaten, das erste Aufnehmen fester Nahrung im Alter von einem halben Jahr und den ersten Haarschnitt im dritten Lebensjahr. Da jede Familie einen spezifischen Haarschnitt praktizierte, an dem man ihre Mitglieder erkennen konnte, markierte dieser Ritus nicht nur den Abschluß der Kleinkindphase, sondern auch eine erneute sichtbare Aufnahme in den Familienverband.

Geburtstag

Die Feier des Geburtstags und des Jahreswechsels sind ähnlichen gedanklichen Ursprungs. In beiden Fällen zielt das Ritual auf die Erneuerung des Lebens ab, im ersten bezogen auf den Menschen, im zweiten auf die Natur. Gleichzeitig soll das alte Leben, das alte Jahr in den Tod entlassen werden.

Bei den Tshi, einem westafrikanischen Volk im Hinterland Ghanas, ist der Geburtstag eines Mannes seinem *Kra*, seinem ihm innewohnenden Geist, heilig. Ist dieser Mann reich, so schlachtet er ein Schaf, ist er arm, dann wird er ein Huhn töten und daraus ein Festmahl zubereiten.

Am Morgen, wenn er sich waschen geht, nimmt er einen neuen Schwamm und ein Ei mit sich. Er baut sich vor der Kalebasse, die sein Waschwasser enthält, auf und spricht seinen *Kra* an. Er bittet ihn um seinen Schutz und um seine Unterstützung für das nächste Jahr als Gegenleistung dafür, daß er ihm am heutigen Tag dienen und seinen Festtag in Ehren halten wird. Der Mann schlägt das Ei auf und läßt es in sein Waschwasser gleiten, dann wäscht er sich mit der Mischung. Zum Zeichen seiner Erneuerung reibt er weißen Lehm in sein Gesicht und legt weiße neue Gewänder an.

Jene, die in der Stammeshierarchie der Tshi höhergestellt sind, verehren darüber hinaus auch noch den Wochentag, an dem sie geboren sind. Mitunter verlangt beispielsweise ein Stammeshäuptling, daß am Wochentag seiner Geburt kein Blut vergossen, also nicht geschlachtet werden darf.

Vorinitiation

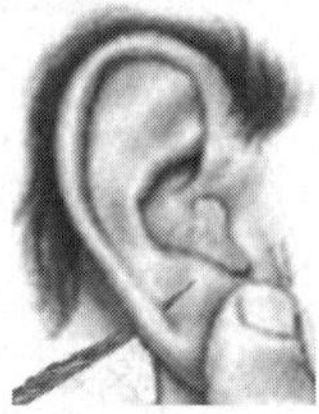

Die Frauen der Dschaggas, eines Stammes im Südwesten Tansanias, stillen ihre Kinder, bis sie ein Alter von etwa vier oder fünf Jahren erreicht haben. Dieses Verhalten, das heute noch bei vielen sogenannten Naturvölkern üblich ist und früher auch bei den meisten Europäern gebräuchlich war, hat mehrere Gründe. Einer ist die natürliche Empfängnisverhütung, die mit der anhaltenden Stillzeit einhergeht. Diese natürliche Empfängnisverhütung verliert nach etwa vier Jahren ihre Wirksamkeit, parallel dazu läßt der Milchfluß nach, und die Frau wird wieder schwanger. Die Dschaggas der Jahrhundertwende, als Tansania noch Deutsch-Ostafrika war, »überkleideten« das Neugeborene, wenn es ein Knabe war, im dritten oder vierten Monat; eine Zeremonie, die in ihrem Gehalt unserer Taufe ähnelte. Viel interessanter ist jedoch das Ritual – für die Nachwelt in archaisch altmodischer Sprache von Bruno Gutmann überliefert –, welchem der zu diesem Zeitpunkt etwa fünf- bis sechsjährige ältere Bruder unterworfen wurde. Bei dem »Durchstechen des rechten Ohrs« handelt es sich um eine Vorinitiation, die jener Lebenslaufzäsur ähnelt, die im Mittelalter jedem männlichen Kind bevorstand, das einmal Ritter werden sollte: die Aufnahme als Page in die Erwachsenenwelt im Alter von etwa sieben Jahren. Für diese Knaben wurde ihre Kindheit durch die Einleitung eines neuen Lebensabschnitts beendet, in dem sie Verantwortung tragen mußten und im Gesellschaftsgefüge an einen neuen Platz gerückt wurden. Bei den Dschaggas wurde der neue Status des Knaben durch die Ankunft eines Bruders begründet und mit dem folgenden Ritual unterstrichen.

Das Durchstechen des rechten Ohrs

Für die Kindüberkleidung war am Vortag ein Rind geschlachtet worden. Ein Teil seines Fleisches war jedoch für die Durchstechung des rechten Ohrs des älteren Bruders am Folgetag bestimmt. Sie konnte nun erfolgen, weil der Ältere einen Nachfolger hatte, der durch das Ritual der Überkleidung in die Familie aufgenommen worden war.

Frühmorgens pflockten Frauen das Fell des geschlachteten Rindes im Hof fest und schabten es von allen Fleischresten frei. Zwei *Altmütter* (alte Frauen) übergaben den Knaben seinem Großvater, der mit ihm zu dem ausgespannten Rinderfell ging, um sich darauf niederzulassen. Mit dem Halswirbel des Rinds, der neben dem Fell bereitgelegt war, trennte der Großvater ein schönes Stück Fleisch ab und gab es dem Kind in die Hand. Es durfte bei dem Durchstechen seines Ohrs hineinbeißen, um den Schmerz zu ertragen, aber nichts davon essen, denn es war als Ehrengabe für die *Altmütter* nach dem Durchstechen bestimmt.

Der Dorfälteste überreichte dem Großvater einen zugespitzten kleinen Pflock, der unter Segenswünschen für einen guten Verlauf der Heilung von einem bestimmten Baum abgeschnitten worden war.

Der Großvater setzte sich neben den Knaben, fuhr mit dem Hölzchen auf dessen rechtem Ohrläppchen kreisend herum und sprach:

»Höre, mein Enkelkind! Ich sage dir: Gestern habe ich deinen Jungbruder überkleidet, deinen Nachfolger. Auf daß du noch mehr Brüder bekommst! Heute durchsteche ich dir das Ohr, doch ohne daß es dich schmerze. Ich bete zu deinem Großvaterahn, der mit Gottes Hilfe einst mein Ohr durchstach. Gott stand ihm bei, daß ich groß und stark wurde. Gott half ihm, daß ich einen Vater zeugte, der mein Erstgeborener ist, gleich dir.

Ich bete heute, daß dein Ohr nicht anschwelle. Dein Leben sei zwischen deinen Rippen geborgen. Wenn du den Ort erreichst, an dem ich angekommen bin, dann soll dein Leben von den Rippen zusammengehalten werden, wie das meine von den Rippen zusammengehalten wurde, bis ich dein Ohr durchstechen konnte, mein Enkelkind. Habe ein langes Leben, bis du deinem Enkel das Ohr durchstichst, wie ich es heute bei dir tue, mein Enkelkind. Du sollst lange leben und viele Kinder zeugen.«

Nach diesen Worten übergab er das spitze Pflöckchen seinem *Ehebeistand* (nach unserem Verständnis eine Art Trauzeuge). Der nahm nun den Platz des Großvaters ein, setzte das Holzstück an das Ohrläppchen des Kindes und sprach eine Beschwörungsformel. Dann stieß er den Pflock durch das Ohrläppchen und ließ ihn darin stecken. Die Spitze stumpfte er ab, damit sie den Hals nicht verletzen konnte. Den Pflock nahm man erst heraus, nachdem die Wundränder vereitert waren; man ersetzte ihn durch das zusammengerollte Blatt eines bestimmten Busches, dem Heilkräfte zugesprochen wurden. Nach Abschluß der Heilung wurde schließlich ein geschmückter Pflock eingesetzt.

Nun war dem Knaben erlaubt aufzustehen. Begleitet von dem großväterlichen *Ehebeistand* trug er das Stück Fleisch mit dem Halswirbel auf einem Bananenblatt zur Hütte seiner Mutter. Hier erwarteten ihn die *Altmütter*, vor allem die *Beisteherin* (nach unserem Verständnis die Trauzeugin der Großmutter).

Unter feierlichem viermaligem Entgegenstrecken der zusammengelegten Handflächen nahm sie das Fleisch, das ihr der Junge entgegenstreckte, entgegen. Dabei brach sie in Willkommensrufe aus, bedankte sich bei ihm, rief die Ahnmütter und Gott um Schutz und Gedeihen für ihn an, damit er ihnen alle Jahre Freude bereite, und endete ihr Wunschgebet in Jubeltrillern.

Belehrungen

Nachdem alle *Altmütter* das Kind beglückwünscht und vor seinen Augen das Fleisch verzehrt hatten, führte der großväterliche *Ehebeistand* den Knaben zurück auf das Rinderfell, wo der Großvater wartend zurückgeblieben war. Der Knabe setzte sich neben dem Großvater nieder, der ihm folgende Lehre gab:

»Schau an, mein Enkelkind! Heute fängt dein Schatzsammeln an. Ein Schatz ist das, was man im Herzen aufbewahrt. Und in deinem Haupte sollst du ihn bewahren. Wir haben dir am Ohr Schmerz bereitet, nur dazu, damit du Weisheit erlangen mögest, damit du klug wirst, mein Enkelkind! Das Ohr, in das ich dir ein Loch gestochen habe, erinnert dich an deinen Schatz, den du im Haupte – und im Herzen – aufbewahrst. Daß du ja nicht weiter aufwachsest mit Verfehlungen!

Deine Großmutter wird dich schelten und dich nach Feuer oder Wasser schicken. Daß du ihr ja nicht frech antwortest! Die Großmutter ist dem Mutterbruder an Würde gleich! Versündigst du dich an ihr, so wird sie als ihren letzten Willen für dich hinterlassen, daß du wie ein Vogel auf einer Bananen-blattrippe sitzen sollst. Und wenn der Vater, nachdem das eingetreten ist und du in Verwirrung tatsächlich auf den Bäumen hockst und abmagerst, für dich zum Wahrsager geht und fragt: ›Was ist Schuld daran, daß das Kind wie ein Vogel auf dem Baum hockt?‹, dann wird man ihm sagen: ›Was hat es denn seiner Großmutter getan? Nun, nachdem die Alte gestorben ist, wie wollt ihr es wiedergutmachen? Das Kind muß sterben, es hat seine Großmutter zu arg gekränkt!‹

Darum rate ich dir: Trage Weisheit zusammen! Heute noch, so klein du bist, sollst du damit anfangen. Wenn du merkst, daß die Altmutter eine Sache irgendwo ablegt, so rühre du ja nicht daran!

Oder auch ich, der ich dein Großvater bin, so du dich an mir versündigst oder dich widerspenstig zeigst, ich dich irgendwo hinschicke, du aber nicht willst und denkst: Dieser Alte hat mich nirgendwohin zu schicken! Dann werde ich dich an einen Ort festsetzen, an dem du erstarrst.

Aber wenn du voller Klugheit aufwächst und dem gehorchst, was dir befohlen wird, wirst du erwachsen wie ich und Wohlgefallen erwecken. Darum sage ich dir, mein Enkelkind, werde recht besonnen. Widersetzlichkeit magst du deinen Gefährten erweisen, erweise sie niemals den Altmüttern oder -vätern.

Du lebst mit der Mutter zusammen. Verdirbt nun deine Mutter einmal etwas, so trage es nicht dem Vater zu. Wenn nämlich dann der Vater die Mutter schlägt, hast du dich sehr schwer versündigt. Warte ab, laß es den Vater selber merken, oder die Frau sagt es ihm von allein. Denn wenn du sie beim Vater verrätst, und er schlägt sie, und später kommt eine Krankheit, die deine Mutter tötet, während sie noch die Beulen seiner Schläge am Leib hat und deren Schmerz spürt, so wird sie mit dem Tode vor Augen meinen: ›Das Kind ist's, das mich tötet, dieweil es mich alle Tage beim Vater verklagte, bis er mich schlug und mir diese Beulen auf den Leib brachte.‹ Und so stirbt sie mit den Worten: ›Warte ab, laß mich erst sterben!‹ Dich aber, dem sie einen solchen letzten Willen hinterläßt, wird sie plagen, bis du den Tod davon hast. Und es wird heißen: vom letzten Willen der Mutter.

Darum sage ich dir, sei recht besonnen. Der Schatz, von dem ich dir sagte, verwahre ihn im Haupte und im Herzen, das ist er!«

Weitere Belehrungen

Damit waren aber die Belehrungen noch nicht zu Ende. Der Großvater machte seinem *Ehebeistand* auf dem Fell Platz, und dieser setzte sich neben das Kind und sprach: »Höre zu, mein Enkelkind! Auch ich bin dein Großvater. Was dein Großvater dir sagte, ist dies: Sammle Weisheit, solange du noch klein bist. Versündige dich ja nicht an deiner Großmutter noch an den Altmüttern! Das gleiche gilt, wenn du deinen Mutterbruder besuchen gehst. Die großen Kinder pflegen ja bei ihren Mutterbrüdern heranzuwachsen, bis sie Männer sind. Und wenn du auch so beim Mutterbruder bleibst und es sind Hochbetagte dort, dann rühre nichts von ihren Sachen an.

Du sollst Weisheit sammeln und mit ihr hingehen, sie bei dir im Kopfe und im Herzen tragend. Siehst du die Altväter (alte Männer) ihre Sachen irgendwo ablegen, sei still und rühre sie nicht an. Sie wissen schon, daß dich der Hunger plagt und werden an dich denken, und du wirst zu essen bekommen.

Wenn du dir selbst etwas nimmst, also es nicht bekommst, sondern stiehlst, so werden sie dir das bei sich selber sehr verübeln. Und kommen sie zu sterben und einer stirbt mit solchem Übel im Haupte, so weißt du das nicht. Du denkst: ›Ich habe da eben etwas gegessen‹, und findest dann heraus, daß du einen Sterbefluch auf dich gezogen hast.

Darum lehrt dich dein Großvater Weisheit, daß du heranwachsest und sie bei dir im Haupte tragest. Hörst du, wie die Großmutter dich ruft, so antworte wohlgesetzt: ›Ja, du Nährmutter‹ Dein Großvater, wie er jetzt hier ist, wird altern und lästig fallen wie ein kleines Kind, so wie du jetzt bist, und wird nicht mehr vernünftig reden wie jetzt. Hörst du ihn dann nach dir rufen, so antworte höflich. Und sagt er zu dir: ›Bringe mir Trinkwasser, mich dürstet‹, so beeile dich recht, es ihm zu bringen. Bringst du es ihm nicht rasch genug, wird er dich nach seinem Tode verwirren, so daß du im Wahnsinn handelst, der dich das Leben kostet.

Das sagt dir der Alte. Damit sollst du groß werden. Und

wenn du mit einem Altersgenossen spielst und man sagt dir: ›Dein Großvater ruft nach dir‹, so laufe geschwind. Daß du ja nicht sagst: ›Was hat mich der zu rufen? Ich weigere mich.‹ Wenn er das hört oder es ihm ein anderes Kind sagt, so wird es ihn sehr kränken. Und er wird bei sich denken: ›Warte nur, laß mich sterben, damit ich ihn strafe!‹

Darum bereden wir dich, daß du so etwas nicht tun sollst. Sammle Weisheit, erwachse mit ihr.«

Nach dieser zweiten Lehre nahmen die beiden *Altväter* den Knaben von der Kuhhaut herunter und führten ihn den *Altmüttern* entgegen, die schon aus der Hütte traten, als der Unterricht zu Ende ging und den Lehrvätern jetzt mit Jubelrufen danken.

Die Belehrungen vom Tag, an dem der großväterliche Ehebeistand sein rechtes Ohr durchstach, wurden dem Knaben von den *Altmüttern,* die hauptsächlich für seine Erziehung verantwortlich waren, immer wieder in Erinnerung gerufen.

Anhand dieses Rituals zeigt sich, wieviel Wert in der Gesellschaft der Dschagga darauf gelegt wird, Gehorsam gegenüber den Älteren, den *Altvätern* und *Altmüttern,* zu erwirken. Bis zu dem Moment, in dem man ihm sein Ohr durchstach, wurde dem Knaben alles nachgesehen. Nun muß er sich den Regeln des Zusammenlebens unterwerfen. Anfangs wird den Jungen der Schmerz in seinem Ohr und später der geschmückte kleine Holzpflock darin an seine neuen Aufgaben erinnern.

Initiation

In der Ethnologie, der Wissenschaft, welche die Kulturen der Völker untersucht und miteinander vergleicht, wird unter Initiation die individuelle oder kollektive Einführung in eine neue Lebensphase oder in eine andere gesellschaftliche Gruppe verstanden. Eine neue Lebensphase kann unter anderem durch den Übergang in die Erwachsenenwelt oder durch die Übernahme eines heiligen oder auch weltlichen Amtes eingeleitet werden. In beiden Fällen ist der Eintritt in eine andere gesellschaftliche Gruppe die Folge. Das zu diesem Zwecke vollzogene Adoleszenzritual oder die rituell-religiöse Einweihung gleicht einer Prüfung, in welcher der vorausgesetzte Reifezustand festgestellt und die neue Rolle vorgeführt wird. Die rituell-religiöse Einweihung wird im dritten Teil des Buches aufgegriffen, während die Adoleszenzinitiation jetzt behandelt werden soll.

Wie Geburt, Heirat und Tod löst auch die Adoleszenz eine Krise aus: Der Jugendliche verliert seinen festen Platz, seinen Status in der Gesellschaft, er gehört nicht mehr der Gruppe der Kinder an, aber auch noch nicht zu den Erwachsenen. Diese Unsicherheit wird rituell in drei Phasen bewältigt: erstens der Loslösung vom alten Status, zweitens einer Übergangszeit, in der der Initiand durch extreme Körpererfahrungen entpersonalisiert, in die Nähe des Außergewöhnlichen wie Tod, Besitzlosigkeit, Asexualität, Nacktheit und Anonymität gerückt wird, und drittens der Einführung in den neuen Status. Mit neuen Rechten und Pflichten wird er wieder in die Gesellschaft aufgenommen.

Im Adoleszenzritual, in dem die zweite Phase allgemein besonders hervortritt, geht es um den Beweis der sozialen Reife. Damit ist der Übergang von der ungeschlechtlichen

Welt des Kindes zur geschlechtlichen des Erwachsenen gemeint.

Alle Initiationsrituale, seien sie sakral oder profan, beinhalten hochdramatische Anteile, Aufregung und Anspannung, Feierlichkeit und Erhabenheit wie auch komödiantische Elemente. Sie sind in all ihrer Dramatik keineswegs nur für die Novizen gedacht, sondern bieten durchaus auch den Zuschauern viel Unterhaltung. Selbst wenn fast immer bestimmte Teile im Ablauf für die Öffentlichkeit nicht zugänglich sind, gibt es doch ausreichend Gelegenheit zu Tanz und Gesang.

Die Funktion der männlichen Initiation ist es, einen Wachstumsverlauf zu akzentuieren, der von sich aus keine scharfen Akzente besitzt, und dem Jugendlichen den Zutritt zu einer höheren sozialen (Alters-)Gruppe zu ermöglichen, die in dieser Form bei Frauen meist keine große Rolle spielt. Das Fehlen eines so klar sichtbaren Reifezeichens bei Jungen wie das Einsetzen der Menstruation bei Mädchen wird oft als Erklärung dafür herangezogen, warum sie überhaupt initiiert werden müssen. Dabei werden Zirkumzision, Subinzision und andere blutige Bestandteile der männlichen Initiation, auf die in den folgenden Beispielen noch eingegangen wird, häufig als Imitation der weiblichen Menstruation gewertet. Auch der Statuswechsel der Knaben soll mit einem Blutopfer verbunden sein.

Zum einen, weil die meisten Forscher Männer waren, und zum anderen, weil die männlichen Riten auffallender sind, ist die Literatur für die weiblichen Riten, die in der Hauptsache Kopien der männlichen Riten zu sein scheinen, dürftiger und weniger schillernd. Wer über die weibliche Initiation schreiben will, findet wenig Material.

Außerdem ist bei Mädchen die Eheschließung die gebräuchlichere Markierung der neuen Lebensphase, die mit der Pubertät einsetzte. Wenn also weibliche Initiationsriten eine Rolle spielen, dann meistens nur als Vorbereitung auf die Eheschließung und nicht, wie bei den Männern, als Aufnahmevoraussetzung für die Eingliederung in eine bestimmte Altersklasse und die oft dazugehörigen Geheimbünde. In diesem Buch ist, wie später beschrieben, die weibliche Initiation durch ein Menstruationsfest (S. 141-146) ersetzt. Auf die wesentlichen Aspekte der weiblichen Initiation soll jedoch wenigstens kurz eingegangen werden.

Wie bereits erwähnt, sind weibliche Adoleszenzriten weniger spektakulär als männliche. Im allgemeinen werden letztere unter Herauslassung zahlreicher Details lediglich kopiert. Häufig spielt jedoch, wie bei der männlichen Initiation, die Beschneidung eine zentrale Rolle. Entweder es erfolgt eine rituelle Defloration, die operative Entfernung des Hymens, der Klitoris oder der kleinen Schamlippen oder beides. Insbesondere das bei etlichen Naturvölkern übliche Herausschneiden der Klitoris hat der Frauenbewegung nachhaltig Diskussionsstoff geliefert.

Der Vergleich zahlreicher Adoleszenzriten ergibt, daß Jungen die Beschneidung wünschen und fordern, Mädchen jedoch nicht. Diese Verstümmelung wird ihnen vielmehr von den Männern auferlegt. Offenbar fühlen sich Männer durch das, was bei Frauen phallisch ist, nämlich die Klitoris, bedroht und bestehen deshalb auf ihrer Herausnahme. Oder aber das Herausschneiden der Klitoris markiert die Beendigung der sexuellen Freiheit des Mädchens und damit den Übergang in den »Privatbesitz« des Ehemanns. Dahinter mag der Gedanke stehen, daß die junge Frau nur dadurch zur Monogamie gezwungen werden kann.

Die Pubertätsriten der Mädchen werden oft individuell und nicht kollektiv gefeiert, weil sie dem Einsetzen der Menstruation folgen. Sie unterscheiden sich von denen der Jungen insofern, als daß Mädchen in ihnen häufig Männlichkeit und männliches Verhalten imitieren und sich sogar darüber lustig machen. Ziel ist es hierbei jedoch nicht primär, die Gelegenheit auszunutzen, sich den Männern gegenüber respektlos zu verhalten, sondern die Umkehrung der durch die Sexualität aufgezwungenen Rolle und der wenigstens zeitweilige Ausgleich eines gesellschaftlichen Machtgefälles.

Junge Krieger

Der Ablauf einer Initiation in die Erwachsenenwelt setzt sich im allgemeinen aus drei Teilen zusammen: die Isolierung, die in manchen Fällen mehrere Jahre dauern kann, die Beschneidung als eigentliche, zentrale Zeremonie und die festlich begangene Neuaufnahme in die Gesellschaft.

Bei den Massai Ostafrikas, einem kriegerischen Hirtenvolk, hat die Initiation der Knaben einen besonderen Stellenwert. Übersteht der Jüngling die Beschneidung, ohne Schmerz oder Angst zu zeigen, so ist er in den Augen der Massai reif genug, um als Erwachsener und als Krieger seinem Stamm zu dienen – er läßt die Kindheit hinter sich und »erwacht«, um die Pflichten der Erwachsenenwelt auf sich zu nehmen.

Da die Krieger der Massai sehr angesehen sind und sie sich, anders als die Jugendlichen, auch sexuell betätigen dürfen, sehnt sich jeder Knabe danach, ihnen möglichst bald anzugehören. Spätestens im Alter von sechzehn Jahren wendet er sich daher an einen jüngeren Angehörigen des Ältestenstandes, damit dieser sich für die Eröffnung einer neuen Beschneidungsperiode verwendet. Es gehört zu den Aufgaben der »Älteren«, darüber zu entscheiden, ob der Stamm neue Krieger braucht. Fällt ihr Beschluß positiv aus, so beginnt für alle Massai die drei bis vier Jahre dauernde Beschneidungsperiode, die erst nach etwa fünfzehn Jahren wiedereröffnet werden kann. Dem formellen Eintritt der Jugendlichen in den Männerstand geht eine wichtige Zeremonie voraus. Zuvor bestimmen sie jedoch aus der Generation ihrer Väter einen »Vermittler«, der sie berät und ihnen bei allen wichtigen Entscheidungen hilft. Dieser »Vermittler« wählt für sie einen neuen Generationsnamen, der alle, die in der nun begonnenen Periode beschnitten werden, in ihrer gesamten Kriegerzeit begleitet, bis sie in den Ältestenstand überwechseln.

Die eigentliche Zeremonie beginnt mit einer würdevollen Prozession, bei der die Beschneidungsanwärter bereits den Straußenfedernkopfputz und die ockergefärbten Haare als äußeres Zeichen ihrer Zugehörigkeit zum Kriegerstand tragen. Dann verlassen sie den Kral und verbringen die Nacht unter freiem Himmel in der Nähe eines Gewässers, um dort gemeinsam mit den Älteren und ihrem »Vermittler« zu singen und zu feiern.

In dieser Phase des Übergangs in den Kriegerstand dürfen die Jugendlichen Versammlungen abhalten, auf denen sie im Beisein von jüngeren »Älteren« ernsthaft und ausführlich über ihre Pflichten und Rechte als Krieger diskutieren und aus ihren Reihen einen »Sprecher« wählen, der höchste Achtung genießt. Er darf sich für das Amt nicht selbst vorschlagen, sondern wird ohne sein Wissen bestimmt und kann, wenn er sich bewährt, seinen Altersgenossen während ihres gesamten Kriegerstandes als »Sprecher« dienen.

Die Beschneidungszeremonie

Damit sind alle nötigen Voraussetzungen für den eigentlichen Akt erfüllt. Jede Familie hat nun die Möglichkeit, den Termin für die Beschneidung ihres Sohnes innerhalb der vorgegebenen Periode selbst festzusetzen. Je nach Alter und Reife ihrer Söhne haben es manche eilig, und andere lassen sich mehr Zeit. Da die Vorbereitungen auf den Eingriff sehr aufwendig sind, wird er in der Regel etwa zwei Monate vorher angekündigt. Während dieser Frist werden Straußenfedern für den Kopfputz, Honig für das Bier und Wachs beschafft. Man sucht einen Bullen für den Tag der Zeremonie aus, und eine Hütte wird für den Neubeschnittenen vorbereitet.

Was unmittelbar vor und während der Beschneidung geschieht, schildert der Massai Tepilit Ole Saitoti mit folgenden Worten: »Drei Tage vor der Beschneidung versammelt sich eine Gruppe von Älteren, die *Loongoroki*, und trinkt einen Teil des Honigbieres. Am folgenden Tag wird dem Jungen der Kopf rasiert und all sein Besitz verschenkt, denn er darf keinerlei Attribute aus seiner Jugendzeit behalten, wenn er die Kriegerwürde erwirbt. Dann reibt man ihn mit Butter ein und kleidet ihn in einen Lendenumhang, wie ihn sonst nur die Frauen tragen.

Den Tag vor der Beschneidung verbringt der Junge mit der Suche nach einem Olivenbaum (*Alatim*), der am Tag darauf als Symbol seiner neuen Manneswürde an einer Seite des Hauses, in dem er nach der Operation ausruhen soll, eingepflanzt wird. Er trifft nun auch zum ersten Mal den Beschneider, den *Alamoratani*. Dieser Spezialist, den man eigens für die Zeremonie herbeiholt, erhält für jede Beschneidung eine Ziege. Bei der ersten Begegnung überreicht der *Alamoratani* dem Knaben die speziell geformten Beschneidungsmesser, die der Junge selbst schärft und bis zum nächsten Tag verwahrt. Diese Vorsichtsmaßnahme soll verhindern, daß sich jemand, der ihm übelgesinnt ist, der Messer bemächtigt und sie abstumpft, um dem Jungen bei der Beschneidung größere Schmerzen zu bereiten.

Bei einigen Massai-Stämmen hält man das Beschneidungsmesser eines Jungen, der heimlich mit einer bereits beschnittenen Frau geschlafen hat, für verflucht. Der Missetäter kann diesen Fluch nur aufheben, wenn er am Tag der Beschneidung seine Verfehlung eingesteht und seiner Familie und dem *Alamoratani* je eine Kuh zahlt. Außerdem muß er sich der Operation ohne den üblichen Beistand eines Helfers, der den Rücken stützt, unterziehen.

Am Tag vor der Beschneidung singen die bereits beschnittenen Jungen Lieder, die ihren unbeschnittenen Kameraden Mut machen sollen. Diese Gesänge sind oft recht derb:

Der Junge furzte, während wir schliefen, und der schreckliche Gestank brachte alle Fliegen um. Unter dem lauten Knall zerbrachen die Hörner der Ziegen und die dürren Bäume. Was macht ihn, der noch eine Vorhaut am Penis trägt, nur so stolz?

Sinn solcher Lieder ist es, die Kandidaten so zu kränken und aufzubringen, daß sie die Schmerzen der Beschneidung besser ertragen können. Einige Lieder schildern mit drastischen Worten, was geschehen würde, sollte ein Junge am nächsten Tag ›das Messer wegstoßen‹, also Angst zeigen. Die bereits beschnittenen Jungen quälen ihn dann; sie äffen ihn nach und pieksen ihn mit Pfeilen, die sie vorher mit stinkendem Wachs überzogen haben, in Nacken und Nasenlöcher. Manche Lieder sollen allerdings auch auf etwas freundlichere Art ermutigen:

Feigling, dir werden die grauen farblosen Vögel gehören. Tapferer Mann, dein werden die rotgefiederten Turakos und die grünen Sperlingspapageien sein.

Die Gesänge dauern an, bis die Zeit zum Schlafengehen naht. Die bereits beschnittenen Knaben ziehen sich nach und nach zurück, und der alleingelassene Kandidat sieht oft genug einer schlaflosen Nacht entgegen.

Bei Morgengrauen wecken die *Ispolio*, die jüngst beschnittenen Jugendlichen, den Kandidaten und singen ihm noch einmal ermutigende Lieder. Von seinen engsten Verwandten, die wie er gespannter Erwartung sind, muß er sich harte Worte anhören wie: ›Geh nur und bereite uns Schande‹, oder ›Du bist dir hoffentlich klar darüber, Blut wird fließen und keine Milch‹.

Wenn die ersten Sonnenstrahlen auf die Hörner der Rinder scheinen, ruft man den Jungen zum Platz am Haupteingang des Krals. Seine Mutter überreicht ihm als Sitzkissen das Fell eines makellosen, frisch geschlachteten Ochsen. Der

Junge wird nun vollständig entkleidet und von einem nahen Verwandten von Kopf bis Fuß mit kaltem Wasser gewaschen. Das Wasser heißt *Engare Endolu*, wörtlich: ›Axt-Wasser‹ weil man es die Nacht über in einem Behälter aufbewahrte, den eine beigelegte Axtklinge kühl hielt. Die Waschung soll den Kandidaten symbolisch von allen Sünden reinigen, die er in seinem bisherigen Leben begangen hat. Die Kälte des Wassers stumpft auch etwas gegen die Schmerzen des nun folgenden Eingriffs ab.

Bereits eine Weile vor der Zeremonie ist ein Älterer bestimmt worden, der den Rücken des Knaben während der Beschneidung stützen soll. Es muß sich dabei um einen nahen Verwandten handeln, der als zuverlässig gilt.

Ist die Waschung beendet, begibt sich der Junge zum Beschneidungsplatz, der sich gewöhnlich in der Mitte des Krals befindet. Dort läßt er sich, von seinem Helfer bereits erwartet, auf dem Fell nieder. Bald erscheint auch der Beschneider und hockt sich zwischen die weit gespreizten Beine des Kandidaten. Der Jüngling weiß, wie er sich während der Operation verhalten muß. Sobald er sich hingesetzt hat, darf er seine Position bis zum Ende der Zeremonie nicht mehr verändern. Von frühester Kindheit an hat er geübt, ein unwillkürliches Zucken der Augenlider im Schmerz zu unterdrücken. Seine Freunde mußten ihn fest zwicken, und er versuchte, dabei starr geradeaus zu blicken, in der Überzeugung, er werde nach einer solchen Prüfung auch dem Schmerz der Beschneidung standhalten können.

Hat der Junge seinen Platz eingenommen, besprengt der Beschneider sein Gesicht mit *Enturoto*, einer Mischung aus Wasser oder Milch mit einem kalkig weißen Mineral, die bei Segnungsritualen der Massai häufig Verwendung findet.

In dem Augenblick, wo die *Enturoto*-Mischung das Gesicht des Knaben benetzt, verkündet der Beschneider: ›Ein Schnitt.‹ Diese Formel soll den Jungen warnen, denn unmittelbar darauf durchschneidet das scharfe Messer seine Vorhaut.

Um den Jungen haben sich inzwischen Männer aller Altersgruppen geschart, neben den Einheimischen auch Besucher, die eigens gekommen sind, um der Operation beizuwohnen und das Verhalten des Kandidaten zu beobachten. Bei einer Knabenbeschneidung dürfen nur Männer zusehen, bei einer Mädchenbeschneidung entsprechend nur Frauen. Der Eingriff dauert etwa fünf Minuten, dann verlangt der *Alamoratani* nach Milch, um den Jungen und das Messer damit zu reinigen. Die Milch muß von einer makellosen Kuh stammen, deren Kälber alle noch leben. Sie wird von der Mutter des Knaben besorgt, in einer besonderen Kalebasse aufbewahrt und zusammen mit einem Büschel grünem Gras dem Beschneider überreicht. Wenn der Ruf nach Milch ertönt, löst sich die Spannung der vergangenen beiden Tage, die Anwesenden atmen erleichtert auf, und man hört die Lobesrufe der Verwandten des Jungen. Besondere Freude zeigt die Mutter, die vielleicht schon an die Schläge dachte, die ihr hätten drohen können, falls ihr Junge feige gewesen wäre. Das Geschehen wird mit Ausrufen wie: ›Ich wußte, daß er es schaffen würde‹ kommentiert oder, humorvoller, mit ›Er ist zu häßlich, um ein Feigling zu sein.‹ Nach Ansicht der Massai kann man nämlich nicht beides, häßlich und feige sein; Gott wäre nie so grausam, einer Person zwei derart schlechte Eigenschaften gleichzeitig zu verleihen.

Sobald der Beschnittene gereinigt ist, wird ihm befohlen: ›Wach auf, du bist nun ein Mann.‹ In manchen Familien ist es Brauch, daß der Jüngling dann noch eine Weile sitzen bleibt und auf seine Verwandten wartet, die herbeieilen, um seine Tapferkeit zu bewundern und ihm Rinder als Geschenke darzubringen. In einem solchen Fall heißt es, der Junge weigere sich aufzuwachen, und die Verwandten kommen nacheinander zu ihm und sagen: ›Wach auf, damit ich dir dieses oder jenes Tier schenken kann.‹ Ist der Junge der Meinung, er habe genug Rinder für seine Geduld und seinen Mut erhalten, steht er auf. Mit Unterstützung seines Helfers geht er langsam zum Haus seiner Mutter, um dort auszuruhen und seine Wunde zu pflegen.

Schreit ein Knabe während der Operation vor Schmerzen, schimpfen ihn die Zuschauer einen Feigling und weigern sich, von dem Fleisch, der Milch und dem Honigbier zu kosten, das die Eltern eigens für diesen Anlaß vorbereitet haben. Die monatelangen Anstrengungen waren dann umsonst. Man nennt den Jüngling jemanden, der ›das Messer weggestoßen hat‹. Er und seine Familie sind nun der allgemeinen Verachtung ausgesetzt. Der Vater und die Mutter werden angespien, weil sie einen solchen Feigling aufgezogen haben. Ihre Rinder erhalten Schläge, bis sie in wildem Schrekken den Zaun des Krals durchbrechen. Auch der Junge muß eine tüchtige Tracht Prügel hinnehmen. Man speit ihm in sein Essen und zwingt ihn, es trotzdem aufzuessen. Feigheit bei der Beschneidung wird einem Jüngling noch lange vorgehalten, doch allmählich gerät seine bittere Schmach in Vergessenheit, und schließlich wird auch er als vollwertiger Mann akzeptiert.

Die Zeit der schwarzen Toga

Hat sich der Junge nach der Beschneidung zur Erholung zurückgezogen, setzt ein reges Treiben ein: Einige Krieger schlachten einen Ochsen für das folgende Fest, andere mischen das Blut einer Kuh mit etwas saurer Milch. Dieser Trank, *Asaroi* genannt, bildet die erste Nahrung der frisch beschnittenen Jugendlichen. Prachtvoll gekleidete und reich geschmückte Krieger und Frauen strömen von nah und fern zu dem bevorstehenden Fest herbei.

Ein Gruppe singender Krieger und Mädchen trägt den

Alatim-Baum zu dem Haus, wo der Junge ruht. Einige Frauen pflanzen den Baum unter Lobgesängen ein, während andere, die mit der Familie eng befreundet sind, Kalebassen voller Milch als Geschenke bringen. Jeder feiert und tanzt, und die Älteren widmen sich ausgiebig dem Honigbier.

Der beschnittene Knabe wird nach der Operation besonders gut verpflegt und erhält flüssiges Tierfett, Blut, Milch und Fleisch. Seine bereits früher beschnittenen Kameraden teilen mit ihm die Mahlzeiten und helfen ihm bei der Anfertigung seines aus Straußenfedern und Vogelbälgen bestehenden Kopfputzes. Ist die Wunde so weit ausgeheilt, daß der Junge wieder laufen kann, so bemalen ihm seine Altersgenossen das Gesicht mit weißer Farbe und führen ihn aus der Hütte. Er trägt seit der Beschneidung eine schwarz gefärbte Tunika – die sonst bevorzugte Farbe ist rot – und ein Stirnband aus blauen Zeremonial-perlen, an dem über der Stirn ein grüner Grashalm als Symbol für Fruchtbarkeit und auf seinen Schläfen der spiralförmige Messingschmuck seiner Mutter befestigt sind. Neubeschnittene werden Frauen, die gerade entbunden haben, gleichgestellt; beide gelten als schwach und pflegebedürftig.

Zwei oder drei Monate, bis ihre Wunde vollständig verheilt ist, verbringen sie mit ihren ebenfalls frisch beschnittenen Kameraden auf einer Wanderschaft durch das Massai-Land von Kral zu Kral, wo sie überall willkommen geheißen und reichlich verköstigt werden, damit sie ihre Kräfte wiedererlangen. Nach dieser Zeit wird ihnen der Kopf geschoren, und sie werden mit den traditionellen roten Togen neu eingekleidet. Ihre Eltern schenken ihnen neue lange Speere, ihre Mütter und Freundinnen fertigen neuen Perlenschmuck für sie. Mit diesen neuen Farben, Kleidern, Halsketten und Ohrringen treten die beschnittenen Jünglinge nunmehr in den Kriegerstand ein.

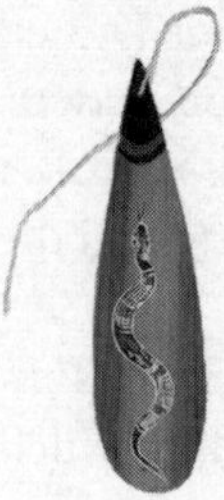

Das Geheimnis der Schwirrhölzer

Fühlt man sich bei den Initiationsritualen der Massai noch an idealisierende Indianergeschichten von Tapferkeit und Mannbarkeit erinnert, so erscheint die Knabenweihe bei den Aranda Zentralaustraliens dem Europäer noch um einiges archaischer und in ihrer ganzen Grausamkeit noch viel weniger nachvollziehbar. Hinter der Grausamkeit steckt vor allem der Wunsch, die Jugendlichen zu disziplinieren und sie der Macht der alten Männer so sehr zu unterwerfen, daß sie weder deren Vorherrschaft im Stammesgefüge anzweifeln, noch ihnen jemals ihre erste Wahl unter den Frauen des Stammes streitig machen.

Schon vor der eigentlichen Initiation lassen sich die Knaben der Aranda im dreizehnten Lebensjahr in schmerzhaften Prozeduren von ihrem älteren Bruder oder dem Vetter die Nasenscheidewand durchbohren, Schmucknarben auf der Brust anbringen und den oberen rechten Schneidezahn ausschlagen.

Die Einweihungszeremonie selbst, die im Alter zwischen vierzehn und sechzehn Jahren stattfindet, zerfällt in sieben Teile.

»Zum Himmel werfen«

Ein Stammesverwandter entführt den Jungen, der *Worra* genannt wird, aus der Hütte seiner Mutter, bei der er bisher lebte, um in ihm Scham vor den Frauen und großen Mädchen zu wecken, deren Gesellschaft er hinfort meiden muß. Von nun an muß der *Worra* dem Lagerplatz seiner Mutter fernbleiben und darf sich nur noch auf dem Lagerplatz für die unverheirateten Männer aufhalten.

Der Junge wird nun zu den alten Männern geführt, die ihn zunächst mit Fett bestreichen und dann mit schwarzen und roten Streifen bemalen. Die Männer und die inzwischen hinzugekommenen Frauen sind nun um ihn versammelt. Die Mutter des *Worra* trägt eine kleine mit Kies gefüllte Schale, die sie rhythmisch auf und ab bewegt, die ältere Schwester schwingt eine Schnur mit Beuteldachs-Schwanzenden über ihrem Kopf, damit der Junge hoch wachse.

Mit einem Mal ergreifen die Männer den bemalten *Worra,* werfen ihn in die Höhe und versetzen ihm beim Herabfallen Schläge auf Brust und Rücken, bis Blut aus Nase und Mund hervortritt.

Dieser Vorgang wiederholt sich mehrmals. Das »Zum-Himmel-werfen« stellt symbolisch dar, daß der Junge sehr hoch wachsen soll, und die bei dieser Gelegenheit verabreichten Schläge haben die Aufgabe, ihm Furcht vor den alten Männern einzuflößen.

Der Knabe, der nun *Kerintja* (»sittlich gut«) heißt, wird mit dem Auftrag fortgeschickt, in der Nähe des Lagerplatzes ein Feuer anzuzünden und einige Tage außerhalb des Lagers zuzubringen. Sein Bruder oder Vetter versorgt ihn während dieser Zeit mit Pflanzenkost.

Der Ltata-Tanz

Der Ltata-Tanz verfolgt das Ziel, den *Kerintja* über die ihm bevorstehende schmerzhafte Beschneidung zu täuschen und in ihm den Glauben zu erwecken, daß ihm nur eine Reihe von interessanten Zeremonien gezeigt werden soll.

Darüber hinaus ist der Tanz als eine Art Liebeszauber für die anwesenden Frauen gedacht, um in ihnen Begierde nach den mitwirkenden Männern zu wecken.

Die Männer bemalen sich, verfertigen einen Kopfputz aus Federn und langem Gras und stellen sich in einer Reihe nebeneinander auf, nachdem die Frauen herbeigerufen wurden. Männer und Frauen besingen nun gemeinsam den Vorgang, auf den der Knabe hiermit vorbereitet werden soll. Eine rote Schnur wird an einem in der Mitte des Platzes in die Erde gesteckten Bäumchen befestigt. Der Befestiger ergreift, nachdem er seine Aufgabe erledigt hat, eine *Karakara*, eine hölzerne Trompete, und läßt mit ihr laute, brummende Töne erschallen, damit in den Frauen die Begierde nach den Darstellern geweckt wird. Weitere Gesänge und Tänze schließen sich an. Zum Schluß wird das Bäumchen aus der Erde gezogen und so versteckt, daß niemand es finden kann.

Die Einladung der benachbarten Stämme

Sobald durch die alten Männer der Termin für die Beschneidung festgesetzt ist, begibt sich der *Kerintja* in Begleitung zweier älterer Verwandter zum nächsten Lagerplatz. In seiner Nähe wird ein hell aufloderndes Grasfeuer angezündet, um die Ankunft zu melden. Daraufhin gehen die beiden Verwandten in den Lagerplatz, richten die Einladung aus und rufen dann den *Kerintja*, der im Lagerplatz von den versammelten Männern umringt wird, wobei sie ihre Speere in zitternde Schwingung versetzen und den langanhaltenden Ruf »rrrrr« ausstoßen.

In derselben Weise werden die Bewohner aller benachbarten Lagerplätze eingeladen. Dann kehren die drei zurück. Einer meldet die Ankunft der Gäste, und Männer und Frauen schmücken sich für den Empfang. Geführt von einem der Begleiter des *Kerintja* treffen die Gäste ein, während der *Kerintja* selbst auf den Schultern seines anderen Begleiters getragen wird.

Die Beschneidung

Unter Ausschluß der Frauen und Kinder beginnen die Männer die Zeremonie damit, daß sie den *Kerintja* in ihren Geheimkult einweihen. Sie führen für ihn den ganzen Tag Einweihungszeremonien auf, damit er sich durch die Aussicht auf seine künftige Aufnahme in den Kreis dazu bereit erklärt, den Schmerz der Beschneidung zu ertragen.

Am Abend kommen die Frauen und Kinder wieder hinzu, und es erfolgt die ganze Nacht hindurch der Frauentanz. Der *Kerintja* muß dabei am Boden sitzen und den Kopf in die verschränkten Arme drücken, so daß er zwar alles hören, aber nichts sehen kann.

Am Morgen werden die Frauen wiederum fortgeschickt, und von den Männern wird der Platz für die Beschneidung hergerichtet. Im Westen trennen sie eine gewisse Fläche vom Versammlungsplatz mit Schutzzäunen aus Eukalyptuszweigen und Erdwällen ab.

Abends tanzen wieder die Frauen auf dem verbliebenen Versammlungsplatz. Dann begeben sich die Männer zum Beschneidungsplatz, an dessen südlichem Erdwall ein älterer Mann ein Loch macht und einen Speer aus Mulgaholz hineinsteckt. Die Männer ziehen nun mit dem *Kerintja* im Kreis um den Beschneidungsplatz herum, kommen zu dem Speer, halten sich daran fest und führen eine Reihe merkwürdiger Sprünge aus. Der *Kerintja* muß ihrem Beispiel folgen.

Unter erneutem Ausschluß der Frauen trägt ein geschmückter Darsteller einen Feuerbrand herbei und tanzt, indem er ihn hin- und herschwingt. Die Männer singen dazu. Nach ihm kommen zwei geschmückte Männer und führen mit zitternden Oberschenkeln einen Tanz auf. Dem *Kerintja* wird streng verboten, den Frauen und Kindern etwas zu verraten, da dies angeblich den Tod aller Stammesangehörigen zur Folge habe.

Der nächste Tag ist der Tag der Beschneidung. Bei Tagesanbruch wird der Kandidat geschmückt. Zwei Männer malen ihm mit roter und weißer Farbe ein radähnliches Gebilde auf den Rücken. Der Junge heißt nun *Wortja.* Auch die anderen Männer schmücken sich auf besondere Art. Dann gehen sie zum Beschneidungsplatz, stellen sich in einer Reihe auf und beugen den Rücken tief hinab, da sie nun Känguruhs darstellen. Erneut werden dem Knaben Kulthandlungen vorgeführt.

Gegen Abend wird schließlich derjenige bestimmt, der die Beschneidung vollziehen soll. Während der *Wortja* mit verschränkten Armen, in die er seinen Kopf drückt, dasitzt, werden die Schutzzäune aus Eukalyptuszweigen abgerissen. Auf ein Zeichen hüpft er wie ein Känguruh zu seinem Vaterbruder, der einen Schild auf seinem Schoß hält, und setzt sich hinein. Auch jetzt verbirgt er das Gesicht in den verschränkten Armen.

Hierauf kommen zwei alte Frauen, Großmütter oder Großtanten, wischen mit ihrer Stirn das radähnliche Zeichen vom Rücken des *Wortja* und ermahnen ihn, sich hinfort nicht mehr in der Nähe ihres Lagerplatzes aufzuhalten, die Fußpfade der Frauen zu meiden und nicht mehr zu den Hauptwasserplätzen zu gehen, damit er nicht von den Frauen und Kindern gesehen wird. Nun ertönt das Geräusch von zwei großen Schwirrhölzern, was die Flucht der Frauen und den Gesang der Männer auslöst.

Nachdem der Platz »sauber«, das heißt, von Frauen frei ist, stellt sich ein Verwandter des Kandidaten auf alle viere, ein anderer legt sich mit seinem Oberkörper quer über den ersten, ein dritter legt sich quer auf den zweiten und so weiter. Auf diesen künstlichen Turm, der aus vier bis sechs übereinander-geschichteten Männern besteht, wird nun der *Wortja* rücklings gelegt. Auf seine Brust setzt sich ein Mann, der bei der Operation zu helfen hat.

Jetzt erscheint der Operateur; nach einem wilden Lauf

bleibt er zuerst in der Nähe der versammelten Männer stehen, rafft mit der einen Hand seinen Bart zusammen, steckt ihn in den Mund und beißt darauf, als ob er sehr zornig wäre, worauf die versammelten Männer laut singen: »Sieh den Wütenden! Den in die Höhe gehobenen Jüngling beschneide!« Mit rollenden Augen, gleichsam wütend, ergreift der Beschneider das Steinmesser, erfaßt die Vorhaut des Knaben und beginnt sie abzuschneiden, während die Männer einen Gesang anstimmen.

Das herabfließende Blut wird von zwei Vaterbrüdern des Beschnittenen in einem Schild aufgefangen und in ein kleines Loch im Boden gegossen, worauf der Schild mit Erde abgerieben und das Loch mit Erde gefüllt wird, damit niemand etwas von diesem Blut zu sehen bekommt. Dann wird die abgeschnittene Vorhaut dem Vater und dem älteren Bruder an den Bauch gedrückt, um ihre Schmerzen zu lindern, die sie bei der Beschneidung ihres nächsten Blutsverwandten mitgefühlt haben. Danach wird sie an einem versteckten Ort vergraben.

Kurz nach der Beschneidung erhält der Knabe von den Männern mehrere Schwirrhölzer. Es wird ihm dabei gesagt, er dürfe den Frauen und Kindern nicht verraten, daß es nur ein Stück Holz an einem Faden sei, sondern müsse ihnen angeben, es sei der Geist, sonst würde er todkrank werden.

Nun muß sich der Beschnittene außerhalb des Lagers aufhalten, wo er von einem Verwandten bewacht wird. Bis die Wunde verheilt ist, darf er mit dem Beschneider, dem Mann, der die Vorhaut gehalten hat, und den beiden, die sein Blut aufgefangen haben, nicht reden, bis er an sie eine Abgabe, bestehend aus selbst erjagtem Wild, geleistet hat.

In dieser Zeit erhält er die folgenden Vorschriften:

Du sollst nichts Schlechtes tun!
Du sollst nicht auf dem Weg der Frauen gehen!

Du sollst nicht in der Nähe ihres Lagerplatzes umhergehen!
Du sollst nicht auf öffentlichen Fußpfaden gehen!
Du sollst nicht das Schwirrholz draußen herumtragen!

Ferner folgen eine ganze Reihe von Speiseverboten, wodurch dem Jüngling so ziemlich alles Gute vorenthalten wird. Bei Übertretung der Verbote wird ihm der Feuertod angedroht.

Das Erlernen einer Geheimsprache bildet den Schluß der Beschneidungszeremonie. Der Beschnittene muß sich noch einige Wochen an einem versteckten Ort aufhalten. Er ernährt sich dabei in der Hauptsache von Wurzeln und muß mit den Männern, denen er in dieser Zeit begegnet, in der Geheimsprache reden. Kommen Frauen oder Kinder in seine Nähe, so muß er sein Schwirrholz schwingen, um sie zu vertreiben.

Die Subinzision

Nach etwa sechs Wochen, wenn die Wunde des Jungen, der nun *Rukuta* heißt, geheilt ist, beginnt die Vorbereitung für die Subinzision.

Nachdem der Vater von der Heilung in Kenntnis gesetzt worden ist, versammeln sich am Abend die alten Männer und setzen sich im Kreis auf den Boden. In der Mitte des Platzes läßt sich der *Rukuta* nieder, den Kopf in beide Hände gestützt. Darauf geht ein alter Mann nach dem anderen auf den Jüngling zu und beißt ihn in den Kopf, so lange, bis Blut fließt. Unterdessen singen die anderen Männer. Am Schluß der Prozedur ist der Kopf des Rukuta voller Wunden. Diesem schmerzhaften Brauch liegt die Vorstellung zugrunde, daß dadurch die Haare besonders lang wachsen.

Am nächsten Tag fertigen die männlichen Verwandten des *Rukuta* eine lange Stange aus Eukalyptusholz an, bedekken sie über und über mit Eukalyptuszweigen und umwikkeln das Ganze mit einer aus Haaren gedrehten Schnur. Um die Stange malen sie mit Kohle schwarze Ringe und kleben zwischen sie Vogeldaunen; an ihrer Spitze werden Adlerfedern befestigt. Nachdem sie aufgestellt und von allen Seiten genügend bewundert worden ist, wird sie bis zum Eintritt der Dunkelheit im dichten Gebüsch versteckt.

Am Abend findet im Beisein des *Rukuta* ein Tanz junger Männer statt, die den Beuteldachs nachahmen. Kurz nach Mitternacht wird von den alten Männern ein Feuer angezündet und die schon beschriebene Stange aufgerichtet. Diese stellt den Speer des Beuteldachshäuptlings Malbanka dar, der sie auf seinen Wanderungen mit sich trug. Während ein Mann sich an die Stange stellt und sie hin- und herbewegt, werden die jungen Männer und der *Rukuta* herbeigeholt. Sein Vater reißt nun die Stange aus, geht zu seinem Sohn, umarmt ihn und drückt ihm die Stange an den Bauch, um die Furcht vor den bevorstehenden Schmerzen zu vertreiben und ihm Mut für die Prozedur zu machen. Auch die anderen sagen ihm: »Fürchte dich nicht; verhalte dich ruhig, denn heute wirst du ein Mann werden.«

Hierauf wird von vier bis sechs Verwandten des *Rukuta* wieder der schon bekannte Tisch aus Menschenleibern hergestellt, auf den sich der Jüngling legt. Auf seine Brust setzt sich rittlings ein Mann, und die alten Männer beginnen zu singen. Der Operateur erfaßt das Steinmesser und vollzieht die Subinzision, während wiederum zwei Vaterbrüder in einem Schild das Blut auffangen.

Die Operation besteht im wesentlichen darin, daß die Harnröhre an der Unterseite des Penis ganz, von der Eichel bis zu den Hoden, aufgeschnitten wird. Die Fähigkeit, den Urinstrahl zu lenken, ist danach beeinträchtigt, und die Männer leeren ihre Blase in hockender Stellung wie die Frauen.

Nun heißt der Beschnittene *Erora*, frischer, beziehungsweise junger Mann, und er erhält einen Sohamschurz, eine kleine Quaste aus Haaren. Auch diesmal muß er das Recht, mit dem Operateur zu reden, durch eine Abgabe erkaufen.

Die Räucherung

Nach Ablauf von sechs Wochen werden an dem jungen Mann zwei weitere Zeremonien vollzogen mit dem Ziel, ihn für allen Ungehorsam seines früheren Lebens zu bestrafen und seinem Körper durch Braunfärbung ein männliches Aussehen zu geben.

Der *Erora* wird für die später folgenden Festlichkeiten geschmückt, und da ihn zum ersten Mal seit sechs Wochen die Frauen und Kinder wiedersehen, wird ihm der Name *Lalunba*, »der sich öffentlich Zeigende« verliehen.

Im Kreis der alten Männer muß er sich niederlassen. Einige von ihnen ergreifen ihn bei den Haaren und stoßen ihn mit der Stirn immer wieder mit aller Gewalt auf einen Schild, während die anderen Männer dazu singen. Als Abschluß der Strafprozedur schlägt jeder der alten Männer den *Lalunba* mit der flachen Hand mehrmals kräftig auf den Rücken.

Bei Tagesanbruch wird von den Frauen ein Loch gegraben, in dem sie ein Feuer anzünden, auf das sie grüne Tnurunga-Zweige werfen. Zum Gesang der alten Männer wird der *Lalunba* über die qualmenden Zweige gelegt, deren Rauch seinen Körper schwärzt. Seine weiblichen Verwandten bestreichen ihn mit roter Farbe, schneiden ihm zwei Haare ab und beenden damit die Räucherzeremonie.

Von nun an ist der *Lalunba* ein *Iliara* und gilt als vollwertiger Mann. Jedoch ist es ihm erst nach der *Inkura*-Aufführung wieder gestattet, den Hauptplatz zu betreten, und heiraten darf er erst, wenn ihm ein Bart gewachsen ist.

Die Zeremonie zur Erzeugung eines langen Bartes

Zwei Männer, die mit dem *Iliara* verwandt sind, führen ihn an einen bestimmten Platz, wo sich die alten Männer bereits versammelt haben. Dort legt sich der *Iliara* flach auf den Rücken und bettet seinen Kopf auf einen Schild.

Die alten Männer beschmieren ihm Kinn, Wangen und Oberlippe mit Fett, kneifen die Stellen, wo ihm der Bart wachsen soll, mit ihren spitzen Fingernägeln und stechen ihn dort mit Knochensplittern, bis das Blut auf die Erde fließt. Dazu murmeln sie Zauberformeln.

Die Inkura-Aufführung

Bei Beginn der warmen Jahreszeit werden alle *Iliara* der benachbarten Lagerplätze, die in diesem Jahr beschnitten worden sind, an einem Hauptlagerplatz zusammengerufen. Dort findet die *Inkura*-Aufführung statt, die den feierlichen Abschluß der Einweihung und die öffentliche Aufnahme in die Reihen und in den Rang der vollberechtigten, stimmfähigen Männer bedeutet.

Frauen dürfen am Anfang und am Schluß der Zeremonie zuschauen, und da mit ihnen und den *Iliara* auch andere Verwandte anwesend sind, kommen auf dem Hauptlagerplatz zu diesem Anlaß oft zwei- bis dreihundert Menschen zusammen. Während des Hauptteils der Zeremonie sind die Jünglinge mit den alten Männern allein und werden von diesen in weitere Geheimkulte eingeweiht.

Vor Beginn der Zeremonie werden vom Häuptling des Hauptlagers alle Schwirrhölzer eingesammelt, die er in der Nähe des Festplatzes ablegt. Von den Männern erhalten die *Iliara* daraufhin Speere. Mit ihnen marschieren sie auf den Festplatz, legen sich dort auf den Rücken und werden einer nach dem anderen vom Häuptling am hervorgesprossenen Bart hochgezogen. Danach müssen sie auf die Jagd, von der sie nicht nur Wild, sondern auch Tnurunga-Zweige heimbringen. Sie schmücken sich mit diesen Zweigen, wobei ihr Gesicht vollständig verhüllt wird.

Bei der Schlußfeier wird den Jünglingen zunächst das Doppelschwirrholz vorgeführt. Ein Häuptling hält auf seinem Rücken zwei mit Schnüren umwickelte und mit Vogeldaunen geschmückte Beutelmarderschwirrhölzer, die die Körper zweier Beutelmarderhäuptlinge darstellen, und tanzt mit zitternden Beinen. Von diesem sakralen Doppelschwirrholz sollen magische Kräfte auf die Jünglinge übergehen. Es erfolgt dann eine zweite Räucherung, die so lange dauert, bis den *Iliara* der Schweiß aus allen Poren bricht.

Auf den Festplatz zurückgekehrt, erblicken sie dort eine aufgerichtete hohe Stange. Sie ist aus Eukalyptusholz und mit roter Farbe bestrichen und mit schwarzen Ringen und Vogeldaunen geschmückt. An der Spitze sind lange Vogelfedern und ein Nasenknochen befestigt, während am Stamm viele kleine Schwirrhölzer angebracht sind. Dieser Stamm stellt den Körper eines Beutelmardervorfahren dar, der die kleinen Schwirrhölzer eingeführt hat. Um diese Stange herum werden nun eine Reihe von Zeremonien aufgeführt, bis sie eines Tages, während die *Iliara* schlafen, von den alten Männern vergraben wird. Mit einer dritten Räucherung der Jünglinge findet die *Inkura*-Aufführung, und damit die Knabenweihe der australischen Aranda, ihren Abschluß.

Die Initiation für den »wilden« Mann

Unsere »zivilisierte« Vorstellung vom Zeitpunkt des Erwachsenseins ist im Grunde genommen äußerst unnatürlich. Was macht einen Menschen mit achtzehn – oder früher mit einundzwanzig Jahren – zum Erwachsenen, wenn nicht das *willkürlich* mit diesem Termin verbundene Wahlrecht und die *Vorstellung*, daß er in diesem Alter reif genug sei, um für sein Handeln selbst die Verantwortung zu übernehmen? Auf welcher *natürlichen* Basis fußt diese Festlegung?

Da die mittlere Lebenserwartung des Durchschnittseuropäers weiterhin steigt, erscheint es naheliegend, daß auch die Dauer der Kindheit proportional zu den beiden anderen Phasen des menschlichen Lebens – nämlich des Erwachsenseins und des Alters – zunehmen muß. Viele, die ihrer eigenen Kindheit nachtrauern, wollen diesen Lebensabschnitt der relativen Unbeschwertheit für ihre eigenen Söhne und Töchter verlängert sehen. Das Bildungssystem unterstützt dies, indem es dafür sorgt, daß höher qualifizierte Universitätsabsolventen meist erst mit Ende zwanzig die Schulbank mit dem Bürostuhl vertauschen. Unbemerkt dehnt sich die Kindheit ausgerechnet in der bildungsprivilegierten Bevölkerungsschicht, der einmal unsere Führungselite entwachsen soll, bis Anfang dreißig aus. Wer diese Behauptung in Zweifel ziehen will, sollte sich fragen, ob man bei einem Menschen, der nicht selbst für seinen Lebensunterhalt sorgt – und das vermögen schon aus zeitlichen Gründen die wenigsten Studenten –, tatsächlich von einem erwachsenen und für sich selbst verantwortlichen Menschen sprechen kann.

Vordergründig will unsere Gesellschaft ihrer Jugend, ihrem wertvollsten Potential, eine gute Ausbildung ermöglichen. Dahinter verborgen scheint mir jedoch wie bei den australischen Aranda die Angst der alten Männer zu stehen, ihre Macht mit der Jugend teilen zu müssen, und das gilt es so weit wie möglich herauszuzögern.

Der Statuswechsel vom Kind zum Erwachsenen wird auf der körperlichen Ebene durch das Einsetzen der Geschlechtsreife während der Pubertät eingeleitet. Für das wichtigste Merkmal des Erwachsenseins wird in der Regel Verantwortlichkeit gehalten. Was aber könnte bei einem Menschen mehr Verantwortung voraussetzen als die Entscheidung darüber, ob ein Kind gezeugt und ausgetragen werden soll oder nicht?

Bei den meisten sogenannten unzivilisierten Völkern ist die Sexualität im allgemeinen gut in die Gesellschaft integriert. Sie schalten das Risiko der ungewollten Schwangerschaft weitestgehend aus, indem sie Mädchen und Jungen zunächst voneinander getrennt halten oder aber die jungen Frauen schon bald nach dem Einsetzen ihrer Monatsblutung verheiraten. Mit der Hochzeit wird dem Paar im allgemeinen auch der Status der Erwachsenen zugebilligt.

Moderne westliche Kulturen hingegen haben Sexualität nicht integriert, sondern an den Rand gedrängt, ins Schlafzimmer verbannt, auf pornographische Zurschaustellung beschränkt oder zu Werbezwecken mißbraucht. Folglich wird die einsetzende Geschlechtsreife eines jungen Menschen kaum zur Kenntnis genommen. Lediglich Konfirmation und Jugendweihe verarbeiten diese entscheidende Lebensschwelle von der Kindheit zum Erwachsenenalter noch rituell, allerdings ohne dabei ihren sexuellen Gehalt zu berücksichtigen.

Was geschieht, wenn ein Junge zum Mann reift? Welche Erfahrungen muß er machen, damit er sich zu einem Mann entwickeln kann, der mit sich einig ist und sich als solcher wohlfühlt? Entsprechende Nachfragen im Freundeskreis ergaben, daß zwar der Eintritt in den Fußballverein, der eine Art Aufnahme in einen Männerbund darstellt, und das erste Mal hinter dem Steuer eines Autos als starke, ausgesprochen männliche Erlebnisse empfunden werden, daß jedoch letzten Endes alles um die Leitlinie Sexualität kreist. Spätestens mit der Pubertät drängt sich die Tatsache auf, daß der Penis das Zentrum der als männlich empfundenen Sexualität ist.

Noch bis Anfang des Jahrhunderts galt es als selbstverständlich, daß Männer von Männern erzogen werden müssen. Seit dem Ersten Weltkrieg ziehen sich Väter immer stärker aus dem Erziehungsgeschäft zurück oder werden daraus verdrängt. Der heutige Durchschnittsmann ist einseitig von seiner Mutter beziehungsweise im Kindergarten und in der Grundschule von Frauen erzogen worden. Erst in der Hauptschule, in weiterführenden Schulen, in der Berufsschule wie überhaupt während der Berufsausbildung hat er die Chance, direkt und persönlich, ernsthaft und verbindlich mit einem Mann zu tun zu bekommen. Dann allerdings ist es meist zu spät, um durch das Vorbild konstruktives und positives männliches Rollenverhalten noch erfolgreich zu erlernen. Mithin wäre es aus gesellschaftlicher Sicht wünschenswert, wenn Männer wieder eine wichtigere Rolle bei der Erziehung ihrer Söhne übernehmen könnten.

Was nun folgt ist nicht ein in sich abgeschlossenes Ritual für die Initiation eines Jungen, sondern sind einzelne Vorschläge, Anregungen und Hinweise, die sich zu einer für die Beteiligten angemessenen Zeremonie verarbeiten lassen.

ജ Bezug nehmend auf die oben beschriebene geringe Rolle, die heute Väter bei der Erziehung ihrer Söhne spielen, wäre es wünschenswert, wenn die Initiation eines Sohnes vor allem durch den Vater oder andere männliche Bezugspersonen vorbereitet, gestaltet und begleitet würde. Da die Pubertät auch die Zeit der Rebellion gegen die Eltern ist, kann der Sohn ein Initiationsritual vielleicht eher annehmen, wenn es durch einen Paten, Onkel oder durch einen vertrauten Freund der Familie ausgerichtet wird.

ℰ Die Wahl des richtigen Zeitpunkts ist bei einem Jungen nicht so leicht wie bei einem Mädchen, deren Geschlechtsreife eindeutig durch die beginnende Monatsblutung angezeigt wird. Aber auch bei Ihrem Sohn werden Sie die Veränderung der Stimme, der Statur und das Zunehmen der Behaarung unter den Achseln und im Genitalbereich bemerken. Sogenannte feuchte Träume, also nächtliche unkontrollierte Ejakulationen, die im Bett ihre Spuren hinterlassen, sprechen eine deutliche Sprache. Vielleicht »erwischen« Sie Ihren Sohn ja auch ungewollt beim Masturbieren und können daraus Ihre Schlüsse ziehen. Konfirmation und Jugendweihe werden in der Regel um den vierzehnten Geburtstag herum gefeiert, und auch die meisten Naturvölker initiieren ihre männlichen Jugendlichen im Alter zwischen zwölf und sechzehn Jahren. Denkbar wäre es auch, daß Ihr Sohn selbst bestimmt, wann der richtige Augenblick gekommen ist.

ℰ Die Initiation in die Erwachsenenwelt bedeutet für den Jungen wie das Mädchen gleichermaßen, daß er oder es als Kind gleichsam stirbt und als Erwachsener wiedergeboren wird. Dieser symbolische Tod kann und sollte auf zwei Ebenen umgesetzt werden. Zum einen muß sich der Sohn rituell von mit seiner Kindheit in enger Verbindung stehenden Gegenständen wie Spielsachen oder Kleidungsstücken trennen, indem er sie beispielsweise an jüngere Geschwister oder an andere Kinder verschenkt. Zum anderen ist es für die Eltern von immenser Bedeutung, sich entweder während der Initiation oder in einem eigenständigen Ritual in einer

Art Totenfeier von ihrem Kind zu verabschieden. Es hat wenig Sinn, mit einem Ritual den Schritt in das Erwachsenenalter äußerlich zu vollziehen, wenn Vater und Mutter nicht bereit sind, das Kind auch innerlich gehen zu lassen und hinfort anders, eben seinem neuen Status gemäß, zu behandeln.

Es ist sinnvoll, das Initiationsritual in zwei Teile zu gliedern: in einen ersten, der nur den Initianden und seine Eltern etwas angeht, und in einen zweiten, in dem die eigentliche Feier mit so vielen Freunden und Verwandten wie möglich stattfindet.

Im ersten Teil übernimmt der Vater die Aufgabe, den Sohn in die Liebe einzuführen. Es gibt viele Möglichkeiten, um dies umzusetzen. Ein mutiger Vater bestellt seinem Sohn vielleicht ein Callgirl oder geht mit ihm in ein Bordell. Es ist jedoch auch denkbar, daß er sich mehrere Stunden Zeit nimmt, um mit seinem Sohn, zum Beispiel bei einem Spaziergang, ein intensives Gespräch über die Liebe und über seine Erfahrungen mit Frauen zu führen. Oder aber der Sohn wird in einem eigens vorbereiteten Raum für eine festgelegte Zeit mit seinem nackten Spiegelbild konfrontiert. (Nicht selten haben Minderwertigkeitsgefühle von Jungen etwas mit der Befürchtung zu tun, einen zu kleinen Penis zu haben. Die Auffassung entsteht dadurch, daß sie andere Jungen – zum Beispiel beim Duschen im Schwimmbad oder nach dem Sport – von vorn, sich selbst aber nur von oben blickend, also verkürzt sehen. Das Sichbetrachten in einem Ganzkörperspiegel kann hier sofortige Heilung bedeuten und ein vollkommen neues Selbstbild erzeugen.) Im Anschluß sollte ebenfalls ein Gespräch mit dem Vater folgen.

Wenn Sie in diesem ersten Teil der Initiation eigenen Vorstellungen oder Ideen folgen wollen, dann behalten

Sie dabei im Auge, daß es das Ziel des Rituals ist, den Jungen in Berührung mit seiner Männlichkeit zu bringen. Der direkteste Weg führt hierbei über seine Geschlechtlichkeit, es sind jedoch durchaus auch andere Vorgehensweisen denkbar.

- Der zweite Teil der Initiation ist die Feier, in der Sie und die Gäste, die Sie zu diesem Zweck gemeinsam ausgewählt und eingeladen haben, Ihren Sohn als Mann willkommen heißen.
- Wenn alle Gäste erschienen sind, beginnt die Person, welche die Leitung in dem Ritual übernommen hat, mit einem Opfer an die vier Himmelsrichtungen. Der Initiand hockt sich mit angezogenen Knien, zwischen denen er sein Gesicht verbirgt – denn er soll nichts sehen, sondern nur hören, fühlen und riechen – in der Mitte des Raumes auf den Boden. Die Gäste stehen in einem weiten Kreis um ihn herum.
- Wenden Sie sich dem Osten zu, und entzünden Sie eine Kerze stellvertretend für das Feuer, welches als Element mit dieser Himmelsrichtung verbunden ist. Tun Sie dies mit einem Streichholz, denn das kann der Initiand riechen und hören. Strecken Sie die brennende Kerze dem Osten entgegen, und sagen Sie: »Ich rufe dich, Geist des Ostens, damit du (Name), der heute ein Mann wird, die wandelnde Kraft des Feuers schenkst.« Die Gäste wiederholen: »Schenke ihm die wandelnde Kraft des Feuers.« Sie gehen mit der brennenden Kerze einmal im Uhrzeigersinn – auch bei den folgenden drei Ritualschritten – um den Initianden herum. Lassen Sie ihn die brennende Kerze spüren, indem Sie sie kurz vor seinem verborgenen Gesicht hin- und herschwenken, und stellen Sie sie dann im Osten ab.
- Wenden Sie sich dem Süden zu, und gießen Sie – hörbar – Wasser in eine Schale, denn dies ist das Element

dieser Himmelsrichtung. Strecken Sie die gefüllte Schale dem Süden entgegen, und sagen Sie: »Ich rufe dich, Geist des Südens, damit du (Name), der heute ein Mann wird, die Beweglichkeit des Wassers schenkst.« Die Gäste wiederholen: »Schenke ihm die Beweglichkeit des Wassers.« Sie gehen mit der gefüllten Schale um den Initianden herum, bespritzen ihn mit dem Wasser und stellen die Schale dann im Süden ab.

Wenden Sie sich dem Westen zu, und füllen Sie etwas Erde aus einem Beutel, den Sie vorbereitet haben, in eine weitere Schale, denn die Erde ist das Element des Westens. Strecken Sie die gefüllte Schale dem Westen entgegen, und sagen Sie: »Ich rufe dich, Geist des Westens, damit du (Name), der heute ein Mann wird, die Sicherheit der Erde schenkst.« Die Gäste wiederholen: »Schenke ihm die Sicherheit der Erde.« Sie gehen mit der gefüllten Schale um den Initianden herum, bewerfen ihn mit ein wenig Erde und stellen die Schale dann im Westen ab. Sie können die Erde auch naß machen, denn dann wird sie wunderbar duften, und sie dem Initianden unter die Nase halten, oder Sie nehmen noch einen grünen Zweig hinzu und schlagen ihm damit leicht auf den Rücken.

Wenden Sie sich nach Norden, und entzünden Sie in einer dritten Schale etwas Räucherwerk, stellvertretend für die Luft, die als Element für diese Himmelsrichtung steht. Wenn Sie meinen, daß die entstandene Glut ausreicht, dann blasen Sie die Flamme aus, schwenken das Rauchgefäß ein wenig, strecken es dem Norden entgegen und sagen: »Ich rufe dich, Geist des Nordens, damit du (Name), der heute ein Mann wird, die Leichtigkeit der Luft schenkst.« Die Gäste wiederholen: »Schenke ihm die Leichtigkeit der Luft.« Sie gehen mit der rauchenden Schale um den Initianden herum, so daß ihm der Rauch auch wirklich in die Nase steigt, und stellen sie dann im Norden ab.

- Der nächste Schritt ist es nun, den Initianden zu schmücken. Verbinden Sie ihm die Augen, entkleiden Sie ihn zusammen mit den anderen Gästen – ein Paar Shorts oder den Slip darf er ruhig anbehalten –, und lassen Sie ihn sich auf dem Boden niederlegen. Dann bemalen Sie ihn zusammen mit den übrigen Anwesenden. Benutzen Sie dazu Körperfarben oder aber verschiedenfarbigen Lehm – letzteres macht mehr Dreck, ist aber »erdiger«. Körper- beziehungsweise Fingerfarben sind ungiftig und leicht abwaschbar. Wenn die Zahl der Gäste groß ist und nicht alle an dem jungen Mann Platz haben, dann könnten sie sich auch gegenseitig bemalen. Wer jedoch den Initianden schmückt, der sollte dabei Wünsche für seine Zukunft als Mann aussprechen. Wie sein Körper von den Farben oder dem Lehm, so soll seine Seele von guten Wünschen eingesponnen sein.
- Sorgen Sie bei diesen Vorgängen für die geeignete Hintergrundmusik. Sie sollte »erdig« und rhythmisch sein. (Geeignet sind zum Beispiel: Bahia Black, *Ritual Beating System*, Axiom, oder Kodo, *Blessing oftbe Earth*, CBS, oder Olatunji!, *Drums of Passion*, Columbia.) Die Musik wie auch das ganze Fest dürfen ruhig ein bißchen »ethno« sein, schließlich beinhaltet es auch die Rückkehr zu Ihrer aller dunklen Seele.
- Jetzt gilt es, die Spannung durch urwaldwilde Trommel- und andre Rhythmusmusik noch weiter aufzubauen. Nehmen Sie dem Initianden die Augenbinde ab, und tanzen Sie für und mit ihm. Schütteln Sie Ihre Körper, und sorgen Sie dafür, daß er es Ihnen gleichtut, bis er vibriert.
- Wenn Sie spüren, daß der energetische Höhepunkt er-

reicht ist, dann sorgen Sie dafür, daß sich die Kinder unter den Tänzern auf der einen Seite des Raumes und die Erwachsenen auf der anderen Seite aufbauen. Dann wird der Initiand zwischen beiden Gruppen »hin- und hergeschubst«. Er gehört nicht mehr zu den Kindern, aber auch noch nicht zu den Erwachsenen, befindet sich vielmehr für kurze Zeit in einer Art Zwischenwelt. Wiederholen Sie den Vorgang mehrmals. Beim letzten Mal nimmt die Gruppe der Erwachsenen den Initianden jubelnd und unter lauten Freudenbekundungen bei sich auf.

- Als Abschluß der Feier lassen sich Gäste und Initiand an einer langen Tafel zu einem Festmahl nieder.
- Essen sollten Sie das Wildeste, was es gibt: Wild. Am besten in Form von kaltem Braten, denn dann müssen Sie jetzt nichts mehr vorbereiten. Am ehesten werden Sie den Bedürfnissen der Situation gerecht, wenn Sie sich ein mittelalterliches Bankett vorstellen: viel dunkles Fleisch, Hirsch, Wildschwein, Hase und Fasan – in einer solchen Ausnahmesituation darf das schon mal sein. Männliche Tiere sind zu bevorzugen, denn sie sollen ihre Kraft auf die Männer und besonders auf den Initianden übertragen. Dazu am besten Brot und als Getränk Rotwein oder, wenn's denn sein muß, Bier.
- Während des Mahls muß jeder der anwesenden Männer einmal zum Initianden treten und ihm einen männlichen »Zauber« verraten, ihm einen Rat geben, der seine Männlichkeit betrifft. Dabei überreicht jeder der Männer ihm einen Holzstab. Zersägen Sie zur Not einen Besenstiel in handliche, etwa zwanzig Zentimeter lange Stücke. (Achten Sie darauf, daß er eine glatte Oberfläche besitzt und oben wie unten abgerundet ist, damit niemand sich verletzt.) Ist die Jahreszeit entsprechend, dann könnten Sie den Holzstab auch durch

eine Spargelstange ersetzen. Stellen Sie ein Behältnis bereit, in dem Ihr Sohn sie sammeln kann.

ꕤ Mit dem Festmahl kann die Initiation langsam ausklingen. Noch deutlicher würde der Beginn eines neuen Lebensabschnitts markiert werden, wenn der Initiand am Folgetag allein eine Reise antreten dürfte. Sie wäre ein spürbares Symbol für seine ersten selbständigen Schritte als Erwachsener.

Erstes Blut

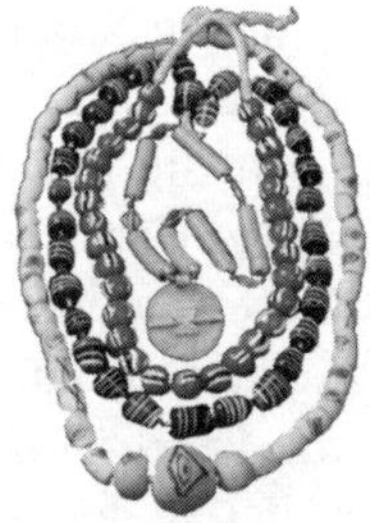

Bei manchen Völkern wird, wie wir weiter oben erwähnt haben, versucht, mit der Initiation der Jungen eine Annäherung an das Weibliche zu inszenieren. Künstlich wird dort beim Knaben Blut vergossen, um ihn zum geschlechtsreifen Mann zu machen, wo beim Mädchen durch das Einsetzen der Menstruation schon eine natürliche blutige Zäsur existiert. Das Mädchen braucht also nicht in den Erwachsenenstatus eingeführt zu werden, sie wird es automatisch durch ihre erste monatliche Blutung.

Während bei matriarchalisch organisierten Stämmen der Beginn der Menstruation feierlich begrüßt wird – und das legt nahe, daß dies früher auch in europäischen matriarchalischen Kulturen so geschah –, neigen wir modernen Frauen dazu, »unsere Tage« als lästig zu empfinden und sie möglichst nur zu überstehen, ohne uns anmerken zu lassen, daß wir sie haben. Für uns hat die Fruchtbarkeit, die in allen sogenannten primitiven Kulturen verehrt und von der Periode so deutlich angezeigt wird, kaum noch etwas Erstrebenswertes. Tampons, Binden, Schwangerschaftsverhütung, das alles ist einfach nur unangenehm und lästig. Erst mit Beginn der Menopause wird vielen Frauen bewußt, was sie mit ihrer Fruchtbarkeit verlieren.

Wie man das Einsetzen der Menarche feiern kann, soll uns das folgende Beispiel der Makonde-Frauen in Nordmosambik, welches Luisa Francia beobachtet hat, zeigen.

Das Ritual beginnt am frühen Morgen damit, daß Frauen, die nicht mehr menstruieren, den Dorfplatz, der damit zum Zeremonienplatz wird, sauberfegen. Die alten Frauen können diese rituelle Reinigung am besten durchführen, denn sie haben am meisten Erfahrung mit den Dämonen. Im Schatten einer der Hütten hocken dicht an die Wand gedrückt die Festjungfrauen, deren Statuswechsel vom Mädchen zur Frau, den die erste Monatsblutung herbeigeführt hat, gefeiert werden soll. Mit den Händen halten sie sich die Augen zu – damit die Dämonen sie nicht sehen, oder ist es umgekehrt? – und starren zwischen den Fingern hindurch auf den Boden. Plötzlich läuft ein halbes Dutzend Frauen mit lautem Trillern und sonstigen Freudenbezeugungen vier- oder fünfmal über den Platz. Händeklatschend singen sie ein Lied mit dem Text: »Es geht weg, es geht weg, mein liebes Kind« und überqueren den Platz erneut dreimal. Die gleichen Frauen tragen ein weiteres Lied – »Die Eule schreit im Busch« – auf die gleiche Weise vor.

Nun kommt eine neue Gruppe Frauen hinzu, die den Mädchen die Köpfe mit Hirsebüscheln schmückt. Sie waren in den vergangenen Wochen, als die Mädchen in der Abgeschiedenheit im Busch in die Geheimnisse der Weiblichkeit eingeweiht wurden, ihre Lehrerinnen.

Alle Frauen sammeln sich darauf auf dem Platz, um zu tanzen. Sie bilden eine lange Schlange, jede Frau hat die Hände auf den Schultern der Frau vor ihr. Sie lassen ihre Hüften kreisen und singen dazu: »Die Korbschale wird aus dem Haus getragen«.

Einzeln und in kleinen Gruppen verlassen die Frauen den Tanzplatz, um ihre Geschenke zu holen, mit denen sie die Mädchen beschenken wollen. Nahrungsmittel, vor allem Hirse, werden verteilt. Ein Klecks aus Eigelb wird jedem Mädchen auf die Stirn gegeben, Brust und Rücken werden mit einem Gemisch aus Ei und Rizinusöl gesalbt. Das ist das Zeichen der Reife und der beendeten Lehrzeit in der Abgeschiedenheit. Neue Gewänder und neuer Schmuck werden ihnen angelegt. An einer Stelle auf dem Dorfplatz wurde schon Tage vorher die Medizin, die aus unterschiedlichen

Wurzeln besteht, vergraben, an einer anderen Stelle ein Kessel mit Wasser. Beide sind durch einen herausragenden Stock gekennzeichnet. Ein weiteres Lied – »Seht euch mal das Mädchen an, sie hat die Perlenschnur geliehen und kann noch nicht damit umgehen« – wird unter Händeklatschen und Freudengetriller gesungen. Das Lied »Ihr, die ihr in der Abgeschiedenheit zusammen wart, freut euch, feiert. Wir, die wir zu euch gekommen sind, wir wollen nicht mitspielen, bloß zuschauen« schließt sich ohne Übergang an.

Dann folgt eine lange Pause, in der die Festjungfrauen geschmückt werden. Ganz und gar vermummt, mit grellbunten neuen Stoffen über Kopf und Oberkörper, treten sie zwischen die Frauen, die sich wieder in einer Reihe aufgestellt haben. Jetzt singen sie ihr Lied, rücken langsam im Takt der Trommeln auf die Mitte des Festplatzes vor und bewegen dabei kreisend ihre Hüften.

Der Kreis löst sich wieder auf, und die älteste der Frauen stellt sich in die Mitte. Der Reihe nach treten alle Mädchen vor sie hin, um zu zeigen, was sie in der Einsamkeit gelernt haben. Stellvertretend für all die anderen Erfahrungen, die sie dort gemacht haben, müssen sie wie die Zunge beim Trillern jetzt die Gesäßpartie in schneller, zitternder Bewegung hin- und herbewegen. Haben alle die Aufgabe bewältigt, löst sich der Kreis wieder auf.

Schließlich huscht eine der Jungfrauen mit kurzen Trippelschritten in die Mitte und eröffnet damit den Tanz für das ganze Dorf.

Das Granatapfelfest

Das oben beschriebene Ritual kann wohl höchstens als Ideenlieferant und Anschauungsmaterial für eine moderne Version herhalten; in allen Punkten ist es schon deshalb für uns nicht nachstellbar; weil die von den Makonde verwendeten Symbole nicht ohne weiteres in die Bilderwelt des Mitteleuropäers übertragbar sind. Es gibt jedoch keinen Grund, warum die einsetzende Menstruation unserer Töchter weiterhin unbeachtet und ungefeiert vorbeiziehen soll. Hier also einige Anregungen.

Was hier stattfinden soll ist ein Frauenfest. Natürlich gibt es auch Wege, wie Sie allein mit Ihrer Tochter eine solche Feier gestalten können. Aber bedenken Sie, daß es bei einem Ritual immer auch um die Eingliederung in einen neuen sozialen Rahmen geht. Und wie stark kann das Erlebnis des Rituals wohl für ein Mädchen sein, für das der neue soziale Rahmen durch eine einzige erwachsene Frau repräsentiert wird? Außerdem soll es auch ein Fest der Freude sein, die um so tiefer und nachhaltiger erlebt wird, je mehr sie teilen. Fassen Sie sich also ein Herz, und sprechen Sie mit Frauen, die Töchter in ähnlichem Alter haben. Nehmen Sie Kontakt zu möglichst vielen Frauen auf, ob mit oder ohne Töchter, ob alt oder jung, und laden Sie sie zur Teilnahme an Ihrem Ritual ein.

ಐ Wenn Sie meinen, jetzt kann es nicht mehr lange dauern, bis aus meiner Tochter eine Frau wird, dann treffen Sie Vorbereitungen: Reichen Sie das Königreich der Fruchtbarkeit an Ihre Tochter weiter, indem Sie ihr die dazugehörigen Insignien herstellen. Nähen Sie Ihrer Tochter ein weißes Kleid, und verzieren Sie es mit roten und rosafarbenen Litzen, mit Blumen und Blüten.

Lassen Sie Ihrer Phantasie freien Lauf, aber halten Sie sich an die Grundfarben Weiß für die noch unberührte Jungfräulichkeit und Rot für Blut, Frauenmacht und Leben.

- Für die Feier kochen Sie ein Festmahl, dessen Farben ebenfalls vor allem Weiß, aber auch Rot sein sollten: Reis oder Spaghetti, Fisch oder weißes Fleisch, Chicorée- oder Spargelsalat, rote Grütze mit Sahne oder Vanillepudding mit einem Klacks Himbeermarmelade – die Liste ließe sich noch lange fortsetzen.
- Ist der Festtag gekommen, so kleiden Sie Ihre Tochter in das schöne Gewand, das Sie ihr genäht haben. Schmücken Sie sie, denn Ihre Tochter steht für eine neue Generation von Frauen und Müttern.

  Sie tun damit Dienst an dieser neuen Frau, schenken ihr Achtung und bereiten ihr den Raum für ein größeres, für weibliches Selbstvertrauen.
- Geleiten Sie Ihre Tochter in den Kreis von Frauen, die sie jubelnd begrüßen.
- Die Frauen formen einen »Geburtskanal«. Stellen Sie sich dazu in zwei Reihen gegenüber auf. Mit der Hilfe einer zweiten Frau heben Sie Ihre Tochter hoch und reichen sie der Länge nach, mit den Füßen voraus durch den »Geburtskanal«.

  Schaukeln Sie das Mädchen hinein in die Welt der Frauen. Schließlich wird Ihre Tochter von einer Frau am Ende des »Kanals« aufgefangen, auf die Füße gestellt und willkommen geheißen.
- Nun ist die Zeit für das Festbankett gekommen. Lassen Sie sich alle mit der neuen Frau in Ihrer Mitte nieder, um zu schmausen. Während des Mahls tritt jede Frau einmal zu der »Neuen«, flüstert ihr ein »Frauengeheimnis« ins Ohr und überreicht ihr dabei einen Apfel, eine Tomate oder, noch besser, einen Granatapfel. »Frauen-

geheimnisse« könnten zum Beispiel hilfreiche Mittel gegen Periodenschmerz, Verführungstechniken oder beliebige andere, aber immer weibliche Weisheiten sein. So statten Sie die neue Frau mit Wissen aus, initiieren sie in die Welt der Frauen.

ཀ Tanzen, Musik, Singen, Stampfen, alles, was Freude macht und in der Gemeinschaft getan wird, ist nach dem Festschmaus erlaubt. Lassen Sie die Feier damit langsam ausklingen, und seien Sie gewiß, daß Sie Ihrer Tochter damit ein bleibendes Erlebnis geschenkt haben.

Heirat

Silberner Spiegel

In der Türkei um die Jahrhundertwende war die Ehe nach den mohammedanischen Gesetzen auf der Grundlage des Korans ein Vertrag, dem der Wille des Mannes – das Anerbieten – und der Wille der Frau – die Annahme – zugrunde lagen. Dieser Vertrag unterschied sich insofern von den uns vertrauten Verträgen, als daß er nur von einer Partei, vom Mann, annulliert werden konnte, während der Frau dieses Recht nicht zustand. Dr. Theophil Löbel hat an der Zeremonie als Gast teilgenommen.

Die Brautwerbung

Erreichte damals ein junger Türke das Alter von achtzehn bis zweiundzwanzig Jahren, so dachte sein Vater daran, ihn zu verheiraten, und setzte die Mutter davon in Kenntnis. Diese besprach den Entschluß des Familienoberhauptes mit ihren Freundinnen und mitunter auch mit Heiratsvermittlerinnen, die es sich zur Aufgabe machten, in den Nachbardörfern oder in der Stadt die Qualitäten des jungen Mannes zu rühmen und zu übertreiben.

Die Heiratsvermittlerinnen waren in der Regel Frauen, die zahlreiche gute Kontakte zu den Familien aller besseren Gesellschaftsschichten hatten und auch deren unter Verschluß gehaltene Töchter kannten. Sie zogen daher Erkundigungen ein, in welchem Haus eine für den Heiratskandidaten würdige Braut lebte.

Mehrere in Frage kommende Mädchen wurden ausfindig

gemacht, wobei die ersten Auskünfte über Schönheit und Charakter der einzelnen Kandidatinnen als auch über die sozialen Verhältnisse ihrer Familie oft die Nachbarn lieferten. Sagten diese: »Wir verkehren nicht miteinander« oder »Sie sind uns nicht näher bekannt«, so hieß das nichts anderes als: »Sie sind nicht viel wert, wir können diese Familie nicht empfehlen.« Normalerweise wurden eher die guten Seiten hervorgehoben.

Nachdem sie die ersten Informationen erhalten hatte, war es nun wieder die Aufgabe der Mutter als Freiwerberin, um die Hand der Auserwählten, in der Anfangsphase handelte es sich meistens um mehrere, anzuhalten und nach einer Zusage das Heiratsgeschäft weiter voranzutreiben und auszuführen. War die Mutter verstorben, so übernahm eine ältere Schwester oder Verwandte oder, wenn auch diese fehlten, eine befreundete Nachbarin die vertrauensvolle Aufgabe.

In Begleitung zweier Frauen – Verwandte oder Freundinnen – begab sich die Freiwerberin in das Haus des ausgewählten Mädchens, um es sich anzusehen. Ihr Besuch mußte am Vortag angekündigt werden, damit die Mutter, die Schwestern und die übrigen weiblichen Verwandten der Kandidatin die Gelegenheit hatten, das Gastzimmer des *Haremlik*, des den Frauen vorbehaltenen Teil des Hauses, zu schmücken und alles festlich vorzubereiten.

War die Ankunft der Brautwerberin durch eine Dienerin angemeldet, so gingen ihr die Frauen der Familie bis zur Eingangstür entgegen, wo die erste Begrüßung stattfand. Nach dem Anlangen der Gäste im Saal begannen die *Salamaleks*, die weiteren ausführlichen Begrüßungen. Nach einer kurzen Pause erschien die festlich gekleidete, aber unverschleierte Heiratskandidatin mit dem Kaffee.

Der Brauch wollte es, daß es das zur Braut bestimmte Mädchen war, das den Kaffee servieren mußte, selbst wenn der Hausstand über mehrere Dienerinnen und Sklavinnen verfügte. Mit Schamesröte im Gesicht, denn sie war sich durchaus der taxierenden Blicke aller Anwesenden bewußt, reichte sie jeder Frau den Kaffee und wartete stehend, bis ihn eine jede geschlürft hatte.

Natürlich taten die Gäste alles, um das Schlürfen des Kaffees in die Länge zu ziehen. Sie begutachteten das Mädchen von allen Seiten und versuchten, sie zum Lachen zu bringen, damit sie auch ihre Zähne sehen konnten. Dabei war die Brautwerberin des Lobes voll: »Welch schönes Mädchen! Sie gleicht ja einem Engel! Welch schöne Augen! Wahrhaftige Gazellenaugen! Und ihr Haar! Und ihre Zähne, schön wie Perlen!« und viele ähnliche Komplimente mochte sie zu diesem Anlaß hervorbringen. Das arme Mädchen war froh, wenn es endlich die Tassen einsammeln und den Raum verlassen durfte.

Jedoch erbat sich die Brautwerberin von der Mutter des Mädchens meistens die Gunst, die Tochter nochmals kommen zu lassen, was natürlich nie versagt wurde. Diesmal setzte sich das Mädchen, nachdem es hierzu zwei- oder dreimal aufgefordert wurde, bescheiden nieder, und es wurde mit ihr geredet. Auf diese Weise versuchte die Mutter des jungen Mannes etwas über ihren Geist und ihren Charakter in Erfahrung zu bringen.

Nachdem dies geschehen war, zog sich das Mädchen auf einen Wink ihrer Mutter zurück, und die Brautwerberin begann sich in Lobeserklärungen über den jungen Mann zu ergießen. Dann verabschiedete sie sich mit den Worten: »So Gott will, und wenn es die Bestimmung so verheißen hat, werden unsere Kinder sich heiraten.«

Dann setzte sie die Brautschau in den anderen Häusern fort, in denen sie sich angesagt hatte, und überall lief das Werben ähnlich ab.

Daheim schilderte die Mutter ihrem Sohn die Schönheit

und den Geist der in Augenschein genommenen Mädchen in allen Einzelheiten und versäumte es natürlich nicht, Empfehlungen abzugeben, beziehungsweise schon durch die Art ihrer Beschreibung Einfluß auf die Entscheidung ihres Sohnes zu nehmen. Hatte die Schilderung einer der Kandidatinnen bei ihm Gefallen gefunden, so wurden die Einzelheiten der Heirat besprochen.

Als Mitglied einer Gesellschaft, in der durch die Medien die Liebe in den Mittelpunkt des allgemeinen Interesses gestellt wird, fällt uns die Vorstellung schwer, daß sie in solchen Eheschließungen, wie sie bei zahlreichen anderen Völkern heute noch ähnlich abläuft, gar keine Rolle spielen soll. Jedoch macht das Ideal der Geschlechtertrennung, das eine Abschließung der Frauen und Mädchen verlangt, die relativ seltenen und im allgemeinen stark ritualisierten Begegnungen zu Augenblicken, in denen sehr schnell die Leidenschaft erwacht. So tief liegt in solchen Kulturen die erotische Reizschwelle, daß ein flüchtiger Blick im Vorübergehen, allein das Hörensagen von Schönheit oder Talent genügen, um die Herzen füreinander zu entflammen.

Bei den Mohammedanern bringen, wie es die Worte des Propheten im Koran verlangen, die Frauen kein Vermögen mit in die Ehe; im Gegenteil, es ist der Mann, der die Frau auszustatten hat. Er muß die Einrichtung der gemeinsamen Wohnung und die Aussteuer des persönlichen Bedarfs besorgen. Schließlich gibt er seiner zukünftigen Frau eine Art Mitgiftschein über eine Summe, die seine Vermögensumstände repräsentieren, die ihr für den Fall seines Todes oder einer Scheidung sofort zustehen.

Sind alle Einzelheiten zu beiderseitiger Zufriedenheit geordnet, dann werden die jungen Leute als verlobt erklärt. Doch zurück zu unserem Beispiel einer wohlhabenden türkischen Familie um die Jahrhundertwende.

Die Verlobung

Die Verlobung bestand im Abschließen eines Vertrages, in dem das gegenseitige Heiratsversprechen und die Summen, die bar und auf Schuldschein zu bezahlen waren, festgehalten wurden. Bei der beiderseitigen Unterzeichnung des Vertrags wurde auch der Hochzeitstag festgesetzt.

Zum Anlaß der Verlobung wurden unter den zukünftigen Brautleuten Geschenke ausgetauscht. Sie schickte ihm durch die Hand einer Vermittlerin, meistens eine ältere Frau, ein in Seide eingeschlagenes Paket, in dem Hemden, Taschentücher, ein Schlafrock, ein Schal, eine silberne Tabaksdose und ähnliches enthalten waren. Er sandte seiner Braut ausschließlich Gegenstände aus Silber, wie einen Spiegel im Silberrahmen, der nie fehlen durfte, ein Schmuckkästchen und dergleichen mehr.

Kurz nach der Verlobung, meist schon in der ersten Woche, schickte der Bräutigam die abgesprochene bare Summe, wofür die Familie der Braut die Einrichtung und die Aussteuer besorgten.

Während der ganzen Dauer der Verlobung durften sich die Brautleute nicht sehen. In seltenen Fällen wurde jedoch durch die Vermittlerin eine Art Rendezvous arrangiert.

Sie begab sich zur Brautmutter und überredete sie, unterstützt von dem neugierig gewordenen Mädchen, mit der Tochter einen Spaziergang zu machen, damit der junge Mann die für ihn ausgewählte Braut sehen könnte. Nach einigem Zögern gab die Mutter nach, und Ort und Zeitpunkt des Spaziergangs wurden abgesprochen.

Die Vermittlerin berichtete dem Bräutigam von dem, was sie erreicht hatte und erhielt dafür ein ansehnliches Trinkgeld. Der junge Mann aber machte sich auf den Weg, seine Braut aus einer gewissen Entfernung und nur durch den Schleier zu betrachten. Er durfte ihr dabei nicht zu nahe kommen und sie schon gar nicht ansprechen. Die Braut, die natürlich sittsam zu Boden blickte, vermochte meist die Chance, ihren Zukünftigen vor der Hochzeit in Augenschein zu nehmen, nicht zu nutzen.

Um die Jahrhundertwende waren von den Eltern geschlossene Verlobungen zwischen Kindern im Alter von fünf oder sechs Jahren nicht mehr sehr gebräuchlich.

Die Hochzeit

Das eigentliche Hochzeitsfest wurde in beiden Häusern, beim Bräutigam und bei der Braut, gleichzeitig begangen; den Vorschriften getreu, feierten Frauen und Männer in getrennten Räumen. Alle waren in festlicher Tracht gekleidet.

Im Zentrum der Festlichkeiten stand die große Mahlzeit aus unzähligen Gängen und Speisen. Am Anfang gab es eine aus Mehl und Fleisch bereitete Hochzeitssuppe, dann folgten verschiedene Braten, Gemüse, Gebäck und mehrere süße Speisen. Der türkische Pilaw, der mit Safran gekocht und mit Rosinen, Pistazien und Granatäpfeln garniert wird, war der letzte Gang und zeigte an, daß die Tafel aufgehoben wurde. Bei recht gläubigen Mohammedanern fehlte natürlich der Alkohol; an seiner Stelle reichte man verschiedene Sorbets, Wasser und schließlich den starken, ungezuckerten Kaffee.

Dem Mahl schloß sich das bei einer Hochzeit übliche Unterhaltungsprogramm an. Possenreißer und Gaukler, Sänger und Musikanten trugen zur allgemeinen Fröhlichkeit bei. Tanz und wettkampfartige Spiele, beides im allgemeinen den Männern vorbehalten, gehörten ebenfalls dazu.

Gäste einer Hochzeit waren Verwandte, Freunde, Bekannte, sämtliche Einwohner der Straße und die Gäste der Gäste. Der Zutritt zu den Festlichkeiten war jedermann gestattet, und sei er auch ein Bettler von der Straße. Jeder war willkommen und nahm Platz, wo er Lust hatte.

Die Hochzeitsfeierlichkeiten dauerten gewöhnlich fünf

Tage: von Montag bis Freitag. Am Montag fand die erste große Tafel statt. Dienstag wurden die Hausgeräte, die Aussteuer und die Hochzeitsgeschenke ausgestellt und besichtigt. In manchen Gegenden wurden sie in einer Prozession mit Musik durch die Straßen getragen.

Mittwoch führte man die Braut mit großem Pomp ins Bad, wohin alle Freundinnen, Bekannten und auch die armen Frauen des bewohnten Stadtviertels oder Dorfes eingeladen wurden. Handelte es sich um eine reiche Hochzeit, so fanden die armen Frauen beim Verlassen des Baderaums neue Kleidungsstücke an Stelle ihrer vorher abgelegten alten Fetzen vor und erhielten auch ein Geldgeschenk.

Am Donnerstag früh verließ die Braut in Begleitung ihrer Mutter, Schwestern, Verwandten, Dienerinnen, Sklavinnen, Nachbarinnen, Gäste und Abgeordneten des Bräutigams ihr Elternhaus, um in das Haus ihres baldigen Gemahls einzuziehen. Die Wagen waren mit bunten Tüchern geschmückt, und die Beteiligten machten den Umzug zu einer Art Lustfahrt. Im Bräutigamshaus waren alle Gäste versammelt, wobei wieder Männer und Frauen unter sich blieben. Erfrischungen und Kaffee wurden gereicht, bevor die Eheschließung begann.

Jedoch nicht die Brautleute selbst, sondern zwei von ihnen ernannte Stellvertreter schlössen in ihrem Namen die Ehe. Der Bräutigam rief einen der versammelten Gäste, nannte seinen Namen und den seines Vaters und sagte zu ihm dreimal: »Ich ernenne dich zu meinem Stellvertreter, um die Fatma (Beispiel), die Tochter des Selim (Beispiel) für mich zu ehelichen.«

Daraufhin kam die Braut zu der Tür, die den Männerbereich vom Frauenbereich durch einen Teppichvorhang trennte, und ernannte ihren Stellvertreter, der gewöhnlich ein Verwandter war, indem sie die Ernennung ebenfalls dreimal wiederholte. Zwei ältere Frauen, die neben ihr hinter dem Vorhang standen, bezeugten, daß die Stimme, die die Männer auf der anderen Seite vernahmen, tatsächlich die der Braut war.

Hierauf wurde ein Weihrauchfaß gebracht. Während des Räucherns verließen alle jungen, unverheirateten Leute den Saal, die Türen wurden geschlossen, der Stellvertreter der Braut setzte sich zur Rechten des *Imam*, des Priesters, der des Bräutigams zu seiner Linken, und der *Imam* öffnete das Standesamtsregister, das er mitgebracht hatte. Dort trug er die Namen der Brautleute, ihrer Eltern, ihrer Stellvertreter und Zeugen ein wie auch die Summe der baren und der unbaren Aussteuer. Unter zahlreichen Gebeten und Segenswünschen schloß der *Imam* die Ehe.

Damit war der offizielle Teil der Hochzeit zu Ende.

Nach der Beglückwünschung wurden wiederum Erfrischungen und Kaffee gereicht, die Possenreißer gaben noch ihre letzten Kunststücke zum besten, und die Gäste zogen sich allmählich zurück.

Nach dem Abendgebet und nachdem er seinen Eltern die Hände geküßt hatte, schlich sich der Bräutigam in das Brautgemach, wo seine junge Frau verschleiert und in Gesellschaft einer alten Matrone auf ihn wartete.

Kaum war der Bräutigam ins Schlafgemach getreten, stand die Jungvermählte auf; er eilte auf sie zu, nahm sie bei der Hand und fragte sie nach ihrem Namen – den er natürlich schon lange wußte, aber es war Sitte, daß seine erste Frage dem Namen gelten sollte. Sie antwortete nicht gleich; er wiederholte die Frage, und nun nannte sie sehr leise ihren Namen. Er bat sie dann um Erlaubnis, ihr den Schleier abnehmen zu dürfen, sie schaute beschämt zur Erde und gab keine Antwort. Er wiederholte noch einmal seine Bitte, und da wiederum keine Antwort erfolgte, nahm er ihr den Schleier ab und überreichte ihr das Hochzeitsgeschenk, meist ein kostbarer Ring. Sie bedankte sich, indem sie rasch seine Hand küßte. Langsam faßte die Jungvermählte Mut und begann, sich mit ihrem Gatten zu unterhalten. Unterdessen bediente sie die Matrone beim Hochzeitsessen. Zum Abschluß servierte sie ihnen schwarzen Kaffee und zog sich dann zurück, nachdem sie ein Trinkgeld erhalten hatte. Nun war der Augenblick gekommen, um die Ehe zu vollziehen.

Freitagmorgens begaben sich die jungen Eheleute auf getrennten Wegen zum Handkuß zu ihren Eltern. Mittags und abends fanden noch einmal große Essen statt.

Roter Schleier

Neben Geburt und Tod galt in China die Hochzeit schon immer als wichtigste Angelegenheit im Leben eines Menschen. Bereits Ritenbücher aus der Han-Zeit, dem Jahrtausend vor Christi Geburt, verlangen sechs rituelle Handlungen: die Kontaktaufnahme zwischen den beiden Familien, die Feststellung von Namen und Geburtsdatum der Braut, die Erstellung des Horoskops, das Übersenden der Verlobungsgeschenke, das Festlegen des Hochzeitstermins und das feierliche Einholen der Braut.

Eine komplizierte und symbolträchtige Ausstattung des Zeremoniells lag nahe. Dennoch gab es lange Zeit kein allgemein verbindliches Ritual. Dieses setzte sich erst gegen Ende des ersten nachchristlichen Jahrtausends durch und änderte sich danach nur noch geringfügig. Dennoch hat es in China immer auch regionale Unterschiede gegeben, und besonders in den unteren Schichten zeigte sich die Tendenz, den Ablauf aus finanziellen Gründen – die Kosten trugen die Eltern der Braut – zu vereinfachen und abzukürzen.

Der erste Schritt bestand also in der Kontaktaufnahme der beiden Familien, die meist über einen von den Angehörigen des jungen Mannes beauftragten Heiratsvermittler geschah. Der Austausch der roten Karten, auf denen die vier Doppelzeichen der jungen Leute, nämlich Jahr, Monat, Tag und Stunde der Geburt, vermerkt waren, zeigte die grundsätzliche Bereitschaft an, das Ehegelöbnis einzugehen. Ein Wahrsager verglich die Angaben miteinander und deutete sie kosmologisch, um festzustellen, ob eine harmonische und glückliche Ehe zu erwarten war.

Verlief die astrologische Überprüfung befriedigend, und war es gelungen, sich über den »Brautpreis« und die Mitgift zu einigen, so stand der Verlobung nichts mehr im Wege.

Dies wurde durch den Austausch der Dokumente vollzogen und im Rahmen einer Verlobungsfeier offiziell kundgetan.

Zur Bestimmung des glücklichsten Hochzeitstermins wurden wiederum die Astrologen zu Rate gezogen, und entsprechend ihrer Empfehlungen begann man mit den Vorbereitungen. Im allgemeinen dauerte das Fest zwei Tage, zuweilen aber auch länger.

In der Morgendämmerung, denn zu dieser Zeit steigt der männliche Aspekt Yang zum weiblichen Aspekt Yin hinab, setzte sich der mit Sänften, Laternen, Fahnen, Musikanten und zeremoniellen Symbolen reichlich ausgestattete Hochzeitszug in Bewegung, um die Braut abzuholen. Ehrendamen, die bereits den Status der Vollkommenheit erreicht hatten, weil sie Mütter männlicher Nachkommen waren, begleiteten den Festzug. Als rituell unrein galten hingegen schwangere und menstruierende Frauen, Witwen und Säuglinge, die aus diesem Grund von der Hochzeit ausgeschlossen waren.

Die mit einem roten Schleier verhüllte Braut wurde von ihren Verwandten über die Schwelle ihres Elternhauses getragen, damit sie als Zeichen der Trennung nicht mehr mit dem Boden in Berührung kam. Sie brach in zeremonielles Weinen aus, um darzustellen, daß sie ihre Familie, die vertraute Umgebung und, auf dem Lande, oft sogar ihr Dorf verließ. Die Unumkehrbarkeit ihres Schrittes wurde bildlich ausgedrückt, indem ein Familienmitglied einen Eimer Wasser ausschüttete, sie selbst den Schlüssel zu ihrem Elternhaus fortwarf oder die Tür hinter sich zuschlug. Ihre Ehrendamen sangen traurige Hochzeitslieder, die den Abschiedsschmerz unterstrichen, und geleiteten sie in der rotgeschmückten Sänfte in das Haus ihres Bräutigams. In dem Zug wurde als wichtigster Bestandteil auch die Mitgift zur Schau gestellt.

Im Haus des Mannes angekommen, opferte man den Göttern des Himmels und der Erde, womit die Braut in die

Familie des Mannes aufgenommen war. Bald darauf zog sich das Brautpaar in das Hochzeitsgemach zurück. Hier lüftete der Bräutigam den Schleier der Braut. Dann nahmen beide den Hochzeitstrunk ein, wobei sie die mit einem roten Faden verbundenen Becher austauschten, bevor sie leergetrunken waren. Freunde und Verwandte betraten daraufhin das Brautgemach und bewarfen die Braut mit Beeren, Kastanien und Erdnüssen, um so dem Wunsch nach zahlreichen Nachkommen und einem langen Leben Ausdruck zu verleihen. Um die bösen Geister zu vertreiben, wurden verschiedene Riten begangen, wie das Bogenschießen im Brautgemach oder das spätere Verbrennen der Hochzeitskleider.

Die Integration der jungen Frau in den Familienverband ihres Mannes gestaltete sich in der Regel schwierig, denn sie galt als Fremde; zahlreiche literarische Dokumente berichten davon. Zuweilen beschrieb die Zeremonie des Fegens mit dem Besen symbolisch die Inbesitznahme der Räume durch die neue Herrin. Während der Kaiserzeit jedoch, in der die Unterdrückung der Frau zur Regel wurde, ließ man die junge Frau fast feindselig und unmißverständlich wissen, daß sie sich in ihrem neuen Zuhause in Geduld und Gehorsam zu üben habe. So mußte sie nach ihrer Ankunft im Hof der Familie ihres Mannes eine ganze Weile in der Sänfte warten, welcher der Bräutigam zusätzlich einen Tritt versetzte. Außerdem war über der Eingangstür zur Empfangshalle ein Messer angebracht, das sie unter Kontrolle halten sollte.

Ein ausschweifendes Hochzeitsmahl bildete den Höhepunkt des ersten Hochzeitstags. Freunde und Verwandte ließen es sich bei dieser Gelegenheit nicht nehmen, das junge Paar mit derben Spaßen und anzüglichen Trinksprüchen zu necken. Spät in der Nacht erst begaben sich die Brautleute in ihr Gemach, um die Ehe zu vollziehen. Oft wurden sie dabei von jüngeren Freunden und Verwandten belauscht, was ihnen der Sitte nach Glück bringen sollte.

Am nächsten Morgen hatte die Amme der Braut als Beweis für deren Jungfräulichkeit den Eltern des jungen Mannes das blutbefleckte weiße Seidentuch in einer Schale zu präsentieren. Währenddessen vollzog die Braut ein Ahnenopfer im Ahnentempel, oder, falls nicht vorhanden, vor den Ahnentafeln des Bräutigams und stellte sich damit quasi seinen verstorbenen Vorfahren vor. Auch machte die Braut an diesem Tag ihren neuen Schwiegereltern und den neuen Verwandten ihre Aufwartung. Hieran schloß sich ein Besuch der Brautleute bei den Eltern der Braut an. Mit Freunden und Verwandten und den neu hinzugekommenen Gästen aus dem Dorf feierte man anschließend noch bis in den Abend.

Die Eheschließung bedeutete für die Braut einen Statuswechsel. Aus dem »Mädchen«, *nü,* was zugleich »Tochter« bedeutet, wurde eine Frau, eine *xi fu,* die »Schwiegertochter-Ehefrau« – worin sich die zentrale Beziehung zu den Schwiegereltern widerspiegelt. Aber erst die Ankunft des ersten männlichen Nachkommen verlieh dem Sohn die soziale Reife und bestätigte die Daseinsberechtigung der jungen Frau in der Familie des Mannes.

Besensprung

So viele Menschen haben aus Gründen, die durchaus überzeugend und berechtigt sind, ihre Kirchen verlassen. Daß sie bei diesem Schritt auf eine Qualität verzichten, wird ihnen erst viel später, wenn überhaupt jemals, klar: auf das Ritual, das Zeremoniell, das den einzelnen mit der Gemeinschaft und Gott verbindet. Viele wenden sich anderen spirituellen Gemeinschaften zu, um das Verlorene wiederzufinden. Alle bieten sie in der einen oder anderen Form auch Rituale an.

Viele Frauen finden ihre neue spirituelle Heimat im Kreis von modernen Hexen. Diese haben natürlich nichts mit dem Bild von der alten Vettel gemein, die in Grimms Märchen Hänsel und Gretel zum späteren Verzehr mästet. Es handelt sich bei den modernen Hexen vielmehr um Frauen, die sich auf ihre alten matriarchalischen Kräfte und Rechte besinnen und im Einklang mit der Natur zu leben versuchen. Hierbei spielt das Wiederentdecken und Neuschaffen von Ritualen eine zentrale Rolle.

Zsuzsanna Budapest ist eine von diesen neuen Hexen, die in den USA aus dem Feminismus hervorgegangen sind und sich auch »Ökofeministinnen« nennen. Das folgende Ritual, von dem sie in ihrem Buch *Mond-Magie* erzählt, vermag einen zutiefst im Herzen zu berühren und soll deshalb hier als heute praktikables Beispiel nicht fehlen.

»Ich will über Hochzeiten sprechen, weil die Heirat für Frauen das beladendste Symbol und das gefühlsmäßig am meisten geladene Ritual ist, das es gibt. Manchmal ist sie das einzige herausragende Ritual im Leben einer Frau. Das Patriarchat hat alle anderen eliminiert wie das des nahenden Alters, das Fest ihrer ersten Menstruation, die sicher ebenso bedeutsam ist wie die Heirat und deren Auswirkungen länger anhalten als die meisten Beziehungen. Sie hat nicht mehr das Ritual, das sie als Königin ehrt, wenn sie als Frau erblüht, welche die Arbeit der Göttin in der Welt aufgenommen hat. Man hat sie mißachtet und ganz sicherlich nicht geehrt, wenn sie zur *Crone* (mit sechsundfünfzig) wird und ins wissende Alter eintritt, das Alter der Weisheit.

Aber bei ihrer Hochzeit wird die Frau als Göttin anerkannt. Sie ist mit dem weißen Gewand der Sonnengöttin Lucia bekleidet, bei deren Fest in Schweden alle Mädchen und Frauen weiß angezogen sind. Ihr heiliger Schleier bedeutet, daß sie beschützt und gesegnet ist. Die lange Schleppe, die von jungen Frauen oder Mädchen getragen wird, zeigt an, daß sie in der Blüte ihres Lebens und das Oberhaupt aller Frauen ist. Die Hochzeiten von heute bergen immer noch viele der alten Elemente in sich. Diese Symbole sind es, die uns Frauen die Tränen in die Augen treiben. Es ist die verlorengegangene Symbolik – an deren Wichtigkeit man sich dunkel erinnert, obwohl die wahre Bedeutung nicht bekannt ist –, die Frauen auf Hochzeiten weinen läßt.

Was geschieht?

Liebe geschieht. Das kann nicht einmal das Patriarchat ändern.

Die Großmutter Mondin hat wieder ein junges oder altes Paar verzaubert, ihre Herzen bewegt, und jetzt wollen sie sich einander in der Öffentlichkeit versprechen. Dieses öffentlich bezeugte Versprechen ist der wahrhaft alte Teil dabei. Die Gemeinschaft wird Zeuge eines Liebesbandes und behandelt das Paar danach anders. Das Ritual schafft einen Raum zwischen dem, was war, und dem, was sein wird. Es schafft den Übergang zwischen verlobt und verheiratet sein.

Oft schmerzen mich diese Rituale, weil ich mich auch nach jemandem sehne, dem ich diese Art öffentliches Versprechen geben kann. Meine Ehe mit dem jungen Burschen aus Ungarn, den ich mit neunzehn geheiratet hatte, funktionierte ein paar Jahre lang, dann wurden wir erwachsen und lebten uns auseinander. Ich fühle deswegen keine Bitterkeit, ich hatte nur das Gefühl, daß der Stand der Ehe, so wie er in der gegenwärtigen amerikanischen Kultur vorherrscht, weder für mich noch für irgendeine andere Frau eine gute Lebensform ist. Es ist einfach nicht natürlich, die Frauen voneinander zu trennen und sie in ihre jeweiligen mehrstöckigen Häuser mit identischer Architektur und Ausstattung zu sperren. Es ist nicht natürlich, nicht mit deinen Nachbarn zu plaudern. Es ist nicht natürlich zu meinen, du würdest allein nur mit deinem Mann und deinen Kindern auf dieser Welt existieren. Menschen sind soziale Wesen. Wir brauchen die Gemeinschaft. Die meisten Arten, die Gemeinschaften bilden, sorgen dafür, daß die Weibchen und Jungen genug Unterstützungsgruppen und einander haben. Isolation ist nur für die bestimmt, die sich aufs Sterben vorbereiten.

Liebe ist jetzt. Und Hochzeiten auch.

Heidnische Hochzeitsfeiern können ausgefeilt und teuer oder auch sehr flexibel und einfach sein. Sie können auch legal oder nicht legal sein, je nach der Kombination der beteiligten Geschlechter. Gleichgeschlechtliche Hochzeiten werden immer noch von keiner Kirche und keinem Staat anerkannt, von der Göttin aber schon immer. Ich schließe sehr viele lesbische Ehen.

Die letzte Eheschließung, die ich hier in Berkeley vorgenommen habe, war allerdings für ein heterosexuelles Paar – Cynthia und Paul.

Sie waren ein klassisches Beispiel für die fortschrittliche Tradition. Sie hatten sich getroffen, als sie beide an der University of California studierten. Eines Tages überließ Cynthia einer Lokalzeitung ein Gedicht zur Veröffentlichung, irgend etwas über Chamäleons und ihre Zungen und Blitze, ziemlich lang und ziemlich tiefgründig. Das Gedicht gewann einen Preis und wurde in ganzer Länge abgedruckt. Paul hatte den Artikel beim Kaffee gelesen, und er mochte das Gedicht mit den Chamäleons. Ihm gefiel die lange Abhandlung und die erschreckenden Bilder, die Cynthia aufs Papier geworfen hatte. Es gefiel ihm so sehr, daß er ihr an die Adresse der Zeitung schrieb. Er selbst schrieb auch gern, vor allem über Chamäleons. Sie antwortete auf seinen Brief, und sie trafen sich. Das war vor zwanzig Jahren gewesen. Seitdem waren sie immer zusammen. Sie waren beide jüdisch, aber ihre Beziehung war für sie eine derart private Angelegenheit, daß kein Rabbi sich je in sie einmischen sollte.

Nun wollten ihre Kinder, daß sie heiraten sollten. Die Kinder standen selbst kurz vor der Hochzeit, und die Situation ihrer Eltern ließ sie nicht kalt. Aber Cynthia und Paul hielten stand. Sie weigerten sich, sich sozialem Druck zu beugen. Eine Möglichkeit aber gab es – Paul und Cynthia hatten eingewilligt zu heiraten, wenn sie es mit einer Götterzeremonie, die von einer Hexe geleitet wurde, tun konnten. Das wäre etwas anderes, meinten sie. So wären sie mit der Heirat einverstanden. Die Kinder spürten mich auf und erzählten mir die Geschichte.

Was für eine Ehre! Natürlich stimmte ich zu.

Die Hochzeit fand auf der Spitze eines Hügels statt, von der aus man die blaue Bay mit den flatternden Segeln der Boote, den vom Pazifik hereinkommenden Nebel und die auf der anderen Seite der Bay gleißenden Wolkenkratzer überschauen kann.

Paul war am schwierigsten für die Zeremonie vorzubereiten. Er wollte keine Blumenkrone tragen. Er liebte Blumen, hatte aber Schwierigkeiten mit dem Kronenkonzept. Ich erklärte ihm, daß es bedeute, sich mit der Erde zu identifizieren, wenn man Blumen auf dem Kopf trägt. Es sei auch ein Symbol des Respekts vor der Ehe. Das waren Gründe, die ihm einleuchteten.

Am Beginn der *Tryst*, der Götterzeremonie, die ich bei einer Hochzeit durchführe, gibt es immer Musik, die von den Versprochenen ausgewählt worden ist. Üblicherweise spielen eine sanfte Harfe, Flöte oder Klavier oder ein paar Geigen. Ich selbst ziehe den Herzschlagrhythmus von Trommeln vor, runde, warme Töne, die von der Tiefe des Bauches zum Geist aufsteigen. Cynthia hatte einen Freund namens Bob gebeten, zu diesem Anlaß auf der Harmonika zu spielen, aber er war so scheu; er blieb viel zu weit weg vom Publikum, und wir konnten ihn kaum hören. Doch wir wußten alle, daß er wundervoll spielte, auch wenn wir ihn nur hören konnten, wenn zufällig der Wind in unsere Richtung blies.

Es machte nichts.

Paul und Cynthia wurden von ihren Kindern herbeigeführt, langsam, ihrer inneren Musik lauschend. Er war in einen normalen Straßenanzug gekleidet, sie in ein lavendelfarbenes Kleid mit einer Amethystkette um den Hals. Beide waren barfuß, wie ich es verlangt hatte, damit sie die Erde berühren konnten. Aber sie schritten auf Rosenblüten, die die Kinder für sie auf den Weg gestreut hatten. Man konnte sehen, daß es ein sehr liebendes Paar war. Vier Kinder hatten sie gemeinsam großgezogen, Freunde auf ihrem Weg gewonnen. Nun feierten sie erstmals öffentlich ihre Vereinigung. Diese Hochzeit war wirklich sehr anders.

Die Hochzeitsgesellschaft brauchte nicht lange, um die Energie für die Zeremonie anzuheben. Ich erklärte die sonare Meditationstechnik, in der das koordinierte Summen einer Menschengruppe ihre Gehirnwellen in Gleichklang bringt – und sie führten sie aus, einfach so. Auf dieser gemeinsamen Schwingung ließ ich die Zeremonie sanft wie auf einem Nebelbett dahingleiten.

Das Tablett voll Speisen war auch ganz besonders. Geröstete Mandeln (der Venus heilig) und schimmernde, schwarze Pflaumen, Kapuzinerkresse, Wurzelgemüse (Karotten), Stengel (Spargel) und Blumen (Blumenkohl) schmückten das Tablett. Bei einer Hochzeit ist das mein Hochaltar. Über diesem bescheidenen Tablett voll Speisen rufe ich die Göttin allen Lebens an, den Beschluß des Paares zu bestärken, sie zusammenwachsen zu lassen, auf daß ihre Liebe und ihre Arbeit Früchte tragen und daß sie sich wie Zweige innerhalb ihrer Gemeinschaft ausbreiten mögen. Paul und Cynthia hatten meine Segenswünsche bereits gelebt. Es war einfach eine Anerkennung ihrer zwanzig gemeinsamen Jahre.

Ein wichtiger Teil des Rituals ist, daß jeder der Partner etwas vom Tablett auswählt, es in den Mund des anderen Partners legt und spricht: ›Mögest du niemals hungern!‹

Das ist ein Versprechen. Es umfaßt alle möglichen Arten von Hunger. Sie versprechen einander genügend zu füttern, um Liebeshunger, Hunger nach Nahrung, Aufmerksamkeit, Wissen und Erfahrung zu stillen. Es ist ein großes Versprechen. Dann tranken sie aus den silbernen Schalen. Sie sind Symbole der Freude und natürlich aus Silber, um sie der Mondin zu weihen. Es ist wichtig, Hochzeitszeremonien mit den Mondphasen abzustimmen. Für diese Hochzeit wählte ich die zunehmende Mondin, gerade ein paar Tage vor Vollmondin. Die Neumondin ist bestens geeignet für junge Liebende, frische Paare. Cynthia und Paul hatten Wasser aus ihrer Küche in den Kelchen. ›Mögest du niemals dürsten!‹ sagten sie und boten einander einen Schluck aus den Silberschalen an. Man kann nach ebenso vielen Dingen dürsten wie hungern, also stillt dieses Versprechen das Dürsten nach Liebe und Zuneigung, nach Anerkennung und Wissen.

Von da an weinte Großmutter Yvonne pausenlos. Lange, lange Zeit hatte sie auf die Hochzeit ihrer Tochter gewartet.

Nachdem die Kinder gekommen waren, hatte sie schon gedacht, es würde nie geschehen. Aber heute war der Tag gekommen, und es war wunderschön!

Hochzeiten sind immer ein Frauenereignis. Wie charmant der Bräutigam auch sein mag, er ist nur Begleiter. Dies ist der einzige Tag, welcher der Feier einer Frau geweiht ist, die die heilige Braut ist. Sie ist der Mittelpunkt der Bewunderung (sieht sie nicht wunderschön aus...), sie steht im Zentrum der Aufmerksamkeit (mach noch ein Bild von ihr mit der ganzen Familie...). Sie ist festlich gekleidet, sie legt Schwüre ab. Die Zukunft der Menschheit hängt von diesem Versprechen ab. Wird sie inmitten des Patriarchats um der Liebe willen ihre Lebensgabe geben? Wird sie gehorchen (keinesfalls!) oder sich auflehnen (darauf kannst du wetten!)? Der letzte Akt des Rituals besteht in der gegenseitigen Krönung mit den Blumen, um einander der gegenseitigen Hochachtung zu versichern.

›Du bist die Göttin!‹ sagt Paul.

›Du bist der Gott!‹ antwortet Cynthia.

Paul nahm seine Blumenkrone an, ohne mit der Wimper zu zucken. Sie sahen ineinander die Verkörperungen des Göttlichen. In dieser Zeremonie ist keiner geringer als der andere.

Das Ende der Zeremonie kann der allerschönste Teil sein, wenn das Paar – gekrönt von der Göttin – als Kinder der Erde dasteht und darauf wartet, über den Besen zu springen, um ihr gemeinsames Schicksal zu besiegeln. An diesem Punkt können sie einander etwas Bedeutsames sagen oder ein Gedicht vorlesen. Cynthia las ihr Chamäleongedicht vor. Zuerst hörten alle leicht schockiert zu. Chamäleons? Schlängelnde Zungen aus Feuer? Wie eklig! Und ihr Gedicht war so traurig, so bedrückend, ein derartiger Kontrast zu dieser strahlenden Hochzeit. Und doch – es war das Gedicht, das Paul angezogen hatte. Was hätte passender sein können?

Dann las Paul seinen Antwortbrief vor. Es war der Brief eines jungen Idealisten, voll von Glückwünschen und der Sehnsucht nach einer Zwillingsseele.

Die letzte Zeile lautete: Vielleicht finden Sie diesen Brief etwas seltsam, aber ich verspreche Ihnen, wenn Sie anrufen, werden Sie vielleicht entdecken, daß es eine fruchtbare Beziehung sein könnte.‹ ›Fruchtbare Beziehung‹ hatte er vor zwanzig Jahren in einem leidenschaftlichen, hellsichtigen Moment geschrieben!

Nun bat ich die Hochzeitsgesellschaft, das Paar mit ihren persönlichen Segenswünschen zu überhäufen. Yvonne wollte etwas sagen, aber noch versagte ihr vor Rührung die Stimme. Also begannen die Kinder und wünschten ihrer Mama und ihrem Papa noch viele weitere wunderbare Jahre voll Glück. Vor allem die Töchter waren sehr bewegt. Sobald Yvonne einmal zu weinen begonnen hatte, hatten auch sie ihre Tränen offen gezeigt. Weinen ist ebenso ansteckend wie Gähnen. Beginnt eine, fallen die anderen ein.

Die Gesellschaft rief: ›Glück!‹, ›Urlaub!‹, ›Tiefe Liebe!‹, ›Gesundheit!‹. Aber auf speziellen Wunsch des Brautpaares war es absolut tabu, sie aus Gründen der Fruchtbarkeit mit Reis zu bewerfen. Die Kinder, die sie schon hatten, reichten ihnen.

Wir legten den Besen im Westen hin, weil dies schon eine Heirat war, die in den Augen der Liebe geschlossen worden war, und nach dem letzten Segensspruch sprang das Paar händehaltend hoch und verließ für einen Augenblick die Erde. Der Familienfotograf verewigte diesen Moment, als sie über den Myrrhenbesen sprangen, auf Video.

Nach der Landung auf der anderen Seite küßten und umarmten sie einander, als wären sie frisch verheiratet. Diese Zeremonie war eine Feier ihrer vergangenen und zukünftigen gemeinsamen Jahre.

Zum Empfang zog sich die Hochzeitsgesellschaft in die riesige Halle mit Glasfenstern zurück. Zwei Gummibäume wuchsen direkt durch die Decke, in Harmonie mit den Rotholzwänden. ›Schon gestern hatten wir hier eine Göttinnenhochzeit!‹ flüsterte die Frau, die den Wein in die Gläser schenkte. ›Wie wundervoll!‹ sagte ich. ›Es kommt in Mode!‹

Yvonne hatte genug von ihren Tränen. Jetzt strahlte sie, einen Drink in ihrer Hand. Ich saß da und nippte an meinem Champagner, und wir unterhielten uns über die Zeremonie. Es schien eine perfekte Hochzeit gewesen zu sein! Alle schwärmten.

Nun gab es Tanz. Eine Liveband spielte Songs aus den sechziger Jahren, den Rock'n'Roll der Graumelierten.

Manche der Hochzeiten, die ich vollziehe, sind nur spirituelle Versprechen, aber diese Hochzeit war gesetzlich, also unterzeichneten wir die Papiere.

Paul und Cynthia strahlten. Paul hatte ganz vergessen, daß er immer noch seine Krone trug und behielt sie auch während des Hochzeitsessens auf.

Die Stadt wurde bereits von den langsam daherkriechenden Nebeldrachen verschlungen, aber die Golden Gate Bridge strahlte noch immer im Postkartenblau. Ich dachte über Hochzeiten, meine Lieblingsarbeit, nach, und andere Paare kamen mir in den Sinn, die da draußen irgendwo auf der Welt leben, ohne jemals ihre Vereinigung mit dem Ritual zu feiern. Ihnen allen wollte ich zurufen: ›He, ihr wißt ja gar nicht, was ihr da versäumt! Ihr verdient es, gefeiert zu werden! Eure Gefühlsbande sind für die Gemeinschaft wichtig!‹ Ich spüre, daß die Erde ein sicherer Platz ist, wenn die Menschen einander lieben.

Zuletzt tanzten Paul und Cynthia einen langsamen Tanz miteinander, den offiziellen Hochzeitstanz. Es war zutiefst bewegend, wie sie einander ansahen. Paul trug immer noch seine Krone – sie waren unzertrennlich geworden. Cynthia hatte ihre abgenommen, aber ihr glückseliges Lächeln, das völlig dem Zen einer Hochzeit hingegeben schien, krönte sie.

Eine der Töchter nahm sie bei den Händen und tanzte mit ihnen, dann gesellten sich die anderen Töchter hinzu und auch der schüchterne Sohn. Nun tanzten alle sechs miteinander. Dann machte Yvonne, die Großmutter, sieben daraus, und dann standen alle Verwandten, nah wie fern, auf und schlössen sich dem Paar an, tanzten in konzentrischen Kreisen um sie herum. Später schnappte ich auf, wie die jungen Frauen darüber sprachen, daß sie auch ›über den Besen springen‹ würden und wie ›tierisch‹ das sei. ›Die Göttin übernimmt die Hochzeiten. Es verbreitet sich‹, dachte ich.

Es wird aber auch Zeit.«

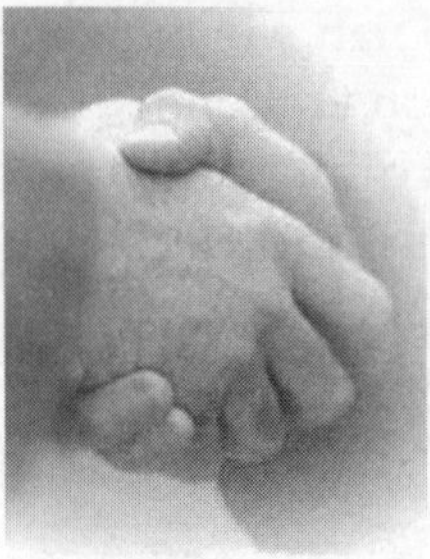

Auseinandergehen

Die Scheidung als Ritual existiert in nahezu keinem einzigen Kulturkreis. Dabei ist es doch ebenso wichtig, einen Bund, der vor Öffentlichkeit geschlossen wurde, vor ihr auch wieder zu trennen, wenn es nun einmal erforderlich ist. Eine rituell verarbeitete Trennung ist schon deshalb der üblichen Scheidung vorzuziehen, weil sie die einmal bestandene Verbindung klar zum Abschluß zu bringen vermag und einen deutlichen Schlußstrich zieht. Gerade in sogenannten »Ehen ohne Trauschein« ist das besonders notwendig.

Die Alte Religion bringt ein Paar durch die Zeremonie des Handschlags zusammen – unterschiedliche Ausprägungen in den einzelnen Konventen sind natürlich möglich. Raymond Buckland beschreibt, wie auf die gleiche Weise eine Verbindung auch wieder getrennt wird.

Das trennungswillige Paar setzt sich vor der Zeremonie mit dem Hohepriester und der Hohepriesterin zusammen, arbeitet eine gerechte Verteilung ihrer gemeinsamen Besitztümer aus und legt die Versorgung der aus dieser Verbindung stammenden Kinder für die Zukunft fest. Alle Vereinbarungen werden schriftlich festgehalten und von allen vier Personen unterzeichnet.

In Anwesenheit des ganzen Konvents bereiten die Hohepriesterin und der Hohepriester gemeinsam den Raum für das Ritual vor, indem sie den magischen Kreis ziehen. Nach Abschluß dieser »Eröffnungsarbeit« küssen sich Hohepriester und Hohepriesterin, um die Einheit des Männlichen und Weiblichen in dem einen Gott zu symbolisieren.

Von einem Ritualgehilfen werden die beiden Scheidungswilligen aufgefordert vorzutreten. Der Bitte folgend stellen sich beide vor dem Altar auf, der Mann vor dem Hohepriester und die Frau vor der Hohepriesterin.

Die Hohepriesterin fragt den Mann: »Warum bist du hier?« Und er antwortet: »Weil ich die Trennung von X wünsche.« Der Hohepriester stellt der Frau die gleiche Frage, die sie entsprechend beantwortet. Darauf möchte die Hohepriesterin wissen, ob sie beide diesen Schritt aus ihrem eigenen freien Willen tun, was sie bejahen. Dann läßt sich der Hohepriester noch einmal bestätigen, daß ein Vertrag über die Aufteilung allen gemeinsamen Besitzes geschlossen wurde und darüber, was mit den Kindern geschehen soll, und auch diese Frage wird von dem Paar bejaht. Diese einleitende Befragung beschließt der Hohepriester mit dem Satz: »Dann laßt uns fortfahren und dabei nicht vergessen, daß wir hier vor dem Gott und der Göttin stehen.«

Die Frau und der Mann fassen sich nun bei den Händen und wiederholen Satz für Satz die folgenden Worte, welche die Hohepriesterin ihnen vorspricht: »Ich, X (Y), löse hiermit in aller Freiheit meine Verbindung mit Y (X) auf. Ich tue dies in aller Rechtschaffenheit und Ehrlichkeit vor dem Gott und der Göttin. Ich rufe meine Brüder und Schwestern des Konvents als Zeugen auf. Nicht länger mehr sind wir eins, sondern zwei Individuen, frei darin, unsere eigenen Wege zu gehen. Wir durchtrennen hiermit alle Bande zwischen uns. Jedoch werden wir nicht aufhören, einander mit Respekt zu begegnen, in gleichem Maße, wie wir Liebe und Respekt für unsere Brüder und Schwestern des Konvents spüren. So sei es.«

Der Hohepriester fordert beide auf: »Laßt eure Hände fahren!« Der Mann und die Frau folgen der Aufforderung, nehmen dann ihre Ringe von den Fingern und reichen sie der Hohepriesterin. Diese besprengt sie mit Salzwasser, räuchert sie und spricht: »Im Namen des Gottes und der Göttin reinige ich diese Ringe.« Die beiden so Geschiedenen erhalten die Ringe zurück und können damit tun, was sie wollen.

Die Hohepriesterin sagt: »Nun seid ihr wie eure Hände getrennt. Ein jeder soll euch hinfort so sehen. Geht nun eure getrennten Wege in Frieden, Liebe – niemals in Bitterkeit – und auf dem Pfad, den der Konvent euch weist. So soll es sein.«

Der Konvent beendet die Zeremonie, indem alle gemeinsam »So soll es sein« wiederholen.

Als Abschluß des Rituals teilt der Konvent zur Lobpreisung des Gottes und der Göttin Wein und Brot miteinander und öffnet dann den Kreis.

Tod

Herbst der Fruchtbarkeit

Die Menopause ist in den Augen der wenigsten Frauen ein Anlaß zum Feiern. Manch eine verbindet damit das unaufhaltbare Voranschreiten des Alterungsprozesses und die Befürchtung, für einen Partner nicht mehr attraktiv genug zu sein. Andere müssen die einsetzende Menopause zum Anlaß nehmen, um sich endgültig von einem unerfüllt gebliebenen Kinderwunsch zu verabschieden. Beides mag schmerzlich sein. Die Menopause ist die Herbsttagundnachtgleiche im Leben einer Frau. Ihre Fruchtbarkeit stirbt, doch ihre Weisheit erwacht und entfaltet sich in den Herbst und Winter ihres Lebens hinein. Tod und Geburt sind eins.

Da wir nicht auf Stammestraditionen oder ähnliches zurückgreifen können, sind wir frei darin, unsere selbstgeschaffene Zeremonie mit so viel Poesie, Symbolik, Gefühl, Stolz und Humor zu bereichern, wie wir es für richtig halten. Nutzen Sie die folgenden Vorschläge direkt oder um sich aus ihren Bestandteilen ein Ritual nach Ihren Vorstellungen zu schaffen.

- In Gruppen gefeierte Rituale haben gewöhnlich mehr Kraft als allein zelebrierte. Wenn es Ihnen also möglich ist, sich einer Gruppe von etwa gleichaltrigen Frauen anzuschließen – ohnehin erstrecken sich ja die körperlichen Symptome des Klimakteriums über einen längeren Zeitraum –, so wird die Zeremonie mehr Spaß machen und einen tieferen Eindruck bei Ihnen hinterlassen.

- Organisieren Sie mit Ihrer Gruppe ein Abendpicknick an einem Fluß oder See bei Vollmond. Feiern Sie Ihr Hinübergleiten in einen neuen Lebensabschnitt mit einem Festmahl.
- Jede der Frauen soll vor den anderen rekapitulieren, was ihre Zeit als geschlechtsreife Frau für sie bedeutet hat, welche positiven und negativen Qualitäten sie heute darin sehen kann, und als Symbol für das Ende dieses Abschnitts Tampons, Binden und Slipeinlagen verbrennen. Schließlich ist das Ende der Menstruation mit all ihren schmerzhaften Begleitumständen etwas Erfreuliches. Alternativ könnten sie während ihres Rückblicks eine Art Totempfahl mit ihren Symbolen für die wichtigen Episoden des abgeschlossenen Lebensabschnitts schmücken und zum Schluß ins Feuer werfen.
- Dann wird sie über die Pläne sprechen, die sie für das noch vor ihr liegende Lebensdrittel hat. Es ist wichtig, dies so positiv und lebensfroh wie möglich zu tun, denn das Ritual hat an dieser Stelle die Qualität einer Weichenstellung, und die soll natürlich so vielversprechend wie möglich ausfallen.
- Nachdem alle versammelten Frauen gesprochen haben, sollte die Feier mit einer gemeinsamen Handlung abgeschlossen werden. Beispielsweise könnten die Frauen zusammen einen Baum pflanzen. Dies ist ein machtvolles Symbol des Wachstums und verkörpert die zahlreichen Möglichkeiten, die jedem, auch jeder älter werdenden Frau, offenstehen. Außerdem steht der Baum sichtbar für Vitalität, Kreativität und Entwicklung und kann uns in schlechten Phasen genau daran erinnern.
- Oder wenn Sie ein familienbetonter Mensch sind, dann versammeln Sie Ihre Angehörigen um sich. Laden Sie Ihre Kinder, deren Partner und Ihre Enkel ein, und

reisen Sie gemeinsam mit ihnen zurück durch Ihre Erinnerungen an die entscheidenden Momente Ihres Erwachsenenlebens.

Grablege

In der Provinz Bengalen, die heute zur Hälfte zu Indien und zur Hälfte zu Pakistan gehört, leben die Kol, deren Bestattungsriten, der Beschreibung Arnold van Gennets folgend, vorgestellt werden sollen.

Sobald der Tod eingetreten ist, wird der Leichnam auf den blanken Erdboden gelegt, damit die Seele des Verstorbenen den Weg hinab in das Land der Toten, von dem man meint, daß es im Inneren der Erde liegt, leichter finden kann. Die Leiche wird in einer komplizierten Prozedur aufs gründlichste gewaschen.

Man stellt sich vor, daß böse Geister die Seele daran hindern wollen, auf die Reise ins Jenseits zu gehen. Um dies zu verhindern, bemalt man sie mit gelber Farbe, welche die Dämonen abschreckt, und die versammelten Verwandten und Nachbarn stoßen ununterbrochen laute Klageschreie aus.

Mit den Füßen voran, damit die Seele den Weg zurück nicht findet, tragen nahe Familienmitglieder die Leiche aus dem Haus. Selbst wenn der Platz mit dem Scheiterhaufen, wo die Leiche eingeäschert werden soll, nur in geringer Entfernung vom Haus gelegen ist, dauert die Prozession, die sich nun anschließt, lange, denn es werden zahlreiche Umwege gemacht, um die Seele an der Rückkehr in ihre vertraute Umgebung zu hindern. Für Kinder und junge Mädchen ist die Teilnahme am Leichenzug tabu; die Frauen folgen dem Zug laut weinend, während die Männer schweigen. Jeder

Mann trägt ein Stück trockenes Holz mit sich, um es auf den Scheiterhaufen zu werfen.

Am Scheiterhaufen angekommen, heben die Träger den Toten mitsamt der Bahre auf den Holzstoß. Für die lange Reise ins Jenseits gibt man ihm Reiskuchen mit, legt ihm Silbermünzen in den Mund, damit er den Wächter am Tor in die andere Welt bezahlen kann, und stattet ihn mit geschlechtsspezifischem Werkzeug wie auch mit weiterem Proviant in Form von Reis aus. Die Frauen müssen sich nun entfernen, und die Männer zünden mit dem mitgebrachten Holz den Scheiterhaufen an. Die Bahre wird, damit der Tote nicht zurückkehren kann, ebenfalls verbrannt.

Fällt die Bestattungszeremonie in die Regenzeit, dann ist die sofortige Einäscherung der Leiche natürlich nicht möglich. Die Kol behelfen sich dann damit, daß sie den Toten zunächst beerdigen und nach der Ernte wieder ausgraben, um ihn dann zu verbrennen.

Aus der erkalteten Asche sammeln die Männer die Knochen ein und legen sie in ein Gefäß, das sie in das Haus des Toten bringen, wo es an einen Pfosten gehängt wird. Für den Fall, daß der Verstorbene trotz aller beschriebenen Vorsichtsmaßregeln doch zurückkommen sollte, streut man Reis auf den Weg und legt Nahrungsmittel vor die Tür, damit er nicht hungern muß und niemandem etwas zuleide tut.

Nun wird sein gesamter persönlicher Besitz aus dem Haus entfernt, denn man meint, daß all seine Gegenstände durch seinen Tod unrein geworden sind, und fürchtet sich davor, daß sich der Totengeist in ihnen verstecken könnte. Durch die gemeinschaftliche Einnahme eines geweihten Mahls wird das Haus gereinigt.

Nach Ablauf einer bestimmten Frist, in welcher der Totengeist nicht zurückgekehrt sein darf, führen die Dorfbewohner eine Zeremonie durch, die »Verlobung« oder »Vereinigung des Toten mit den Bewohnern der Unterwelt« genannt wird. In einem Hochzeitszug begibt man sich unter Musik zu dem Dorf, aus dem die Vorfahren des Verstorbenen stammen. Die Frau, die das Gefäß mit den Knochen trägt, führt Freudensprünge aus, und alle anderen singen Hochzeitslieder und tanzen ausgelassen. An ihrem Ziel angekommen, setzen sie das Gefäß mit den Gebeinen des Verstorbenen in einer kleinen Grube bei und markieren den Bestattungsort mit einem Stein.

Nach der Rückkehr in ihr eigenes Dorf müssen alle an der Prozession Beteiligten ein rituelles Bad nehmen.

Durchtrennen der Lebensfäden

Bei vielen Stämmen und Völkern wird der Tod eines Verwandten als Erlösung verstanden und deshalb nicht betrauert, sondern gefeiert. Diese Sichtweise gelingt allerdings nur in einem größeren sozialen Zusammenhang. Der einzelne, der einen ihm nahestehenden Menschen verloren hat, trauert aus diesem »egoistischen« Motiv heraus sehr wohl.

Diese sehr heilsame »Trauerarbeit«, mit der jeder für sich den eigenen Übergang von Beziehungsreichtum zu – Verlust in diesem einen speziellen Fall ritualisiert, kann die unterschiedlichsten Formen annehmen. So werden Haare und Bart abgenommen oder umgekehrt während einer bestimmten Frist nicht geschnitten. Das Gesicht oder der ganze Körper werden mit Ruß und Asche geschwärzt, oder eine bestimmte Diät wird in der Trauerzeit eingehalten. Im allgemeinen wird zum Zeichen der Trauer auf den normalen Ablauf der Dinge verzichtet. Manchmal bricht sich der Verlustschmerz auch Bahn in mehr oder weniger grausamen Selbstverstümmelungen – körperlicher Schmerz hilft, wie wir wissen, emotionalen Schmerz zu überwinden.

In vielen Kulturen wird der Trauernde als unrein betrachtet und unterliegt einem Tabu. Er muß sich also nach Abschluß der Trauerzeit einer rituellen Reinigung unterziehen, um sich wieder in die Gemeinschaft einzufügen.

»Trauerarbeit« ist wichtig, wenn man den Schmerz eines Verlustes überwinden und eine Trauerzeit zum Abschluß bringen möchte. Die wenigsten Menschen sind bereit, sich dem wirklich zu stellen. Eher neigen wir dazu, unseren Verlustschmerz zu verdrängen, denn wer leidet schon gerne.

Aber solches Verhalten rächt sich und braucht viel kostbare Energie auf, die wir an anderer Stelle gewinnbringender einsetzen könnten.

Der langjährige englische Theaterdirektor James Roose-Evans, der sich stark für Rituale interessiert und seit langem mit ihnen experimentiert, hat das folgende Gruppenritual zur Bewältigung von Verlustschmerz entwickelt.

- Das Ritual soll im Idealfall in einer Gruppe ablaufen, deren Mitglieder bereits miteinander gearbeitet haben. Der Zeitaufwand beträgt etwa zwei Stunden. Ein offenes Ende ist unbedingt erforderlich, um dem einzelnen die Möglichkeit zu geben, wieder zu sich zu finden, bevor er den geschützten Ritualraum verläßt. Auf Hintergrundmusik sollte verzichtet werden.
- Ein großer Korb mit vielen Wollknäueln unterschiedlicher Farben wird in die Mitte des Raumes gestellt, und die Gruppe bildet einen weiten Kreis darum.
- Ein Ritualleiter bittet die Anwesenden, an einen nahestehenden Menschen zu denken, der kürzlich oder vor längerem verstorben ist. Mit einer solchen Person im Kopf nimmt sich jeder eines der Wollknäuel aus dem Korb, das ihn an den Verstorbenen erinnern soll. Es kann auch einer Person gedacht werden, die noch lebt und deren Tod man sich nur vorstellt. Auch der eigene Tod kann thematisiert werden.
- Wenn man wieder an seinem Platz sitzt, wird das lose Ende des Knäuels ein paarmal um einen Finger der linken Hand gewickelt. Das Knäuel selbst hält man in der rechten Hand. Bis jeder sich ein Wollknäuel genommen hat, denken die übrigen über den verstorbenen Menschen nach, den sie für sich ausgewählt haben.
- Wenn alle bereit sind, dann wird irgendwann einer aus der Gruppe seinen Wollball einem gegenüberstehenden

Teilnehmer zuwerfen, mit dem er zuvor in Augenkontakt getreten ist. Dieser fängt das Knäuel auf und wickelt den Faden ein paarmal um einen Finger seiner linken Hand, bevor er das Knäuel weiterwirft. Wenn man das Wollknäuel mit dem geliebten Verstorbenen assoziiert hat, dann steht das erste Werfen schon symbolisch für die schmerzliche Trennung.

- Es ist von großer Wichtigkeit, daß der gesamte Prozeß ohne Hast abläuft. Das Werfen und Fangen ist meditativer Natur.
- Durch das Hinundherwerfen wird aus den einzelnen Fäden nach und nach ein bunter Teppich. Jeder Teilnehmer hält bald viele Fäden in seiner linken Hand und wird dadurch mit den Leben der anderen Anwesenden verwoben. Wenn einmal ein Wollknäuel auf dem Boden landet und niemand aus der Gruppe es erreicht, um es wieder aufzuheben, dann muß der Ritualleiter helfen und es demjenigen geben, dem es zugeworfen worden war.
- Die Atmosphäre soll konzentriert, zugleich aber auch entspannt sein. Jeder Teilnehmer ist sich des Werfens, Fangens und Webens bewußt, ruft sich dabei Erinnerungen an den Verstorbenen, für den er sich zuvor entschieden hat, ins Gedächtnis und sieht dessen Leben und Sterben in Verbindung mit allem anderen Leben und Sterben. Möglicherweise wird jemand anfangen zu singen, und vielleicht schließen sich andere an.
- Früher oder später wird allen Beteiligten die Wolle ausgehen. Dann geht der Ritualleiter mit einer Schere von Teilnehmer zu Teilnehmer und schneidet den Teppich an der linken Hand eines jeden ab. Allen bleiben dabei eine ganze Handvoll vielfarbiger Fäden in der linken Hand zurück. Der Ritualleiter muß dabei sehr behutsam vorgehen, denn er vollzieht mit seinem Schnitt

eine weitere symbolische Trennung. Er muß jeden Augenkontakt vermeiden und doch jeden einzelnen ganz bewußt wahrnehmen. Kommt es doch einmal zu einem Augenkontakt, dann hat das in den meisten Fällen einen Weinkrampf des betreffenden Gruppenmitglieds zur Folge.

Was weiter geschieht, nachdem der Teppich in der Mitte auf den Boden gesunken ist und jeder mit einer Handvoll Wollenden in der Hand dasteht, hängt weitgehend von der Gruppe und den einzelnen Beteiligten ab. Deshalb ist es von so großer Bedeutung, daß das Ende offen bleibt und kein Druck ausgeübt wird, die Zeremonie abzuschließen. Eine ganze Weile lang wird es so aussehen, als ob nichts geschieht. Manchmal scheint es so, daß ein jeder sich seiner Trauer vollkommen überläßt. Man muß warten und darauf vertrauen, daß der kreative Prozeß Bilder oder Geräusche produziert, die das Ritual zu einem einzigartigen Schluß führen, einzigartig für die Gruppe in diesem Moment.

III.

Andere Rituale

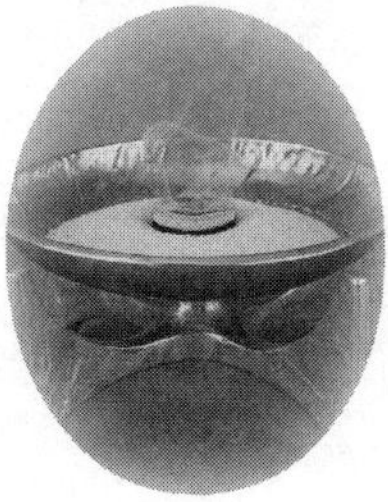

Einweihung

Die Eleusinischen Mysterien

Rituale sind meist eng mit ihrem mythologischen Hintergrund verknüpft. In kaum einem Bereich tritt dies so stark hervor wie in den Mysterien der Antike. Mysterien sind, so definiert Arnold van Gennep in seinem spannenden Werk *Übergangsriten,* ein dynamischer »Komplex von Zeremonien, die den Neophyten (den ›Neugetauften‹) von der profanen in die sakrale Welt überführen und ihn in eine unmittelbare, ständige und endgültige Verbindung mit dieser Sakralsphäre bringen« – nichts anderes geschieht bei der christlichen Taufe.

Der Höhepunkt aller Mysterien ist die Enthüllung der *sacra,* der Schauakt, in dem der Novize der Essenz des Kultes von Angesicht zu Angesicht gegenübertritt. Es kann sich dabei um ein Götterabbild, ein Symbol, einen heiligen Gegenstand – wie das Schwirrholz bei australischen Völkern – oder, wie wir gleich sehen werden, um eine szenische Darstellung handeln. Man weiß von der Existenz mehrerer Mysterienzyklen, so von ägyptischen, babylonischen, mithraischen, römischen und noch einigen anderen. Keiner ist jedoch so berühmt und so stark ausgeprägt wie der Eleusinische. Apulejus, Sophokles, Plutarch und viele andere durch ihre Schriften bekannte Griechen waren in die Eleusinischen Mysterien eingeweiht und bezeugten die Ehrfurcht, die den vorchristlichen griechischen Menschen ergriff, wenn er das Wort »Eleusis« hörte. »Es war eine wunderbare, die Seele in ihren tiefsten Tiefen erschütternde und erlösende Welt, die sich vor dem die Weihen der Eleusinischen Mysterien Empfangenden auftat.« (Alexander von Bernus)

Wer die Mysteriengeheimnisse verriet, mußte sterben. Diese harte Strafe erklärt, warum der genaue Ablauf nur spärlich überliefert ist, und tatsächlich ist auch kein Fall von Verrat bekannt. Die Ursache für dieses Verbot lag nicht in dem Streben der Priesterschaft nach Machterhalt und hatte auch nichts mit geheimnistuerischer Mystifikation zu tun. Die Mysterienweisheit war der Schlüssel zum Mythos selbst. Darüber hinaus stand auch zu keinem Zeitpunkt in Zweifel, daß das im Ritus Erlebte mit Worten nicht mitteilbar war.

Zwar ließen sich die Geschehnisse der Eleusinischen Mysterien in mühevoller Kleinarbeit rekonstruieren, was uns jedoch für immer verborgen bleiben wird ist das magische Mittel, mit dem die Erleuchtung und übersinnliche Erfahrung in dem Einzuweihenden bewirkt wurde. In Ägypten versetzte der *Hierophant*, der Hohepriester, den Initianden in einen mehrtägigen hypnotischen Tempelschlaf. Der Initiand brachte die während dieser Zeit in der übersinnlichen Welt gemachten Erfahrungen in sein Bewußtsein zurück und wurde somit zum Eingeweihten. Für die Eleusinischen Mysterien läßt sich lediglich feststellen, daß die gewünschte Erfahrung mit Hilfe eines Trankes ermöglicht wurde. Welcher Art dieser Trank jedoch war, wird für immer ein Geheimnis bleiben.

Der Ursprung der Eleusinischen Mysterien liegt wahrscheinlich in Ägypten. Eine von dort kommende griechische Kolonie hat den Kult der Isis oder Demeter, wie sie mit ihrem griechischen Namen heißt, nach Eleusis getragen, einem kleinen, heute unbedeutenden Ort nur wenige Kilometer westlich von Athen. Bis in die christliche Zeit hinein und über ein Jahrtausend lang war Eleusis seitdem eines der bedeutendsten Zentren der Einweihung.

Alljährlich im März wurden die kleinen Mysterien gewissermaßen als Vorbereitung auf die nur alle vier Jahre im September stattfindenden großen Mysterien abgehalten. Im

Zentrum der Feierlichkeiten standen die Göttinnen Demeter und ihre Tochter Persephone. Die Mythe, die im Anschluß kurz zusammengefaßt werden soll, verdichtet sich zu folgendem Bild: Der Kreislauf der Vegetation bezeugt, daß der Tod nur ein scheinbarer ist, denn das im Herbst gesäte Korn *scheint* im Winter nur zu sterben, tatsächlich erblüht es im Frühling zu voller Reife. Mit Hilfe dieser Sichtweise wird aus einem einfachen Erntefest die Feier der Unsterblichkeit, aus der der Mensch auch für sich die Hoffnung auf ewiges Leben zieht.

Der mythologische Hintergrund

Hier nun der Mythos, wie ihn Woldemar von Uxkull schildert: »Persephone, die Personifikation der Menschenseele und zugleich die Gottheit, welche die Geschicke der Menschenseele leitet, war die Tochter der Demeter, der großen Mutter, der Weltenseele, der Gottheit, die das Leben des Kosmos darstellt, leitet und gestaltet. Sie sollte nach Beschluß der Himmlischen sich mit Dionys, dem göttlichen Geiste, der alles belebenden Naturkraft, vermählen; aber Pluto, der Beherrscher des Hades, der Schatten, der Sinnlichkeit, entführte sie mit Hilfe des Eros, der Liebe.

Demeter durchzog nun trauernd, auf der Suche nach ihrer Tochter, alle Länder. Sie kam auch in der Gestalt einer alten Frau nach Eleusis. Im Hause des Königs Keleos fand sie gastfreie Aufnahme. Die Frauen von Eleusis tanzten abends um den Brunnen einen Reigen, um die trauernde Fremde zu erheitern. Zum Dank für die erwiesene Gastfreundschaft schenkte Demeter dem Sohne Keleos, dem Triptolemos, ein Weizenkorn und lehrte ihn den Ackerbau. Sie weihte ihn aber auch in die Bedeutung des Säens und des Emporkeimens der Saat zum Lichte ein. Sie stiftete, so sagte die Überlieferung, den Geheimkultus zu Eleusis. Dann zog sie auf der

Suche nach Persephone weiter. Sie begegnete Hekate, der Göttin der Wandlungen, der Metamorphosen. Diese konnte ihr Aufschluß über den Aufenthaltsort ihrer Tochter geben. Demeter erfährt, daß Persephone im Hades als Gemahlin des Pluto weilt. Sie dringt zusammen mit Dionys in den Hades ein und befreit Persephone. Pluto aber will seine Rechte auf Persephone nicht aufgeben.

Der Streit wird vor Zeus getragen, der das Urteil spricht, Persephone solle zwei Drittel des Jahres bei Dionys im Himmel und ein Drittel des Jahres bei Pluto im Hades weilen, bis Finsternis und Sinnlichkeit keine Macht mehr über sie haben und sie sich nicht mehr nach dem Hades zurücksehnt.«

Die nun sich anschließende Beschreibung der kleinen und der großen Eleusinischen Mysterien folgt weitestgehend der Schilderung des 1945 in Basel verstorbenen Woldemar von Uxkull, neben Joseph Campbell, C. G. Jung und anderen einer von vielen, die anhand der vorhandenen Überlieferungen die Rekonstruktion des Mysterienvorgangs versucht haben.

Die kleinen Mysterien

Wer in Eleusis die Weihe empfangen wollte, mußte zwei Eingeweihte finden, die ihm als Fürsprecher dienten. Er mußte die eleusinischen Priester von seiner freien Geburt als Bürger eines hellenischen Staates, von seiner Ehrenhaftigkeit und von seiner höheren Erziehung und Bildung überzeugen. Er durfte nicht das Blut eines anderen Menschen vergossen haben. Waren diese Voraussetzungen erfüllt, so wurde er angenommen und hieß bis zur Einweihung in die kleinen Mysterien *Neophyte*. Danach wurde aus ihm der *Myste*, das heißt ein Verschleierter, und nach der Initiation in die großen Mysterien war er ein *Epopte*, ein Sehender.

Die kleinen Mysterien fanden im Heiligtum der Demeter in Agrae statt, einem Städtchen in der Nähe von Athen. Nach einem Bad in dem Fluß Ilyssos hatten sich die *Neophyten* am Eingang des Tempelbezirks einzufinden, wo sie der heilige Herold, der *Hierokeryx*, an der Spitze der *Mystagogen*, der eingeweihten Fürsprecher, empfing und ins Innere des heiligen Hains vor einen kleinen Tempel führte.

Ein weiß gekleideter Chor von *Hierophantiden* mit wallendem Haar tanzte dort vor den *Neophyten* und trug ihnen ein uraltes dorisches Lied vor, in dem ihnen gesagt wurde, daß ihr jetziges Leben nur ein Traum sei, und daß es aber noch ein anderes, ein wirkliches Leben gebe, welches sie vor der Geburt gelebt hätten und nach ihrem Tod wieder leben würden.

Dann trat die *Prophantide*, die Priesterin, vor und flehte mit emporgehobenen Armen den Segen der großen Göttinnen auf die *Neophyten* herab, damit sie durch Finsternis zum Licht durchdringen mögen. Zugleich sprach sie aber auch einen fürchterlichen Fluch über diejenigen aus, die das heilige Geheimnis verraten würden; die Strafe der Göttinnen war ihnen dann gewiß, ob im Schein der Sonne oder im Schatten des Hades.

Die *Neophyten* wurden dann aus dem heiligen Bezirk hinausgeleitet und konnten nun einige Tage lang die empfangenen Eindrücke in sich nachklingen lassen. Sie hatten zu fasten, zu beten und den Göttinnen ein Schwein zu opfern und damit zu bezeugen, daß sie bereit waren, alles Tierische, Unreine herzugeben, zu opfern und zu töten. Damit erkannten sie die Einweihung als freiwilligen Tod und als Wiedergeburt zu einem neuen Leben an.

Waren diese Pflichten verrichtet, fanden sich die *Neophyten* wieder am Eingang des Heiligtums ein und wurden wiederum vom heiligen Herold und ihren Fürsprechern empfangen.

Es folgte der Höhepunkt der kleinen Mysterien, der erste Akt des heiligen Dramas. Der *Hierokeryx* geleitete die *Neo-*

phyten auf eine Waldlichtung im heiligen Hain. Aus einer Felswand sprudelte ein Quell und bildete ein kleines Wasserbecken, um das Nymphen ruhten und standen. Im Vordergrund saß Persephone und stickte an einem Schleier, der in den Farben des Regenbogens schillerte. Sie stellte die menschliche Seele dar, die sich mit himmlischen Dingen beschäftigt. Ihre Mutter Demeter mag neben ihr gestanden haben. Nachdem die *Neophyten* einige Augenblicke das Bild ehrerbietig betrachtet hatten, trat der heilige Herold vor und forderte sie auf, aufmerksam zuzuhören.

Demeter, die große Mutter, sei auf die Erde herabgestiegen, um der Menschheit zwei große Gaben zu bringen: die Frucht des Feldes und die Einweihung, die dem Eingeweihten einen bleibenden Sonnenschein, eine lichte Hoffnung für dieses Leben und für alle darauffolgenden Zeiten gebe.

Darauf begann das Mysterienspiel: Demeter ermahnt Persephone feierlich, bis zu ihrer Rückkehr am Schleier weiterzusticken, an Dionys, den ihr vom Himmel zugedachten Gemahl, zu denken, nicht auf Eros zu hören, falls er sich ihr nähern sollte, und vor allem nicht die aus der Erde sprießenden Blumen zu pflücken, deren Duft sie so berauschen würde, daß sie die Erinnerung an alles Himmlische verlieren könnte.

Persephone verspricht, gehorsam zu sein, und Demeter entfernt sich. Aber trotz der Warnungen des Nymphenchors fängt Persephone bald an, sich in Gedanken mit Eros zu beschäftigen. Sie erinnert sich eines Ausspruches ihres Vaters Zeus, daß durch Eros die Seelen aus dem Chaos zum Leben gerufen würden. Die wiederholten Warnungen der Nymphen sind vergeblich, denn der Name Eros wirkt berauschend auf Persephone. Sie läßt ihren Schleier sinken und hört auf, sich mit himmlischen Dingen zu beschäftigen; sie fühlt sich von irdischen Gewalten angezogen.

Schließlich äußert Persephone den Wunsch, Eros möge

sich ihr offenbaren. Darauf tritt aus dem Wald ein schöner geflügelter junger Mann, der sich als Eros zu erkennen gibt und sagt, daß er gekommen sei, weil er sich von Persephones Verlangen angezogen gefühlt habe. Er schmeichelt ihr und überredet sie, auf der Wiese Blumen zu pflücken. Er rät ihr, den Duft der Blumen einzuatmen, sie würde dadurch Offenbarungen über die Liebe empfangen und über die ewigen Gesetze, wie Menschenseelen ins Leben hineingeboren würden. Eingedenk des mütterlichen Verbots weigert sich Persephone zunächst.

Als aber Eros mit seinem Bogen die Erde berührt und eine wunderschöne, große weiße Narzisse emporsprießt, verlangt sie den Namen der Blume zu erfahren, und trotz der verzweifelten Mahnungen des Nymphenchors beugt sie sich herab, pflückt die Blume und atmet ihren Duft ein. Da ertönt Donner, und die Erde spaltet sich. Auf einem von Drachen gezogenen Wagen erscheint Pluto, reißt Persephone zu sich auf den Wagen und entführt sie in den Hades. Aus der Ferne dringt Persephones Wehgeschrei.

Der *Hierokeryx* trat nun wieder vor die schweigend und ergriffen dastehenden *Neophyten* und erklärte ihnen, sie hätten soeben die Geschichte ihrer eigenen Menschwerdung geschaut. Persephone stelle ihre, der *Neophyten*, Seele dar, die der Macht der Finsternis, Pluto, verfalle, anstatt sich mit Dionys, dem göttlichen Geist, zu vermählen. Eros, die irdische, sinnliche Liebe, habe sie dazu verführt. Es wurde ihnen vermittelt, daß alle in der Finsternis leben würden, und nur ihr vergangenes, vorgeburtliches und ihr zukünftiges Leben seien wahr und licht.

Sie wurden angewiesen, über die folgenden Worte nachzudenken: Die Entstehung des Menschen ist eine furchtbare Katastrophe, durch die ewig Lebende zu Sterblichen werden.

Schweigend, beim Schein von Fackeln, verließen die *Neophyten* darauf den nächtlichen Hain, während die *Hiero-*

phantiden vom Heiligtum her den verzweifelten Klageruf »Persephone, Persephone!« durch das Dunkel erschallen ließen. Auf einem Vorgebirge am Meeresufer versammelten sich Frauen Athens in Trauerkleidung und erfüllten die Luft mit Wehgeschrei und leidenschaftlichen Klagen um Persephone.

Damit waren die kleinen Eleusinischen Mysterien beendet. Die *Neophyten* hießen nun *Mysten*. Sie hatten erkannt, daß ihr jetziges Leben nur ein Übergang zum wahren Dasein war. Sie waren Verschleierte, sie hatten das große Licht, die volle Wahrheit noch nicht gesehen, aber sie erahnten sie, sahen sie von ferne wie durch einen Schleier.

Es wurde ihnen gesagt, ihr Geist sei durch eigenes Verschulden, durch den Drang, die Liebe kennenzulernen, in ein Gefängnis geraten, und sie dürften daher auch nicht selbst die Zeit ihrer Gefangenschaft durch Selbstmord abkürzen, denn dies sei ein Frevel, den die Götter schwer bestraften.

Mit Ungeduld und Ehrfurcht erwarteten sie nun den Zeitpunkt, da sie durch das Erleben der großen Mysterien Eingeweihte und aus der Finsternis zum Licht geführt würden. Sie durften bis dahin ihrem Beruf nachgehen, hatten aber täglich bestimmte Meditationsübungen und Gebete zu verrichten.

Die großen Mysterien

Sie wurden nur alle vier Jahre im Herbst zur Erntezeit gefeiert und dauerten neun Tage.

Am *ersten Tag* hießen die Priester die *Mysten* in Eleusis willkommen, erklärten ihnen die Aufnahmebedingungen und wiesen sie an, im Heiligtum zu übernachten.

Der *zweite Tag* begann mit rituellen Waschungen im Meer. Dann folgte der zweite Akt des heiligen Schauspiels, der den *Mysten* den Schmerz und die Verzweiflung der Demeter über den Verlust ihrer Tochter zeigte. Sie erlebten die

Ankunft der Göttin in Eleusis mit, ihre gastfreundliche Aufnahme im Haus der Keleos, den Reigen der Frauen um den Brunnen, die Übergabe des ersten Weizenkorns an Triptolemos und die damit verbundenen Erklärungen und Unterweisungen. Sie sahen, wie Demeter mit Hekate, der Göttin der Metamorphosen, zusammentraf, und hörten, wie diese der verzweifelten Mutter Auskunft über den Aufenthaltsort ihrer Tochter geben konnte.

Der Herold erklärte den Mysten den symbolischen Sinn des heiligen Dramas. Er sprach von der göttlichen Liebe der Weltenseele, die sich auf die Suche nach der Menschenseele begibt, um sie aus dem Bann der Materie zu befreien und mit sich zu vereinigen. Er sprach von den Wandlungen, denen die menschliche Persönlichkeit auf ihrem Weg durch verschiedene Daseinsstufen unterworfen sei. Heilige Gesänge gaben der Feier den Rahmen.

Der *dritte Tag* war allein der Opferung an die beiden großen Göttinnen vorbehalten.

Am *vierten Tag* fand eine Prozession statt. Auf blumenbestreuten Wegen trugen blumengeschmückte Jünglinge einen Riesenkorb voller Blüten, den *Kalathos*, zum Altar der Persephone.

Der *fünfte Tag* war dagegen der Trauer und Buße geweiht. Die *Mysten* trauerten um Persephone, die im Hades weilte, und dachten dabei auch an ihre eigene Seele, die in den Fesseln des Körpers gefangen war. Es ist anzunehmen, daß Bußübungen, Meditation, Fasten und Gebet ein fester Bestandteil dieser »Trauerarbeit« waren. Man weiß jedoch sicher, daß die Mysten am Ende dieses Tages jenen geheimnisvollen Trank erhielten.

Der *sechste Tag* war der Höhepunkt der Eleusinischen Mysterien. Er begann damit, daß am Morgen jeder *Myste* einen *Thyrsusstab* und einen versiegelten und mit Efeu geschmückten Korb, den *Cistus*, erhielt, den er den ganzen Tag mit sich tragen mußte, ohne ihn öffnen zu dürfen. Das geschah erst in der heiligen Nacht der Einweihung durch den *Hierophanten.*

Der *Hierokeryx* sagte den *Mysten* nach Empfang des *Cistus*, daß auch das Tragen des verschlossenen Korbes für sie voller Bedeutung sei; so wie sie diesen versiegelten Korb mit sich herumtragen müßten, so verschlössen sie in ihrem Inneren allerlei, wovon sie noch nichts wüßten, geheimnisvolle Fähigkeiten, die erst in späteren Zeiten zur vollen Entwicklung gelangen würden.

Nach Sonnenuntergang setzte sich unter Anführung des *Daduchos*, des obersten Fackelträgers aus dem Geschlecht des Triptolemos, eine oft bis dreißigtausend Teilnehmer zählende Prozession in Gang, welche die myrtenbekränzte Statue des Gottes Dionys von Athen nach Eleusis trug. Viele Teilnehmer hielten brennende Fackeln, sangen und jubelten zu Ehren des Gottes und gaben dem Zug damit den Anschein eines Volksfestes. Jedoch für die ebenfalls beteiligten Eingeweihten früherer Jahre, die um die Hintergründe wußten, war Dionys, der sich aufmachte, um Persephone aus der Macht Plutos zu befreien, der göttliche Geist, der sich naht, um die Menschenseele aus der Macht der Finsternis zu erlösen.

Die *Mysten* hielten vom Dach des Eleusinischen Tempels nach dem Zug Ausschau. Sobald sie die gewundene Lichterschlange in der Ferne sahen, machten sie sich auf, um ihr entgegenzugehen, und zogen dann mit den aus Athen kommenden, schon Geweihten unter großem Jubel in das Heiligtum ein.

Die Ankunft des Dionys kündete den *Mysten* das Nahen ihrer eigenen Wiedergeburt durch die Kräfte des göttlichen Geistes an, des Wiedererneuerers der Menschenseele, der diese aus der Finsternis zum Licht zurückführte.

Der heilige Herold empfing die Prozession im Tempel

Name: ______________________________

Vorname: ______________________________

Straße: ______________________________

PLZ, Ort: ______________________________

Telefon: ______________________________

E-Mail:* ______________ @ ______________

Geb.-Datum: ______________________________

Beruf: ______________________________

Diese Karte entnahm ich dem Buch:

____

**Kann jederzeit abbestellt werden!*
Alle Angaben werden vertraulich behandelt.

Bitte
freimachen

Schirner Verlag
Zerninstraße 7
D-64297 Darmstadt

und forderte die nicht Eingeweihten auf, den Ort zu verlassen, denn auf das unberechtigte Eindringen in die Geheimfeiern stand der Tod. Nun hatten die Mysten unter Androhung der Todesstrafe zu schwören, Uneingeweihten nichts von dem zu verraten, was sie hier erleben und sehen würden.

Nach dem Schwur sagte der *Hierokeryx* den Mysten, sie seien nun auf der Schwelle zu Persephones unterirdischer Wohnung; um jedoch zum großen Licht zu gelangen, müßten sie zuerst durch das Reich des Todes schreiten. Dies sei die Prüfung, durch die aus ihnen *Epoptai*, Eingeweihte, würden.

Darauf hatten die *Mysten* ihre Kleidung abzulegen. Sie wurden mit einem Rehfell bekleidet, ein Symbol dafür, daß ihre aus dem Himmel stammende Seele durch ihre Geburt, durch ihre Menschwerdung einen Leib erhalten hatte. Dieser Leib bestehe aus denselben Stoffen wie der der Tiere.

Hierauf löschte der *Daduchos*, und mit ihm alle anderen Fackelträger, seine Fackel aus, und die *Mystagogen*, die Fürsprecher der Einzuweihenden, führten ihre Schützlinge zum Eingang eines unterirdischen Labyrinths. Dort herrschte vollkommene Finsternis. Sie stellte den Zustand ihrer Seele dar, die nur ihren natürlichen Verstand besitzt, aber nichts mehr von ihrem früheren Leben weiß und der das große Licht der Erkenntnis und Einweihung noch nicht aufgegangen ist.

Der Zug der *Mysten* bewegte sich langsam vorwärts in völliger Nacht. Plötzlich hörten die *Neophyten*, die durch Gebet, Fasten, Belehrung und den geheimnisvollen Trank vorbereitet und in Stimmung versetzt waren, ferne unheimliche Geräusche, schaurige Seufzer, schreckliche Schreie. Hin und wieder rollte ein Donner durch die gewölbten Gänge. Ein greller Blitz zerriß die Nacht und zeigte den erschreckten *Mysten* grauenvolle Erscheinungen: drohende Ungeheuer, Schlangen, Geister, Gerippe, zerfleischte Leichen. Dabei wechselten die Erscheinungen rasch ihr Aussehen, was bei den *Mysten* Betäubung und Schwindel hervorrief. Doch nur einen Augenblick sahen sie das Schreckliche, das sie umgab, und wieder wurde es völlige Nacht. Obwohl sie ihren Körper nicht verließen, so wurde dennoch durch Wissen und Können der Priester in dieser Stunde für sie der Vorhang gelüftet, der die unsichtbaren Welten von den sichtbaren trennt, und es wurden ihnen Einblicke in die unteren Ebenen der Geisterwelt gewährt. Plutarch, der selbst eingeweiht worden war, verglich das Grauen, das der *Myste* im Labyrinth verspürt, mit den Schrecken des Todes.

Dann gelangte der Zug in eine Krypta, einen großen gewölbten Raum unter dem Weihetempel. Hier erblickten die *Mysten* zum ersten Mal wieder ein wenig Licht. Unter einem großen Kessel brannte Holz. Ein Priester in einem gelb und schwarz gestreiften Talar stand hinter dem brodelnden Kessel und warf von Zeit zu Zeit Gräser und Gewürze hinein. Aus dem Kessel quoll immer dichter werdender Dampf.

Den *Mysten* wurde befohlen, am Eingang bei der Wand niederzuknien. Ein Chor von Dämonen trat auf, um nach schaurigem Gesang wieder zu verschwinden. Der Rauch im Raum wurde immer dichter, und mit Schaudern erkannten die *Mysten* beim flackernden Licht Ungeheuer oder Gespenster, die sich drohend auf sie zu bewegten.

Dann erhob der Priester die Hand, wies auf die andere Seite des Saales und befahl ihnen, dorthin zu gehen. Die *Mysten* mußten aufstehen und durch den Raum schreiten und dabei den Ungeheuern trotzen. Viele setzten mehrmals an, doch unsichtbare Gewalten stellten sich ihnen entgegen. Geisterhände hielten sie fest und zogen sie zurück. Es kam sogar vor, daß der eine oder andere auf den Fußboden geworfen wurde. Mutige *Mysten* durchquerten den Saal nach mehreren Versuchen. Furchtsame zogen es vor, umzukehren und durch das Labyrinth den Ausgang zu suchen; sie hatten damit aber für immer das Recht verloren, die Weihe zu empfangen.

Die *Mysten* wurden durch dunkle Gänge weitergeführt, aber der Höhepunkt der Schrecken war überstanden. Der heilige Herold teilte ihnen mit, sie kämen jetzt ins *Plutonion*, in die Behausung des Herrschers der Unterwelt. Sie würden nun den dritten Teil des heiligen Dramas schauen.

Unter dem rhythmischen Gesang unsichtbarer Geisterchöre betraten die *Mysten* die Grotte. Der Raum wurde durch einige Lampen erhellt. Die Decke trug ein aus Kupfer getriebener Baum, der Baum der Träume, dessen glänzendes Laub den ganzen Raum überdachte. Aus den Zweigen starrten Fratzen und Fledermäuse auf die *Mysten* herab. Auf einem prachtvollen Doppelthron saßen Pluto und Persephone.

Die *Mysten* erkannten Persephone wieder, doch ihr Antlitz war verändert und zeigte tiefen Schmerz.

Der *Hierokeryx* trat wieder vor und erklärte ihnen, sie hätten im Schicksal Persephones die Geschichte ihrer eigenen Seele zu erblicken. So wie Persephone unter der Herrschaft Plutos leide und sich nach ihrer Mutter und ihrer lichten Heimat sehne, so leide auch ihre Seele unter der Macht der Finsternis und Sinnlichkeit und sehne sich ununterbrochen nach dem Licht ihrer himmlischen Heimat, die sie verlassen habe. Die aus dem Laub des Baumes der Träume hervorstarrenden Fratzen seien Bilder der Schmerzen und Leiden, die die Menschen während des irdischen Daseins, das ja nur ein Schlaf sei, zu erdulden hätten. Dann schwieg der *Hierokeryx*.

Persephone aber gibt im Drama ihrem Schmerz und ihrer Sehnsucht Ausdruck. Die Augen voller Tränen, reckt sie die Arme in Agonie empor und will sich erheben. Aber auf einen Blick und gebietenden Zuruf Plutos fällt sie wieder auf ihren Sitz zurück und muß aus dunkler Schale den Saft eines Granatapfels trinken, den er ihr reicht.

Der heilige Herold erklärte darauf den *Mysten*, dies stelle die Macht der Sinne über die Seele dar und ihre vergeblichen Versuche, sich zu befreien.

Den *Mysten* wurden nun Narzissenkränze in die Hand gegeben, und sie erhielten die Weisung, der Göttin dieses Blumenopfer darzubringen.

In diesem Augenblick sprang ein großes Doppeltor auf, und strahlendes Licht erhellte den Raum. Der Ruf erschallte: »Herbei, ihr *Mysten*, herbei! Dionys ist da! Demeter erwartet Persephone! Herbei!«

Persephone fährt in die Höhe und ruft: »Licht! Meine Mutter! Dionys!« Doch bevor sie forteilen kann, hat Pluto sie erfaßt und zwingt sie auf ihren Sitz zurück. Da stürzt sie zu Boden und stirbt.

Alles Licht erlischt, und in tiefster Dunkelheit spricht eine Stimme: »Sterben ist wiedergeboren werden.«

Die *Mysten* wurden von den *Mystagogen* hinausgeführt; die Schrecken der Unterwelt waren überstanden. Der *Daduchos* und der *Hierokeryx* empfingen sie oben, und sie hatten ihr Rehfell abzulegen, sich in geweihtem Wasser zu baden und weiße Gewänder anzulegen. Sie wurden in den großen Tempel geführt, der im Licht einiger tausend Fackeln erstrahlte, und von dem in Purpur gekleideten *Hierophanten*, dem Hohepriester, empfangen. Von alten steinernen Tafeln las er den *Mysten* Dinge vor, die sie bei Todesstrafe nicht verraten durften. Dann brachten die Tempeldiener den *Mysten* ihre versiegelten Körbe.

Der *Hierophant* zerbrach die Siegel der Körbe und öffnete sie. Er forderte die *Mysten* dazu auf, das Ei, die Zirbelnuß und die kupferne Spiralschlange herauszunehmen, und erklärte ihnen den symbolischen Gehalt der Gegenstände. Das Ei sei nicht nur ein Symbol der Auferstehung, es zeige auch, daß es zwei Leben nacheinander gebe: Das erste, begrenzt und gleichsam im Dunkeln, in Unwissenheit, in der Schale, nach dem Zerbrechen der Hülle dann ein anderes Leben, im Licht, mit viel größerer Bewegungsfreiheit und mit einem viel weiteren Horizont. Die Zirbelnuß sei nicht nur ein Symbol der Fruchtbarkeit, sie solle auch an die Zirbeldrüse im Kopf erinnern, das verkümmerte Organ, mit dem die Menschen früher ins Geistesland haben schauen können, der Rest des dritten Auges der Zyklopen. Dieses Organ könne wiederbelebt, entwickelt und benutzt werden, um Verbindungen mit Personen zu pflegen, die räumlich weit voneinander entfernt seien. Der *Hierophant* nannte den *Mysten* die Meditationsübungen, die zur Entwicklung dieser Fähigkeit führten. Zuletzt erklärte er ihnen den Sinn der Spiralschlange. So wie eine Schlange, die sich in den Schwanz beiße, was die Ewigkeit symbolisiere, so sei eine Schlange, die sich spiralförmig emporwinde, ein Symbol für die Evolution des Geistes, der sich allmählich zu immer größerer Vollkommenheit hinaufentwickle. Durch Geburt und Tod, durch sichtbare und unsichtbare Welten schreite er empor zur Urquelle des Seins.

Während dieser Rede erfüllten helle, lichtvolle Wolken den hohen Raum, die sich nun zerteilten und den entzückten *Mysten* die Gefilde der Seligen zeigten. Die eleusinischen Tempeldiener waren Meister in der Kunst der Dekoration, aber es ist nicht weniger wahrscheinlich, daß in dieser heiligen Stunde bei vielen *Mysten* wirklich hellseherische Fähigkeiten, wenn auch nur vorübergehend, geweckt wurden.

Und nun begann der vierte und letzte Akt des heiligen Schauspiels: Unter Jubelgesängen unsichtbarer Chöre wird die befreite und nun überglückliche Persephone von Demeter und Dionys zu ihrem Vater Zeus begleitet.

Der *Hierokeryx* erklärte den *Mysten*, die Menschenseele werde vom Geist Gottes und von der Weltenseele, der Mutter Natur, in die himmlische Heimat zum Vater heimgeführt.

Aber Pluto will seine Rechte auf Persephone nicht aufgeben, und Zeus muß den Streit, der darüber entbrennt, entscheiden. Der *Hierophant* empfängt als Zeus auf erhabenem Thron die Streitenden. Nach Anhören beider Parteien fällt er den Richterspruch: Persephone soll zwei Drittel des Jahres oben im Himmel bei Dionys weilen, ein Drittel aber unten im Hades bei Pluto, bis sie völlig erlöst ist, bis die Macht der Finsternis und Sinnlichkeit nichts Anziehendes und Verlokkendes für ihr Herz mehr hat.

Ein Hymnus zu Ehren des Zeus, der Demeter, des Dionys und der Persephone wurde im Anschluß daran gesungen. Mancher Eingeweihte hatte in dieser Stunde Visionen von herrlichen, lichtvollen Gestalten, die sich unter die Festteilnehmer mischten.

Nach Beendigung des Liedes sprach der *Hierophant* den höchsten Segen über die *Mysten* aus: »Mögen deine Wünsche erfüllt werden, kehre zurück zur Seele der Welt.« Nun waren aus den *Mysten* Sehende, *Epoptai*, geworden.

Am *siebten und achten Tag* fanden zu Ehren der beiden großen Göttinnen Spiele und Wettkämpfe in Eleusis statt.

Den Abschluß der Mysterien am *neunten Tag* bildete eine eigenartige Zeremonie: Im Osten und Westen des Tempels wurde je ein mit Wasser gefülltes Gefäß aufgestellt und nach einer Ehrung den Göttinnen unter Aussprechen gewisser Formeln und Gebete umgestürzt, so daß sich das Wasser gen Morgen und gen Abend ergoß.

Buddhismus

Der Buddhismus kennt zwei Formen der religiösen Initiation: *Pravrajyâ*, die niedrigere und *Upasampadâ*, die höhere Ordination. Erstere leitet eine Vorbereitungsphase auf die durch *Upasampadâ* abgeschlossene Aufnahme in die buddhistische Gemeinde (*Sangha*) ein.

Pravrajyâ bedeutet »hinausziehen« in die sogenannte Haus-losigkeit. Dieser Schritt kann entweder von einem Laien oder von einer bereits in einem anderen Kloster ordinierten Person, die sich jedoch zum Wechsel entschlossen hat, vollzogen werden. Das Mindestalter beträgt hierbei acht Jahre. Mit der Ordination beginnt der Knabe oder das Mädchen sein oder ihr Leben als *Shrâmanera*, als Novize beziehungsweise Novizin. Die hiermit eingeleitete Ausbildung, die die Novizen dazu verpflichtet, hinfort mit einem Lehrer zu leben und nichts ohne seine Anweisungen zu tun, dauert in der Regel zwölf Jahre.

Pravrajyâ

Das Initiationsritual des *Pravrajyâ* setzt sich aus vier Bestandteilen zusammen: das Anlegen der gelben Robe, das Scheren von Haupt- und im Falle älterer Anwärter des Barthaares, das dreifache Rezitieren der Zufluchtsformel und der Mitteilung der zehn Verpflichtungen.

Jemand, der in die buddhistische Gemeinschaft aufgenommen werden möchte, wählt also zunächst ein Kloster aus und wendet sich mit bereits geschorenem Kopf an einen Ältesten und übergibt ihm die gelbe Robe, die er zum Zweck seiner Ordination mit sich führen muß. Der Novize erscheint dann vor bis zu zehn Mönchen des Klosters, die als

Zeugen fungieren, empfängt aus den Händen des Abtes seine zweiteilige gelbe Robe und wird dabei an die Vergänglichkeit seines Körpers erinnert. Der Novize begibt sich zum Anlegen der Robe in einen anderen Raum und spricht, während er sich umkleidet, Formeln, die ihm bewußt machen sollen, daß die Robe seinen Körper lediglich schützen und nicht schmücken soll. Dann bittet er vor den ordinierten Mönchen und dem Abt um die Gewährung der Zuflucht und rezitiert dreimal die »Drei Kostbarkeiten« (*Triratna*):

Ich nehme Zuflucht zu Buddha.
Ich nehme Zuflucht zur Rechtschaffenheit (Dharma).
Ich nehme Zuflucht zur buddhistischen Gemeinde (Sangha).
Zum zweiten Mal nehme ich Zuflucht zu Buddha.
Zum dritten Mal nehme ich Zuflucht zu Buddha.

Hierauf wird ihm von dem Abt der Verhaltenskodex der »Zehn Verpflichtungen« (*Shîla*) vorgetragen, der sein Leben hinfort bestimmen wird, und den der Novize nachspricht. Im Buddhismus bestimmen diese zehn Gebote als ethnische Richtlinien das Leben von Mönchen, Nonnen und Laien, und ihre Beachtung wird als zentrale Voraussetzung für das Weiterkommen auf dem Weg zum Erwachen verstanden:

Vermeiden von Töten.
Nicht Gegebenes nicht nehmen.
Vermeiden von unerlaubter sexueller Betätigung.
Vermeiden von unrechter Rede.
Verzicht auf den Genuß berauschender Getränke.
Vermeiden, nach der Mittagsstunde feste Nahrung zu sich zu nehmen.
Meiden von Musik, Tanz, Schauspiel und anderen Vergnügungen.
Abstehen von der Verwendung von Parfüms und Schmuckgegenständen.

Vermeiden, in hohen, weichen Betten zu schlafen.
Vermeiden, mit Geld und anderen Wertsachen in Berührung zu kommen.

Damit ist die Zeremonie des *Pravrajyâ* abgeschlossen, und der Novize hat hinfort in allem seinem Lehrer zu gehorchen.

Upasampadâ

Nach Ablauf seiner Novizenzeit kann er im Ritual des *Upasampadâ* zum Mönch ordiniert werden. Dieses Initiationsritual ist wegen des damit verbundenen Erwerbs von Rechten sehr viel komplizierter als das vorangegangene. Alle einzelnen Schritte der Ordination werden vor einem Ältestenrat, bestehend aus mindestens zehn Mönchen, vollzogen. Alle Antworten, die der Anwärter auf die Fragen des Gremiums zu leisten hat, werden erst nach drei Lesungen bewertet. Die Wahlmethode für die Mitglieder des Ältestenrats ist dabei sehr einfach: Wer zustimmt, schweigt, wer nicht zustimmt, verleiht seiner abweichenden Meinung Ausdruck.

In der Regel erfolgt die Ordination an dem Vollmond von *Vaisâkha* im April oder Mai, dem gedachten Todestag Buddhas, und an den drei darauffolgenden Viertelmonden. Der Ablauf ist folgender.

Zunächst findet eine Überprüfung des Kandidaten statt. Der Novize wird mit seinem Lehrer vor den Ratspräsidenten, dessen eigene Ordination mindestens zehn Jahre zurückliegen muß, gebracht, und ein zweiter Lehrer, der auch als Zeuge fungiert, wird für ihn bestimmt. Nach feststehendem Schema werden ihm von diesen beiden Fragen zu seinem Namen, dem seines Lehrers, zu seiner Robe und zu seiner Almosenschale gestellt.

Sind alle mit den Antworten zufrieden, so wird ihm eine bestimmte Stelle zugewiesen, wo er stehen soll, während seine beiden Lehrer weiter vor dem Präsidenten bleiben und den Novizen, nachdem sie zuvor die Erlaubnis des Ältestenrats eingeholt haben, anweisen, die Wahrheit zu sagen, und seine Qualifikationen überprüfen. Zunächst wird er gefragt, ob er Lepra, Furunkel, die Krätze, Asthma oder Epilepsie hat. Verneint er, so wollen sie weiter von ihm wissen, ob er ein Mensch, männlich und ein freier Mann ist; ob er frei von Schulden, vom Militärdienst befreit ist und das Einverständnis seiner Eltern hat; ferner, ob er das vorgeschriebene Alter von zwanzig Jahren vollendet hat.

Nach dieser strengen und gründlichen Befragung treten die beiden Lehrer vor den Präsidenten und teilen ihm die Ergebnisse mit. Danach wird der Kandidat gerufen. Er stellt sich zwischen seine beiden Lehrer und sagt: »Ehrwürdige Herren, ich bitte euch, mir die *Upasampadâ* zu geben. Habt Mitleid mit mir, und hebt mich auf.« Er trägt sein Gesuch dreimal vor.

Die beiden Lehrer wiederholen darauf noch einmal die Ergebnisse ihrer Befragung vor der Versammlung und bitten sie dann mit den folgenden Worten, zu einer Entscheidung zu kommen: »Dieser Schüler bittet um die *Upasampadâ*. Er ist frei von Untauglichkeiten. Wenn die Mitglieder des Rates zustimmen, so mögen sie schweigen: haben sie jedoch Einwände, so sollen sie sprechen.«

Auch dieser Antrag wird dreimal wiederholt. Verharren alle in Schweigen, so erklärt der Präsident das Gesuch als bewilligt, und der neue Mönch erhält von einem seiner beiden Lehrmeister die dreiteilige Robe und die Almosenschale.

Es folgen die Erklärung der Verhaltens Vorschriften in Form der »Vier Erfordernisse« und die Nennung der »Vier Vergehen«, die den Ausschluß aus der Gemeinde zur Folge haben:

Die Vier Erfordernisse:
Nahrung soll nur über die Almosenschale angenommen werden.
Die Kleidung soll aus Lumpen bestehen.
Die Wohnung soll am Fuß eines Baumes sein.
Der Urin einer Kuh soll als Arznei benutzt werden.

Die Vier Vergehen:
Unzucht.
Diebstahl.
Mord.
Die Beanspruchung übernatürlicher Kräfte.

Zu allen Punkten werden zahlreiche Erläuterungen und Einschränkungen gegeben, die den Abschluß des Rituals bilden. Tag und Stunde der Zeremonie werden genauestens schriftlich festgehalten.

Weder *Pravrajyâ* noch *Upasampadâ* verleihen dem Novizen magische oder mystische Kräfte, wie es bei vielen anderen religiösen Initiationsritualen der Fall ist. Auch bindet die Ordination den Aufgenommenen nicht lebenslang an die buddhistische Gemeinde, sowohl der Austritt als auch der Wiedereintritt sind jederzeit möglich.

Schamanismus

Im Schamanismus, ob es nun der asiatische oder der nordamerikanische ist, ist die Zahl und die Bedeutung von Ritualen noch besonders groß. Mircea Eliade hat sich über viele Jahre hinweg intensiv wie kaum ein anderer mit den Schamanen Asiens und besonders Sibiriens befaßt. Von ihm stammt die Beschreibung der folgenden Initiation.

»Die am reichsten gegliederte und am besten bekannte Initiationszeremonie ist die der Buriäten Sibiriens. Die wirkliche Initiation findet vor der öffentlichen Weihe des neuen Schamanen statt.

Nach den ersten ekstatischen Erlebnissen (Träumen, Visionen, Gespräche mit Geistern usw.) bereitet sich der Lehrling lange Jahre hindurch in der Einsamkeit vor und wird von alten Meistern unterrichtet, besonders von dem, der sein Initiator sein soll und ›Vaterschamane‹ genannt wird. Während dieser ganzen Zeit schamanisiert er, ruft die Götter und die Geister an und erlernt die Geheimnisse des Handwerks. Auch bei den Buriäten ist dann die ›Initiation‹ mehr öffentliche Demonstration der mystischen Fähigkeiten des Kandidaten und Weihe durch den Meister als eine wirkliche Enthüllung von Mysterien.

Vorbereitungen

Sobald das Datum der Weihe festgelegt ist, findet eine Reinigungszeremonie statt, die sich grundsätzlich drei- bis neunmal wiederholen soll, meistens aber nur zweimal vollzogen wird. Der ›Vaterschamane‹ und neun junge Männer, seine ›Söhne‹ genannt, tragen Wasser von Quellen herbei und bringen den Geistern dieser Quelle *tarasun*-Libationen dar. Auf dem Rückweg reißt man junge Birken aus und nimmt sie nach Hause mit. Das Wasser wird gekocht und man wirft wilden Thymian, Wacholder und Tannenrinde hinein, um es zu reinigen. Man wirft auch einige Haare hinein, die vom Ohr eines Bockes abgeschnitten sind. Darauf wird das Tier getötet und man läßt einige Tropfen von seinem Blut in den Topf fallen. Das Fleisch wird den Frauen zum Herrichten gegeben.

Nun schreitet man zur Wahrsagung aus einem Schulterblatt des Hammels, und der ›Vaterschamane‹ ruft die schamanischen Ahnen des Kandidaten an und opfert ihnen Wein und *tarasun.* Er taucht einen Besen aus Birkenzweigen in den Topf und berührt damit den nackten Rücken des Lehrlings. Die ›Söhne des Schamanen‹ wiederholen diese rituelle Geste, während ihr ›Vater‹ spricht: ›Wenn ein Armer dich braucht, verlange wenig von ihm, und nimm, was er dir gibt. Denke an die Armen, hilf ihnen, und bitte Gott, daß er sie vor den bösen Geistern und ihrer Macht beschützt. Wenn ein Reicher dich ruft, verlange nicht viel von ihm für deine Dienste. Wenn ein Reicher und ein Armer dich zur gleichen Zeit rufen, geh zu dem Armen und dann zu dem Reichen.‹

Der Lehrling verspricht, diese Regeln zu befolgen und wiederholt das Gebet, das der Meister gesprochen hat. Nach der Waschung bringt man den Schutzgeistern von neuem *tarasun*-Libationen dar, und die Vorbereitungszeremonie ist abgeschlossen. Diese Reinigung durch Wasser ist für die Schamanen obligatorisch und zwei-, mindestens einmal im Jahr, wenn nicht jeden Monat bei Neumond. Auf dieselbe Weise reinigt sich der Schamane auch jedesmal, wenn er sich eine Befleckung zugezogen hat; ist die Befleckung besonders schwer, so geschieht die Reinigung auch durch Blut.

Einige Zeit nach der Reinigung findet die Zeremonie der ersten Konsekration statt, *Khärägä-Khulkä,* an deren Kosten sich die ganze Gemeinschaft beteiligt. Die Opfergaben werden vom Schamanen und seinen neuen Helfern, ›den Söhnen‹, gesammelt, die zu Pferd von einem Weiler zum anderen ziehen. Sie bestehen im allgemeinen aus Taschentüchern und Bändern, seltener aus Silber. Man kauft auch hölzerne Schellen, Glöckchen für die ›Steckenpferde‹, Seide, Wein usw. In der Gegend von Balagansk ziehen sich der Kandidat, der ›Vaterschamane‹ und die neun ›Schamanensöhne‹ in ein Zelt zurück und fasten neun Tage lang, wobei sie nur von Tee und Mehlbrei leben. Um das Zelt zieht man dreimal ein Seil aus Pferdehaaren, an dem kleine Tierhäute befestigt sind. Am Vorabend der Zeremonie schneiden die jungen Männer unter der Leitung des Schamanen eine genügende Anzahl starker und gerader Birken. Die Fällung geschieht in dem Wald, wo die Bewohner des Dorfes begraben werden, und zur Beruhigung des Waldgeistes bringt man Opfer von Hammelfleisch und *tarasun* dar.

Das Aufstellen der Birken

Am Festmorgen werden die Bäume der Reihe nach aufgestellt. Man beginnt damit, in der Jurte eine starke Birke aufzustellen und zwar sind die Wurzeln im Herd, während der Wipfel zur oberen Öffnung (dem Rauchloch) hinausragt. Diese Birke heißt *udeshi burkhan,* ›der Türhüter‹, denn sie öffnet dem Schamanen den Himmel. Sie bleibt immer im Zelt und dient als Kennzeichen der Schamanenwohnung.

Die anderen Birken werden außerhalb der Jurte dort aufgestellt, wo die Initiationszeremonie stattfinden soll. Sie werden in einer bestimmten Ordnung gepflanzt: erstens, eine Birke, unter der man *tarasun* und andere Opfergaben niederlegt und an deren Zweigen rote und gelbe Bänder befestigt werden, wenn es sich um einen ›schwarzen Schamanen‹ handelt, weiße und blaue für einen ›weißen Schamanen‹ und Bänder in allen vier Farben, wenn der neue Schamane allen Kategorien von Geistern, guten und bösen, dienen will; zweitens, eine weitere Birke, an der man eine Glocke und die Haut eines geopferten Pferdes aufhängt; drittens, eine dritte, recht starke und gut in die Erde gesteckte, auf die der Neophyt klettern muß. Diese drei Birken, die im allgemeinen mit den Wurzeln ausgerissen werden, heißen ›Pfeiler‹ (*särgä*).

Weiter, viertens, neun Birken, die zu dreien gruppiert und alle mit einem Seil aus weißem Pferdehaar zusammengebunden sind, an dem verschiedenfarbige Bänder in einer bestimmten Ordnung befestigt sind: weiß, blau, rot, gelb (die Farben bedeuten vielleicht die verschiedenen himmlischen Ebenen); auf diesen Birken sollen die Häute der neun geopferten Tiere und Speisen ausgestellt werden; fünftens, neun Pfosten, an denen man die zum Opfer bestimmten Tiere anbindet; sechstens, dicke Birken, der Reihe nach aufgestellt, an denen später die in Stroh gewickelten Knochen der Opfertiere aufgehängt werden. Von der Hauptbirke im Inneren der Jurte zu den anderen Bäumen draußen laufen zwei Bänder, das eine rot, das andere blau; dies ist das Symbol des ›Regenbogens‹, des Weges, auf dem der Schamane das Reich der Geister, den Himmel erreichen wird.

Die Weihe

Wenn die Vorbereitungen beendigt sind, schreiten der Neophyt und die ›Söhne des Schamanen‹, alle weiß gekleidet, zur Weihe der schamanischen Instrumente; man opfert einen Hammel zu Ehren des Herrn und der Herrin des Steckenpferds und bringt *tarasun* dar. Zuweilen beschmiert man den Stock mit dem Blut des Opfertieres, und sogleich belebt sich das ›Steckenpferd‹ und verwandelt sich in ein wirkliches Pferd.

Nach dieser Weihe der schamanischen Instrumente beginnt eine lange Zeremonie mit Opferung von *tarasun* an die Schutzgottheiten – die westlichen Khans und ihre neun Söhne –, an die Ahnen des ›Schamanenvaters‹, an die Lokalgeister und die Schutzherren des neuen Schamanen, an berühmte tote Schamanen, an die *burkhan* und andere niedere Gottheiten. Der ›Schamanenvater‹ richtet noch mal ein Gebet an die verschiedenen Götter und Geister, und der Kandidat wiederholt seine Worte. Nach bestimmten Überlieferungen hält der Kandidat ein Schwert in der Hand und klettert damit auf die Birke im Inneren der Jurte, erreicht den Wipfel, kommt durch das Rauchloch heraus und ruft laut die Götter um Hilfe. Unterdessen werden die Menschen und Gegenstände in der Jurte fortwährend Reinigungen unterzogen. Darauf tragen vier ›Schamanensöhne‹ den Kandidaten auf einem Filzteppich aus der Jurte hinaus und singen dazu.

Die ganze Gruppe mit dem ›Schamanenvater‹ an der Spitze, hinter ihm der Kandidat, die neun ›Söhne‹, die Verwandten und Zuschauer, begibt sich zu dem Ort, wo die Birkenreihe steht. An einem bestimmten Punkt neben einer Birke macht die Prozession halt; man opfert einen Bock, und der Kandidat wird mit nacktem Oberkörper an Haupt, Augen und Ohren mit dem Blut gesalbt, während die anderen Schamanen das Tamburin schlagen. Die neun ›Söhne‹ tauchen ihre Besen ins Wasser, schlagen damit auf den bloßen Rükken des Kandidaten und schamanisieren.

Man opfert noch neun oder mehr Tiere. Während ihr Fleisch hergerichtet wird, findet der rituelle Aufstieg zum Himmel statt. Der ›Schamanenvater‹ steigt auf eine Birke und macht an ihrem Wipfel neun Einschnitte. Er steigt wieder herunter und nimmt auf einem Teppich Platz, den seine ›Söhne‹ an dem Fuß der Birke angebracht haben.

Der Kandidat steigt nun seinerseits hinauf, wobei ihm die anderen Schamanen folgen. Dabei fallen sie alle in Ekstase. Bei den Buriäten von Balagansk wird der Kandidat, auf einem Filzteppich sitzend, neunmal um die Birke herumgetragen; er steigt auf jede Birke und macht an ihrem Wipfel neun Einschnitte. Während er oben ist, schamanisiert er; auf dem Boden schamanisiert der ›Schamanenvater‹ von einem Baum zum anderen.

Nach Potanin werden die neun Birken eine neben der anderen in den Boden gesteckt, und der Kandidat springt von seinem Filzteppich, auf dem er getragen wird, vor die erste hin, klettert bis zum Wipfel und wiederholt dieses Ritual auf jedem von den neun Bäumen, die ebenso wie die neun Einschnitte die neun Himmel symbolisieren.

Inzwischen sind die Gerichte fertig; man bringt den Göttern davon Opfer dar (indem man Stücke ins Feuer und in die Luft wirft), und das Gelage beginnt. Der Schamane und seine ›Söhne‹ ziehen sich dann in die Jurte zurück, aber die Geladenen schmausen noch lange. Die Knochen der Tiere werden in Stroh eingewickelt und an den neun Birken aufgehängt.«

In einer anderen Quelle heißt es, daß nach drei beziehungsweise sechs Jahren eine zweite beziehungsweise dritte Initiation stattfinden muß. Es handelt sich dabei um eine Wiederholung des eben beschriebenen schamanistischen Himmelaufstiegsrituals, in dem die Birke den kosmischen Baum oder die Weltachse symbolisiert und deshalb im Zentrum der Welt vorgestellt wird. Der Schamane, der sie erklettert, unternimmt eine ekstatische Reise zum »Zentrum«.

Macumba

Der Macumba-Kult gehört zu den animistischen afro-brasilianischen Religionen. Im Zentrum der dem Animismus zugerechneten Religionen steht der Glaube an die Beseeltheit aller anorganischen und organischen Materie, also der im naturwissenschaftlichen Sinne belebten wie auch der unbelebten Welt. Wesensprinzipien werden als Naturgötter und Naturgeister verehrt, die entsprechende Wirkkräfte besitzen. Anders ausgedrückt: Die Göttergestalten der Macumba entsprechen den Archetypen C. G. Jungs.

Im *terreiro*, der Kultstätte, geschieht die Befreiung vom Ich, damit die beseelten Kräfte der kosmischen Götterwelt auf den beseelten Menschen, wie auch der beseelte Mensch auf Gott wirken und das kosmische und menschliche Geschehen eins werden können. Durch eine solche Vereinigung fühlt sich der Mensch geborgen, und dies wirkt in seiner Psyche im täglichen Leben nach.

Macumba bedeutete ursprünglich »Ort, an dem die Schwarzen ihre Riten ausüben«. Heute ist es ein Gattungsname für alle Formen afro-brasilianischer Religionen und wird gleichbedeutend mit Candomblé- und Quimbanda-Kulten verwendet. Der Begriff steht auch für den Akt der Opferung oder die Kultstätte, die Riten oder den Kult selbst.

In der Macumba sind es überwiegend Frauen, die in den Kult eingeweiht werden und bei den Zeremonien einem Gott ihren Körper zur Verfügung stellen, damit er auf die Erde hinabsteigen kann. Dieser Gott ist jeweils der, welcher die Frau bei ihrer Initiation als sein »Kind« angenommen hat. Trommelmusik, Tanz, Gesang und Gebete versetzen die Eingeweihten in Trance und machen sie so zum Medium.

Eine junge Frau spürt entweder die Gabe des Mediums in

sich oder daß ein Gott sie erwählt hat. Sie geht daraufhin zu einer *Mae de Santo*, einer Mutter der Heiligen oder, inhaltlich korrekter, der Götter, die einem *terreiro* vorsteht, meist ein mehrräumiges Haus mit kleinem Garten, das Charakter und Eigenschaften eines Tempels hat. Die junge Frau wird sich dort einer Initiation unterziehen, in der ein Gott sich als »Meister ihres Kopfes« zu erkennen gibt.

Die *Mae de Santo* befragt zunächst die *buzios*, die Orakel, ob sich der Initiation irgendwelche Hindernisse entgegenstellen. Ist die Antwort negativ, dann nimmt das Mädchen in dem *terreiro* Wohnung.

Dort bleibt sie mehrere Monate. Sie bemüht sich zunächst, die Identität des »Meisters in ihrem Kopf« zu erfahren. Um ihr dabei zu helfen, befragt die *Mae de Santo* erneut und wiederholt die Orakel. Sobald sie weiß, welcher Gott die Novizin führt, bindet sie ihn mit einem Pakt an sein »Kind«.

Die Novizin trägt nun die Kette des Gottes: entweder eine aus roten und weißen Perlen für Xango, eine aus durchsichtigen für Iemanjá, eine aus gelben für Oxum oder eine aus grünen für Oxossi. Die Plastikperlen selbst besitzen natürlich keine Macht; sie wurden zuvor mit den Kräutern des Gottes »gewaschen«.

Der Kopf der Novizin ist anfangs noch schwach und noch nicht vorbereitet, den Gott zu empfangen. Die *Mae de Santo* stärkt, »füttert«, durchdringt ihn mit heiligen Kräften. Sie unterzieht die Novizin bestimmten Zeremonien, die alle mit blutigen Opfern beginnen, denn Blut ist die wichtigste Stütze der Energie, welche die Kraft der Dinge und der Lebewesen ausmacht. Zum Beispiel wird zunächst mit Formeln und Gebeten der Segen der Götter erfleht. Dann wird ein Hahn geschlachtet, indem ihm mit einem Ruck der Kopf abgerissen wird. Das Blut des Hahnes tropft auf das Gesicht und den Körper der Novizin. Ein Teil davon wird aufgefangen und vor das Bildnis des Gottes und Meisters der künftigen Eingeweihten gestellt. Mit dieser ersten Verbindung durch das Blut wird bezweckt, den Gott an sein »Kind« zu binden und den Kopf der Novizin zu nähren. Das Blut gerinnt und trocknet am Körper des jungen Mädchens, das die ganze Nacht über bewegungslos wach bleibt, damit der Kontakt wirklich gefestigt wird. Dann folgt die Phase der »Einnistung« des Gottes im Kopf seines »Kindes«. Während der ganzen Zeit lebt die Novizin eingeschlossen in einem kleinen Raum in der *camarinha*, einem kleinen Raum im Inneren des *terreiro*. Sie ist völlig von ihrer Familie und der Außenwelt isoliert. Sie soll so wenig wie möglich sprechen, rein sein, *limpa de corpo*, und sie darf keinerlei sexuelle Beziehungen unterhalten. Sie wird regelmäßig in Gewürzbädern, die ihrem Gott geweiht sind, »gewaschen«. Das ist so etwas wie ein Tod auf Raten, an dessen Ende sie gereinigt, geheiligt als eine andere wiedergeboren wird. Sie lernt die Gesänge, Gesetze und Sitten der Macumba. Sie erfährt von allen Verpflichtungen ihrer zukünftigen Aufgabe. In dieser Zeit näht sie selbst ihre Initiationsrobe, und zwar vorschriftsmäßig mit der Hand.

Dann folgen die Blutbäder. Erst in dem Blut eines zweifüßigen Tiers, dann in dem von Vierfüßlern. Die alte Persönlichkeit der Novizin wir damit endgültig zerstört oder, besser gesagt, ausgelöscht und durch eine andere ersetzt. Sie wird nach und nach zu einer *Yao*, einer Gemahlin ihres Gottes.

Wenn die *Mae de Santo* sicher ist, daß der Gott und sein »Kind« bereit sind, eins zu werden, erlebt die Novizin ihre erste kontrollierte Trance. Zum Rhythmus der Trommeln werden Gebete des Gottes gesungen. Die neue Eingeweihte empfängt ihren Gott barfuß, ganz in Weiß gekleidet und völlig allein in der Mitte des Zeremoniensaales. Die Trance darf nicht zu plötzlich kommen. Das junge Mädchen dreht sich langsam um die eigene Achse, und der Gott ergreift ganz sanft Besitz von ihr.

Die *Mae de Santo* und alle, die der Initiation beiwohnen,

applaudieren dann und lassen Feuerwerkskörper in den Himmel steigen, um ihrer Freude darüber Ausdruck zu geben, daß ein Gott einen neuen Körper gefunden hat, in den er hinabsteigen kann.

Um nachzuprüfen, ob die Trance echt ist, daß es sich also nicht etwa um einen Betrug handelt, führt die *Mae de Santo* eine brennende Kerze unter den nackten Armen der neuen *Yao* entlang. Wenn die Trance echt ist, findet keine Verbrennung statt, es gibt weder Schmerzen noch Brandblasen. Ab sofort kann das junge Mädchen als Eingeweihte an allen Zeremonien teilnehmen.

Zunächst muß sie jedoch wieder in die Außenwelt integriert und in einer katholischen Kirche mit Weihwasser gesegnet werden. Vor allem aber soll sie sich wieder an das normale Leben gewöhnen, denn sie hat den *terreiro* während der gesamten Initiationsperiode nie verlassen. Zu diesem Zweck muß sie von ihrer Familie zurückgekauft werden. Dies geschieht während eines großen öffentlichen Festes, welches, obwohl der Preis bereits feststeht, einer öffentlichen Versteigerung ähnelt und den Sinn hat, die Kosten des *terreiro* zu decken. Dann erst darf das junge Mädchen nach Hause zurückkehren und ihre selbstgewählte weltliche Existenz wiederaufnehmen. Die Verpflichtungen, die sie als Eingeweihte des Macumba-Kultes auf sich genommen hat, greifen nur sehr schwach in ihren Alltag ein.

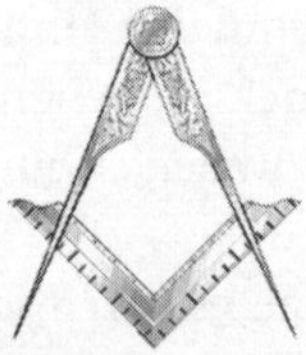

Die Aufnahme in einen Geheimbund

Die Freimaurerei ist ein typisches Beispiel für jene Geheimbünde, die sich seit der Mitte des 17. Jahrhunderts in der bürgerlichen Welt des nördlichen Europas entwickelten. Die Wurzeln der Freimaurerei gehen auf die mittelalterlichen Bauhütten zurück. Sie stellte eine Art genossenschaftlichen Verband der an einem Kirchenbau arbeitenden Steinmetze dar. Zu großen Teilen übernahmen die Freimaurer Gewohnheiten und Sinnbilder der Steinmetzen, da mit ihrer Hilfe die »Arbeit am Menschen« eingängig symbolisiert werden konnte. Die »geistigen Bauarbeiter« waren in Logen organisiert und vermittelten ihren Mitgliedern unter Zuhilfenahme der alten Bausymbole ihre Lehre.

Die Logen- oder Tempelarbeit konnte unter freiem Himmel geschehen oder aber, was wohl häufiger der Fall war, in einem eigens dazu bestimmten Raum. Gleiches galt auch für die Aufnahme eines neuen Lehrlings.

Anfang des 18. Jahrhunderts wurde die Loge bei der Neuaufnahme eines Lehrlings durch ein Gebet des Meisters eröffnet, welches etwa den folgenden Wortlaut besaß: »Die Macht unseres Vaters im Himmel und die Weisheit seines glorreichen Sohnes, vereint mit der Gunst und der Güte des Heiligen Geistes, das sind drei Personen und ein Gott, seien mit uns bei Beginn unserer Arbeit. Und gebe uns Gnade, daß wir hier unser Leben so einrichten, daß wir in seine Herrlichkeit kommen, die niemals enden soll. Amen.«

Im Anschluß brachte der Meister die Zunftlegende zur Verlesung. Die Aufgabe der Zunftlegende ist es, den Anfang und den Glanz des Handwerks zu erklären und zu festigen. Dies tut sie, indem sie sich auf frühe Namen in der Bibel beruft. Im folgenden sei der Beginn der freimaurerischen Zunftlegende in gekürzter Form wiedergegeben, wie sie im sogenannten »Cook-Manuskript« beschrieben wird.

»In gerader Linie von Adam abstammend, im siebten Alter nach Adam, vor Noahs Flut, lebte ein Mann namens Lamech, der hatte zwei Frauen, Ada und Sella. Von Ada bekam er zwei Söhne, Jabal und Jubal. Der ältere Sohn Jabal erfand zuerst die Geometrie und das Steinmetzhandwerk. Und sein jüngerer Bruder Jubal war der Begründer der Musik und des Gesangs. Wirklich, wie die Bibel im vierten Kapitel der Genesis sagt, bekam Lamech von der anderen Frau Sella einen Sohn und eine Tochter, der Sohn hieß Tubalkain, und die Tochter hieß Naema. Ihr müßt wissen, daß dieser Sohn Tubalkain der Begründer der Schmiedekunst war und seine Schwester Naema war die Erfinderin der Webekunst. Und die drei Brüder hatten Kenntnis, daß Gott Rache nehmen wollte für die Sünde durch Feuer oder Wasser, und sie sorgten sich sehr, wie sie die Wissenschaften, die sie erfanden, retten könnten. Und sie hielten Rat zusammen, und mit all ihrer Klugheit sagten sie, es gäbe zwei Arten Stein von solcher Güte, daß der eine niemals brennen würde, Marmor genannt, und der andere nicht untergehen würde im Wasser, Ziegelstein genannt. Und so beschlossen sie, alle Wissenschaften, die sie erfunden hatten, auf diese zwei Steine zu schreiben. Sie baten ihren älteren Bruder Jabal, er möchte zwei Säulen aus diesen beiden Steinen machen, daß heißt von Marmor und von Ziegelstein, und er möchte alle Wissenschaften und Künste, welche sie erfunden hatten, auf die beiden Säulen schreiben. Er tat es, und darum können wir sagen, daß er der Kundigste in den Wissenschaften war, denn er begann sie zuerst und vollendete sie vor Noahs Flut.«

Darauf hielt einer der älteren Brüder dem Novizen die Bibel hin, damit er die Hand darauf lege, während ihm die freimaurerischen Pflichten, die im wesentlichen den Regeln der einzelnen Zünfte ähnlich waren, vorgetragen wurden, welche der Meister wie folgt einleitete: »Meine geliebten und geehrten Freunde und Brüder! Ich bitte euch eindringlichst, bei euerer Liebe für eure unsterbliche Seele, bei eurem Glauben und der Wohlfahrt eures Landes, daß ihr sorgsam auf die Befolgung der Artikel achtet, die ich vor diesem Neuling nunmehr vorlesen will. Denn wir sind verpflichtet, sie ebenso zu halten wie er.« Der Verlesung der Pflichten folgte die Eidesformel: »Diese Pflichten, die wir jetzt alle gehört haben, welche zu den Maurern gehören, wollen wir halten, dazu helfe uns Gott und seine Heiligkeit, bei diesem Buch, das in eurer Hand ist, Amen.«

Der Aufzunehmende antwortete: »Ich, (Name), verspreche und erkläre in Gegenwart des allmächtigen Gottes und meiner hier anwesenden Gesellen und Brüder, daß ich von jetzt an zu keiner Zeit und auf keine Art und Weise, was immer, direkt oder indirekt, von den Geheimnissen, Eigentümlichkeiten oder Beschlüssen der Bruderschaft oder Gesellschaft der Freimaurer, soweit sie mir jetzt oder späterhin bekannt sein sollten, veröffentlichen, enthüllen, offenbaren oder bekannt machen will. So helfe mir Gott und der wahre und heilige Inhalt dieses Buches.«

Es schloß sich die Einweihung des Initianden in die Erkennungszeichen der Freimaurerei an, deren Sinn vor allem darin bestand, ihm Zutritt zu anderen Logen überall im Land zu verschaffen und von den ihnen zugehörigen Brüdern Hilfe und Unterstützung zu erhalten. In der Folge ließ der Meister den Kandidaten neben sich treten und übergab ihm den Schurz, welcher das eigentliche Signum und Ehrenzeichen der Freimaurer ist. Außerdem überreichte man ihm ein Paar Handschuhe für seinen eigenen Gebrauch, sowie ein Paar Frauenhandschuhe für die Dame, die er am meisten schätzte. Diese Dame konnte die Frau des Novizen sein oder ihm sonst auf irgendeine Weise angehören.

Wichtiger als die Kleidung des Freimaurers aber waren die kultischen Geräte und der Raum oder Tempel, in dem alle Zusammenkünfte und Rituale abgehalten wurden. Nach der Einweihung des Initianden in die Erkennungszeichen folgte nun jene in die symbolische Bedeutung des Raumes wie auch der Kultgeräte und unter ihnen insbesondere in die Symbolik des Teppichs. Der Teppich, welcher als Sinnbild für den Salomonischen Tempel zu verstehen ist, war Gegenstand besonderer Verehrung und wurde nur von bestimmten Personen bei besonderen Anlässen und in ganz besonderer Weise betreten. Durch den Teppich wurde der Neuling erstmals auf Symbole wie Kelle, Winkelmaß, Senkblei und Zirkel, die in der Maurerei kultische Bedeutung haben, aufmerksam gemacht, und an ihm wurden ihm die rituellen Schritte vor Augen geführt, welche er bei der Aufnahme zu gehen hatte.

Mit der Einweihung in die Freimaurersymbolik, die freilich nicht vollständig oder abschließend erfolgte, sondern lediglich den Anfang der Zugehörigkeit markieren sollte, erreicht das Aufnahmeritual sein Ende.

Heilung

Krankheitsvorbeugung

Wenn auf Nias (Sumatra), so Frazer, bekannt wird, daß in einem Dorf ihrer Umgebung eine gefährliche Krankheit ausgebrochen ist, dann ergreifen die Nachbardörfer Vorsichtsmaßregeln. Manche von ihnen erscheinen uns einleuchtend, andere vollkommen unverständlich.

Zunächst einmal wird das eigene Dorf unter Quarantäne gestellt; weder Bewohner des von der Krankheit betroffenen Dorfes noch andere Fremde werden hereingelassen. Sodann richten die Dorfbewohner für einen ihrer Götter, der für den Schutz vor Krankheit zuständig ist, ein Fest aus. Die Dorfgemeinschaft muß die Kosten des Festes gemeinsam tragen.

Vor dem Haus des Häuptlings wird ein Abbild des betreffenden Gottes aufgerichtet, sein Haupt mit Palmblättern gekrönt, und alle müssen sich davor versammeln. Wer nicht kommen kann, dessen Name wird ausgesprochen, damit er auf diese Weise anwesend ist. Einer nach dem anderen tritt nun vor, um das Götterbild, wie in einer Art Impfung, zu berühren, während der Zauberer beschwörende Formeln zur Bannung der bösen Geister rezitiert.

Ein Schwein wird zum gemeinsamen Mahl geschlachtet. Das frische, noch blutige Herz wird dem Götterbild angeboten und dabei sein Mund mit Blut beschmiert; eine Schale mit gekochtem Fleisch wird vor ihm abgestellt. Das derart geheiligte Fleisch darf nur von den Zauberern und Häuptlingen verzehrt werden.

Kleinere figürliche Nachbildungen von Nebengöttern werden vor jeden Hauseingang im Dorf gestellt, Kobolde aus schwarzem Holz mit weißen Augen vor den Dorfzugängen plaziert, um die krankheitsbringenden Dämonen abzuschrecken. Zahlreiche, weiß angemalte Gegenstände, die vor den Hütten hängen, haben ebenfalls die Aufgabe, die Dämonen fernzuhalten.

Nachdem acht Tage verstrichen sind, gehen die Dorfbewohner davon aus, daß das Opfer Wirkung gezeigt hat, und der Zauberer hebt die Quarantäne auf. Alle Männer und Jungen versammeln sich nun, um den bösen Geist endgültig zu verjagen. Angeführt von ihrem Zauberer durchschreiten sie viermal mit einem wahren Höllenlärm das Dorf und stechen mit Messern, Macheten und Speeren nach den Dämonen.

Bricht die Krankheit trotz all dieser Gegenmaßnahmen dennoch aus, so sehen die Dorfbewohner die Ursache darin, daß sie vom Pfad ihrer Väter abgekommen sind, indem sie die Preise für Schweine und Gemüse zu sehr erhöht und sich damit unrechtmäßig bereichert haben. Also wird ein neues Götterbild angefertigt und vor dem Haus des Häuptlings aufgestellt, und während der Zauberer die guten Geister anruft, berühren der Häuptling und die Älteren das Götterbild mit dem Versprechen, zu den alten Tugenden zurückzukehren. Gleichzeitig verfluchen sie all diejenigen, die sich gegen das auf diese Weise erlassene Gesetz auflehnen könnten.

Gemeinsam geht das ganze Dorf darauf an den Fluß, um an seinem Ufer ein neuerliches Götterbild zu errichten. In Anwesenheit dieses »Gottes« werden alle Maße und Gewichte überprüft und, falls notwendig, korrigiert. Danach wird das Götterbild hin- und hergerüttelt, um mit seiner vermeintlichen Bewegung anzuzeigen, daß jeder, der das neue Gesetz bricht, durch Krankheit oder Unglück gestraft werden wird. Man schlachtet ein Schwein und verspeist es gemeinsam am Ufer des Flusses.

Nach dem Mahl gibt jede Familie einen bestimmten Geldbetrag, um damit anzudeuten, daß sie bereit ist, den unrechtmäßigen Besitz zurückzugeben. Das Geld wird in einem Bündel verschnürt, und der Zauberer streckt es erst dem Himmel und dann der Erde entgegen, um den Göttern dieser beiden Sphären zu zeigen, daß die Gerechtigkeit wiederhergestellt ist. Dann vergräbt er das Bündel neben der Statue im Sand. Das Verschwinden des Geldes wird von den Dorfbewohnern so gedeutet, daß der böse Geist gekommen ist, um es sich zu holen.

Seelensuche

Die wichtigste Funktion des nordamerikanischen wie des nordasiatischen Schamanen ist die magische Heilung. Als Ursache einer Krankheit wird im allgemeinen die Verirrung oder der Raub der Seele des Kranken gesehen, und die Behandlung besteht darin, die Seele zu suchen, einzufangen und wieder mit dem Körper des Kranken zu vereinigen. Nur ein Schamane vermag eine solche Heilung vorzunehmen. Er »sieht« die Geister, die von dem Körper Besitz ergriffen haben, und er allein ist in der Lage, die Flucht der Seele festzustellen, sie in der Ekstase einzuholen und in den Körper zurückzubringen. Wenn die Heilung ein Opfer erfordert, was meistens der Fall ist, dann entscheidet der Schamane über deren Notwendigkeit und Art.

Die körperliche Genesung setzt voraus, daß die geistigen Kräfte wieder ins Gleichgewicht gebracht werden, denn in der schamanischen Vorstellung hat die Krankheit häufig darin ihre Ursache, daß sie unbedacht und unwissend von den Mächten der Unterwelt, die ja auch an der Sphäre des Sakralen teilhaben, beeinträchtigt wurden.

Der Schamane allein kennt durch seine Initiation das Drama der menschlichen Seele, ihre geringe Stabilität und ihre Gefährdung. Er weiß von den Mächten, die sie bedrohen und von den Gegenden, in die sie entführt werden kann. Sein bedeutendstes Heilmittel ist dabei die Ekstase, denn sie steht in engem Zusammenhang mit der Vorstellung, daß Krankheit eine Veränderung, eine Zerrüttung der Seele ist.

»Bei den Buriäten von Alarsk«, berichtet Mircea Eliade, »setzt sich der Schamane in der Nähe des Kranken auf einen Teppich; um ihn herum liegen verschiedene Gegenstände, darunter ein Pfeil. Von der Spitze des Pfeils geht ein roter Seidenfaden zu der Birke, die vor der Jurte auf dem Hof aufgestellt ist. Durch diesen Faden soll die Seele des Kranken in den Körper zurückkehren, deshalb bleibt die Tür der Jurte offen. Neben dem Baum steht jemand mit einem Pferd; die Buriäten glauben nämlich, daß das Pferd die Rückkehr der Seele zuallererst bemerkt und zu zittern anfängt. Auf einen Tisch in der Jurte legt man Kuchen, *tarasun*, Aquavit, Tabak. Ist der Kranke alt, so lädt man lieber alte Leute zu der Sitzung; ist er erwachsen, Männer, und Kinder, wenn es sich um ein Kind handelt.

Der Schamane beginnt mit der Anrufung der Seele: ›Dein Vater ist A, deine Mutter ist B, dein eigener Name ist C. Wo hältst du dich auf, wohin bist du gegangen?‹ Die Anwesenden zerfließen in Tränen. Der Schamane verbreitet sich lange über den Schmerz der Familie und die Traurigkeit des Hauses. ›Deine lieben Kinder rufen dich mit Weinen und Heulen: Vater, wo bist du?... Höre auf ihr Rufen und komme bald her!... Deine zahlreichen Pferde verlangen laut wiehernd nach dir, und zugleich rufen sie betrübt aus: Wo bist du, unser Herr? Kehre zu uns zurück!‹

Das ist meistens nur eine erste Zeremonie. Wenn sie ohne Erfolg bleibt, erneuert der Schamane seine Bemühungen auf andere Art.

Nach den Berichten Potanins hält der buriätische Schamane eine Vor-Sitzung, in der er sich vergewissert, ob der Kranke seine Seele fortziehen ließ oder ob sie ihm gestohlen wurde und sich bei *Erlik* im Gefängnis befindet. Der Schamane beginnt, die Seele zu suchen; wenn er sie in Reichweite des Dorfes findet, ist die Zurückführung leicht. Im anderen Fall sucht er sie in den Wäldern, auf den Steppen und sogar am Meeresgrund.

Findet er sie nirgends, so weiß man, daß sie bei *Erlik* gefangen liegt, und es gibt nur mehr ein Mittel, nämlich Löseopfer. Manchmal verlangt *Erlik* eine andere Seele für die gefangene, und es gilt, eine verfügbare Seele zu finden. Mit Einverständnis des Kranken bestimmt der Schamane das Opfer. Während der Betreffende schläft, nähert sich ihm der Schamane in Adlergestalt, entreißt ihm seine Seele, steigt mit ihr ins Totenreich hinab und bringt sie vor *Erlik*, der ihm dafür erlaubt, die Seele des Kranken mitzunehmen. Bald darauf stirbt das Opfer und der Kranke wird gesund. Aber das ist nur ein Aufschub, denn auch er stirbt drei, sieben oder neun Jahre danach.«

Reinigung

Schwitzhüttenzeremonie

Ähnliche Reinigungsrituale wie das folgende werden von vielen Indianern Nordamerikas zelebriert und darüber hinaus auch weltweit von zahlreichen schamanistisch orientierten Völkern.

Im allgemeinen findet sich eine Gruppe von Menschen zusammen, die der Reinigung bedarf, sei es als Vorbereitung für ein wichtiges Ritual, um eine Krankheit zu vertreiben oder auch aus den unterschiedlichsten persönlichen Gründen. Wenn kein Schamane vorhanden ist, der die Leitung der Zeremonie übernimmt, dann bestimmt die Gruppe einen Ritualleiter. Dieser baut entweder allein oder mit Hilfe der Gruppe die Schwitzhütte und entfacht das Feuer, in dem die Steine erhitzt werden.

Ursprünglich war die Hütte aus biegsamen, miteinander verschlungenen Zweigen, die mit Fellen, Häuten oder Grassoden abgedeckt wurden, um die Hitze daran zu hindern, nach außen zu gelangen. Jedes andere zur Isolation geeignete Material wie Schlafsäcke und Decken erfüllt aber ebenso diesen Zweck.

Sobald das Feuer entzündet ist und die Steine darin liegen, um heiß zu werden, läßt sich die Gruppe um das Feuer nieder. Der Schamane leitet nun die Vorbereitung auf die zentrale Phase. Er wird singend und tanzend – mit oder ohne Beteiligung der Gruppe – die bösen Geister vertreiben, die guten rufen und die reinigende Kraft des Feuers beschwören. Ist kein Schamane vorhanden, der sich in diesen Dingen auskennt, so ist auch ein schweigend verbrachter Anfang, während dem man auf die Flammen schaut und auf sie meditiert, sehr wirkungsvoll. Schließlich sind die Steine heiß genug, und der Schamane oder Zeremonienmeister lädt die Gruppe mit den folgenden Worten zum Betreten der Hütte ein: »Dies ist der Schoß eurer Mutter Erde, den ihr betretet, um neu geboren zu werden.«

Die Hütte ist im Inneren vollkommen dunkel und bietet gerade genug Raum, um sich hinzuhocken. Erfahrungsgemäß dauert es eine Weile, bis sich alle Beteiligten auf ihrem Platz eingerichtet haben. Der Schamane betritt den Raum als letzter, läßt die glühendheißen Steine, meistens sind es sieben, hereinbringen und in die vorbereitete Mulde in der Hüttenmitte legen. Dort werden sich Erde, Feuer, Wasser und Luft miteinander vereinigen und in eine kraftvolle Macht verwandeln. Dann wird die Hütte verschlossen.

Der Gruppenleiter legt heilige Kräuter, beispielsweise Salbei und Wacholder, auf die heißen Steine und übergießt sie mit Wasser. Dabei mag er, wie auch die einzelnen Gruppenmitglieder, laut Gebete sprechen, um helfende Geister um ihre Anwesenheit zu bitten. Sobald die Steine ihre Hitze abgegeben haben, wird der Schamane das Zeichen geben, sie zu erneuern.

Die meisten Menschen, die zum ersten Mal an einer solchen Zeremonie teilnehmen, zeigen anfangs eine Abwehrhaltung und ziehen sich in ihren Kopf zurück, wenn von der Gruppe und ihrem Leiter laut gebetet und gesungen wird. Der Schamane mag die anfängliche Abwehrhaltung überwinden helfen, indem er die Teilnehmer auffordert: »Wenn ihr meint, es sei zu heiß hier, dann betrachtet diese Hitze, und überwindet sie. Wenn ihr meint, es sei zu eng, dann betrachtet auch diese Enge, und überwindet sie. Schaut euch eure selbstgeschaffenen Begrenzungen an, und laßt sie los. Werdet eins mit der Kraft in den Steinen. Ruft eure vier Großväter, die Erde, das Wasser, den Wind und das Feuer.«

Da die große Hitze und die unbequeme Haltung eine nicht zu unterschätzende körperliche Anstrengung darstellen, wird man schnell auf sich selbst zurückgeworfen und hat keine Energie übrig, um sich gegen die Situation zu wehren. Verweigerung und Abwehr werden von der Intensität der Zeremonie geschwächt und aufgelöst.

»Betrachtet euren Geist«, wird der Schamane auffordern, »schaut wie er arbeitet. Euer Ich ist es, das die Begrenzungen schafft. Laßt euer Ich sterben. Seid stark wie die Erde. Spürt das Feuer, laßt es euch befreien.«

Jedes Gefühl für Zeit wird in der Dunkelheit der Hütte verlorengehen, alle Skepsis in der Hitze schmelzen. Die Situation ist unbequem, aber auch machtvoll, und Bilder werden aufsteigen. Der Schamane, der seine Rassel schüttelt und in einen monotonen Sprechgesang verfällt, unterstützt das Sichöffnen für Visionen. Je mehr die Widerstände fallen, desto mehr wird jeder einzelne die Erfahrung von Verschmelzung und Ganzheit machen.

Schließlich wird der Schamane das Ritual beenden und die Beteiligten in die Nacht entlassen.

Es ist durchaus möglich, ein solches Ritual in eine Sauna zu verlegen. Vielleicht kennen Sie jemanden, der eine private Sauna besitzt, oder Sie können sich mit einer Gruppe zusammentun, die eine Sauna zu diesem Zweck für einen halben Tag mietet. Besprechen Sie vorher, wer die Leitung übernehmen soll, und wechseln Sie sich darin ab. Entscheiden Sie gemeinsam über die einzelnen Schritte des Rituals und über seine Bestandteile.

Smudging

Eine andere Form der Reinigung besteht aus dem sogenannten *Smudging*, der Räucherung mit aromatischen Kräutern. Sie wird bei vielen nordamerikanischen Indianerritualen als Einleitungszeremonie verwendet (nach Sun Bear und Kenneth Meadow).

- Sie benötigen dazu Mariengras, das die positiven Energien herbeiruft, Tabak, der das Positive aufnimmt, Salbei, welcher das Negative vertreibt, und Zeder, die reinigend wirkt. Es können auch andere Kräuter hinzugefügt werden, je nachdem, welche Wirkung man erzielen möchte. Denn nach der Lehre des Medizinrads besitzt jedes Kraut eine ganz bestimmte Eigenschaft, die man, indem man es verbrennt, herbeirufen kann. Schließlich benötigen Sie noch eine Schale oder Muschel, in der Sie die Kräuter verbrennen, Streichhölzer und eine Feder, mit der Sie den Rauch dorthin fächeln, wo Sie ihn benötigen.
- Mischen Sie die Pflanzen, die Sie ausgewählt haben, legen Sie sie in die Schale, und zünden Sie sie an.
- Wenn sie brennen, dann nehmen Sie die Feder, die von einem einheimischen Vogel stammen sollte, und löschen die Flamme damit. Die Glut muß im Verlauf der Zeremonie mit der Feder immer wieder angefacht werden.
- Sobald die Kräuter glimmen, ziehen Sie mit der Feder oder durch eine entsprechende Bewegung mit der Schale den Rauch zu Ihrem Herzen, dann über Ihren Kopf, Ihren Hals, die Arme hinunter und an der Vorderseite

Ihres Körpers entlang. Dies muß immer von oben nach unten in Richtung auf die Erde hin geschehen. Stellen Sie sich dabei vor, daß Sie den Rauch mit Ihrer Aura aufnehmen. Wiederholen Sie die Prozedur viermal.

- Haben Sie das Gefühl, daß ein bestimmter Körperteil besondere Heilung oder Balance benötigt, so versuchen Sie, an dieser Stelle den Rauch zusammenzuziehen.
- Es liegt natürlich allein in Ihrer Verantwortung, auf diese Weise Ihr Energiefeld zu reinigen. Die Pflanzen können Ihnen zwar dabei helfen, Ihnen die Aufgabe aber nicht abnehmen. Es ist leichter, wenn jemand anders die Räucherung an einem vornimmt, man kann es jedoch durchaus auch allein tun.
- Dann bieten Sie den Rauch allen sechs Himmelsrichtungen dar: dem Osten, dem Süden, dem Westen, dem Norden, dem Himmel und der Erde. Wenden Sie sich viermal der jeweils entsprechenden Himmelsrichtung zu, und erweisen Sie ihnen Achtung und Anerkennung, indem Sie laut sagen zum Osten: »Geist des Ostens, wo das Licht erwacht, Tor zur Seele und Herrscher über das Element Feuer, erleuchte mich.«
  Zum Süden: »Geist des Südens, wo die Sonne am stärksten brennt, Tor zu den Gefühlen und Herrscher über das Element Wasser, stärke mich.«
  Zum Westen: »Geist des Westens, wo die Sonne untergeht, Tor zum Körper und Herrscher über das Element Erde, verwandle mich.«
  Zum Norden: »Geist des Nordens, wo die Sonne ruht, Tor zum Geist und Herrscher über das Element Luft, lehre mich.«
  Zum Himmel: »Große männliche Kraft, die hinter allem steht, Großvater Himmel, schenke mir Macht.«
  Zur Erde: »Große weibliche Kraft, die hinter allem steht, Großmutter Erde, nähre mich.«

Auf die gleiche Weise ist es auch möglich, den Raum, in dem Sie sich aufhalten, von Zeit zu Zeit zu reinigen. Hierbei sollte man besonders an den Wänden entlang und in den Ecken räuchern.

Smudging ist auch für die Reinigung aller zeremoniellen Gegenstände gut geeignet.

Visionssuche

Von den Plainsindianern Nordamerikas, deren Lebensraum zwischen Mississippi und den östlichen Ausläufern der Kordilleren liegt, wissen wir, daß sie durch Traumfasten in der Einsamkeit nach Visionen und Schutzgeistern suchten.

Für manche Stämme war diese Suche eng mit der Pubertät, ihrem Abschluß und der Initiation in die Erwachsenenwelt verbunden, für die meisten jedoch war die Visionssuche eine Übung, die ihren ganzen Lebensweg begleitete. Bei einschneidenden Ereignissen wie einem bevorstehenden Kriegszug, dem Tod eines Kindes oder der Krankheit eines Familienmitglieds, bei Besitzverlust oder Hunger bemühten sich meist Männer, in selteneren Fällen auch Frauen, um neue Offenbarung und Führung.

Den schriftlich festgehaltenen Lebenserinnerungen einiger Plainsindianer zufolge, die von John Cooper und anderen Ethnologen zitiert werden, bestieg ein Crow-Jüngling einen abseits gelegenen Berg, um dort fastend und durstend die höheren Mächte um Mitleid zu bitten. Nur wenig bekleidet und für die Nacht lediglich mit einem Bisonfell ausgerüstet, erwartete er den Morgen.

Beim ersten Sonnenlicht hackte er ein Glied seines linken Zeigefingers ab. Auf einem Klumpen Bisonkot bot er sein Opfer der Sonne mit beispielsweise folgenden Worten dar: »Väterlicher Onkel, du siehst mich, ich bin bemitleidenswert. Hier ist ein Stück von meinem Körper, ich gebe es dir, iß es auf! Gib mir dafür etwas Gutes. Schenke mir langes Leben; möge ich ein Pferd besitzen, ein Gewehr erbeuten, dem Feind einen Schlag versetzen! Laß mich Häuptling werden, laß mich ohne Mühsal gut Glück erringen!«

Durst, Hunger und der Substanzverlust durch die selbst

zugefügte Wunde schwächten den jungen Mann schnell und mußten früher oder später zu seinem Zusammenbruch führen. Dennoch wird übereinstimmend in vielen Quellen berichtet, daß das erhoffte Gesicht meist erst nach viermaligem Einbruch der Dunkelheit empfangen wurde.

Nicht alle Plainsstämme unterwarfen sich solcher Marter. Bei einigen jedoch wurde die physische Entkräftung gelegentlich durch wesentlich härtere Torturen verstärkt. Manche Männer ließen sich mit einem durch das Fleisch der Brust oder des Rückens gezogenen Strick an einen Pfosten binden, um den sie so lange liefen, bis sie ohnmächtig wurden. Andere ketteten sich auf die beschriebene Weise etwa an einen Bisonschädel, der über den Boden geschleift werden mußte. In der durch die Ausschaltung des Bewußtseins herbeigeführten Trance stellte sich fast immer das ersehnte Phänomen ein: Der Laut eines Tieres, beispielsweise der Schrei einer Eule oder das Heulen eines Wolfes, oder die Erscheinung eines Wesens halb Mensch, halb Tier stellten die Verbindung des Suchenden zu seinem Schutzgeist her, der hinfort als Wächter und Glücksbringer fungierte.

Das Traumerlebnis war in der Regel mit der Unterweisung des Visionärs verknüpft. So konnte ihm nahegelegt werden, auf bestimmte Speisen zu verzichten und sich auf eine besondere Art zu kleiden, zu schmücken, zu bemalen und zu verhalten. Außerdem zeigte ihm der Geist bestimmte Objekte, die er herstellen und in Zukunft als persönliche Medizin und irdische Repräsentanten seiner Schutzmacht bei sich tragen sollte. Diese Dinge konnten sichtbar im Haar, am Hals oder an der Kleidung getragen werden; sie konnten jedoch auch in einem kleinen Lederbeutel, vielleicht zusammen mit Heilkräutern, verborgen werden. Schließlich empfing der neue Schützling einen Gesang oder ein Lied, mit dem er seinen Schutzgeist nach Bedarf anrufen konnte.

Wer trotz aller Bemühungen keine Vision erlebte, konnte

eine Schutzmacht von einem anderen Gesichtigen übertragen bekommen. Darüber hinaus kam es auch vor, daß eine Person von mehreren Geistern adoptiert wurde. In solchen Fällen verlieh jeder Patron dem Schützling seine spezifischen Kräfte.

Da für die Plainsindianer die Visionssuche von zentraler Bedeutung war, dem Schutzgeist unerschütterliches Vertrauen entgegengebracht und sich in jeder denkbaren Notlage auf ihn verlassen wurde, ist es leicht zu verstehen, welch tiefe Resignation die von den Weißen mit allen Mitteln erzwungene Unterdrückung dieser Tradition zur Folge hatte.

Um zu illustrieren auf welche Weise sich Schutzgeister bei einer solchen Visionssuche manifestieren können, sei hier das Beispiel eines Stammesangehörigen der Gros Ventres angefügt. Al Chandler berichtet wie folgt von der Visionssuche seines Adoptivvaters Little Man: »Als Little Man das erste Mal auszog, um Kraft zu erlangen, sagte der alte Medizinmann, der in diesen Dingen sein Lehrer war: ›Ich gehe mit dir.‹ Als sie also in den Hügeln ankamen, die etwa einen Tagesmarsch entfernt lagen, fragte der alte Mann Little Man, wohin er gehen wolle, um zu fasten, und Little Man wählte einen Platz nicht zu weit von wo sie standen. Dorthin gingen sie zusammen.

Der alte Mann schnitt einen Streifen aus Little Mans Fleisch – manche machten drei, sechs oder neun Schnitte – und betete jedes Mal, wenn er dies tat. Er sagte zu Little Man: ›Niemand wird kommen, um dich zu holen, bis deine Zeit vorbei ist. Wenn ich dir sage, es dauert drei Tage, dann wird dich niemand vor Ablauf dieser Zeit holen. Inzwischen bediene dich deines ganzen Herzens, und habe keine Furcht. Gestatte nichts und niemandem, dich zu vertreiben. Verlasse den Platz nicht, bevor deine Zeit um ist. Jemand wird dich dann heimbringen‹

Man wird sehr schwach vom Fasten, und jemand muß

mit einem Pferd kommen. Man betet und betet und weint und weint und schläft ein wenig, aber nicht gut und tief, weil einen jedes kleine Geräusch aufschreckt. Man erwartet die ganze Zeit, daß etwas passiert und hält danach Ausschau.

Also blieb Little Man für zwei Tage und zwei Nächte dort, wie er bei diesem ersten Mal angewiesen worden war. Sie waren recht früh am Morgen dorthin gegangen, und er blieb den ganzen ersten Tag dort, und gegen Abend wurde er müde und seine Stimme war heiser, so daß er sich mit geschlossenen Augen auf den Rücken legte und betete, während er ruhte. Nach einer Weile war er erfrischt und stand auf, ging umher und betete und weinte. Er hat das die ganze Nacht aufrechterhalten und hat weder etwas gesehen noch gehört.

Das gleiche am folgenden Tag. Gegen Mittag, noch nicht ganz Mittag am nächsten Tag, er lag mit dem Gesicht nach unten auf der Erde, hörte er etwas, das schnaufte, als es auf ihn zukam. Er sagte später, er habe sogleich gewußt, was es war, weil er alte Leute hatte sagen hören, daß der Bär, wenn er unterwegs ist, ganz schön viel schnauft, weil er außer Atem ist. Also wußte er, daß es ein Bär war.

Er schenkte dem keine Beachtung. Er lag nur einfach da und betete und betete. Der Bär umkreiste ihn. Recht bald kam der Bär zu ihm. Little Man hatte sich ein längliches Nest gebaut, das vielleicht einen dreiviertel oder einen ganzen Meter hoch von Steinen eingefaßt war und sich gegen seine Füße hin öffnete. Es wird die ›Ruf-nach-Kraft-Hütte‹ genannt. Nachdem der Bär ihn mehrmals umrundet hatte, mußte er sich wohl irgendwo niedergelassen haben, denn Little Man konnte ihn nicht mehr hören.

Er durfte nicht aufblicken, um zu sehen, wer oder was zu ihm gekommen war, denn wenn er es tat, hätte er vielleicht kalte Füße bekommen. Man muß einfach annehmen, was kommt, und so stark wie möglich an die Kraft denken, die man erlangen möchte. Als der Bär also zu ihm kam, da legte er seine Tatze auf Little Mans Kopf. Er ging wieder fort und kam bald darauf zurück und legte seine Tatze auf Little Mans Rücken auf der Höhe seines Herzens. Der Bär ging wieder fort. Als er zum dritten Mal zurückkehrte, berührte er die Fußsohlen von Little Man. Er ging wieder davon wie die vorangegangenen Male und kam wenig später zurück, und dieses Mal setzte er sich in die Nähe der Nestöffnung, vielleicht drei oder vier Meter davon entfernt.

Der Bär sagte zu ihm: ›Steh jetzt auf. Setz dich hin.‹ Also tat Little Man wie er geheißen, und der Bär sagte: ›Ich habe dich gehört. Ich habe mir angehört, warum du hier bist. Du tust mir leid, und ich weiß, was du willst, und das bin ich. Ich werde dir diese Kraft geben. Die Medizin, die ich dir geben werde, diese Wurzel ist gegen die Krankheit, die verursacht wird, wenn Körner oder etwas, das man ißt, die Eingeweide verstopfen.‹

Little Man dachte: ›Ich frage mich, wie ich herausfinden werde, was diese Medizin ist und wo ich sie finden kann.‹ Der Bär wußte, was er dachte und sagte ihm: ›Nein. Es wird folgendermaßen sein. Du schaust dich um und siehst all diese Hügel und Wahrzeichen und so, aber so wirst du es nicht finden. Aber eines Tages wirst du an dem richtigen Ort sein. Ich weiß nicht wann oder wo, aber wenn du dort bist, dann wirst du den Ort erkennen und die Wurzel finden. Ich werde sie dir zeigen, wenn du schläfst. Ich werde dir den Ort, wo die Wurzel ist, zeigen, wenn du schläfst, seine Beschaffenheit und die Pflanze zu der Wurzel. Ich werde in einem Traum zu dir kommen.‹

Der Bär streckte eine Tatze aus und sagte: ›Eine von diesen (er wies auf seine Krallen) werde ich dir geben.‹ Und dann erklärte er ihm, wofür er die Kralle benutzen konnte: ›Wenn du meinst, daß die Wurzel nicht funktioniert, wenn du aus ihr ein Getränk machst, dann kannst du diese Kralle benutzen, um damit so eine Art Operation durchzuführen.‹ Also erhielt er all das von dem Bären. Gleich am Anfang, als er den Bär angesehen hatte, war ihm aufgefallen, daß seine Stirn und sein Kopf gemalt waren, und der Bär sagte: ›So sollst du denjenigen bemalen, den du behandelst, und diese Kralle mußt du an einer Schnur aus Rehbockhaut über deiner Schulter tragen und die Spitze muß immer nach außen weisen.‹

Little Man war rechtschaffen. Er schwindelte niemals und jeder mochte ihn. Wenn er jemanden nicht heilen konnte, dann wollte er nichts dafür. Er wartete, bevor er annahm, was jemand bezahlte, weil er sicher sein wollte, daß der Patient auch wirklich gesund war.«

Ritualsplitter

Liebe

Tantra kennt zahlreiche Sexrituale, mit deren Hilfe ein Zugang zu transzendentaler Ekstase geschaffen werden soll. Die meisten Schilderungen solcher Liebesriten sind sehr komplex und aus diesem Grund in den Büchern zu diesem Thema in der Regel gekürzt und vereinfacht wiedergegeben. Obwohl sie dem Leser auf diese Weise natürlich schneller zugänglich sind, birgt die Anpassung an westliche Bedürfnisse die Gefahr der Verfälschung. Da jedoch die Symbolik und auch der mythologische Hintergrund dem Europäer, der nur wenig Erfahrung mit östlicher Philosophie und Mystik hat, schwer nahezubringen sind, scheint dies der einzige gangbare Weg zu sein.

Das Liebesritual, das hier als Beispiel dienen soll, ist im Tantra unter dem Namen *Maithuna Sadhana* bekannt. Sein Zweck ist es, vollkommen eins zu werden mit seinem Ursprung.

- Traditionell wird als idealer Zeitpunkt für das Ausüben von sexuellen Riten der fünfte oder achte Tag nach dem Menstruationsende der Frau angegeben. Verstärkend sollen auch Vollmond- und Sonnenwendnächte wirken. Der Zeit zwischen Mitternacht und zwei Uhr morgens wird der Vorzug gegeben.
- Der Umgebung, in der das Ritual stattfindet, wird große Bedeutung beigemessen. Der Raum sollte nur mäßig beleuchtet sein, im Idealfall so, daß nur gedämpftes Licht auf die nackten Körper fällt. Mit einer einzelnen

Kerze oder einem offenen Feuer vermag man das am ehesten zu erreichen. Die Sinne sollten angenehm durch frische Blumen, den Duft einer Räucherung und durch Musik angesprochen werden. Getränke und frisches Obst sollten in greifbarer Nähe bereitstehen.

- Entscheidend für das Ritual ist es, daß sich das Paar sehr viel Zeit dafür läßt und nicht gestört wird. Es ist sinnvoll, einige Details im vorhinein abzustimmen.
- Das Ritual beginnt mit einem gemeinsamen Duschbad der Partner, vorzugsweise mit kaltem Wasser, da dies Wachheit und Aufmerksamkeit unterstützt. Im Anschluß daran sollte sich das Paar gegenseitig einölen und massieren. Um die Muskulatur noch weiter zu lokkern und die Partner aufeinander einzustimmen, kann dann ein wenig getanzt werden.
- Dann sollten sich beide nebeneinander hinsetzen – im Idealfall in der Lotosstellung, aber auch der einfache Schneidersitz reicht aus –, die Frau rechts vom Mann. Eine Zeitlang meditieren beide, befreien sich von allen alltäglichen Gedanken und regulieren ihren Atem.
- Die Harmonisierung von Atmung und Stimmung des Paares kann am besten durch gemeinsames Singen erreicht werden. Als sehr wirkungsvoll hat sich in diesem Fall das »Ansummen der Chakren« erwiesen. Jeweils mit dem Ausatmen wird gemeinsam für das Wurzelchakra ein U, für das Sexualchakra ein geschlossenes O, für das Nabelchakra ein offenes O, für das Herzchakra ein A, für das Kehlchakra ein E, für das Stirnchakra ein I und für das Kronenchakra ein M (wie um) gesummt.
- Der erste Teil des Rituals besteht nun darin, daß zunächst innerlich wie äußerlich das weibliche Prinzip, die *Shakti*, verehrt wird. Innerlich stellt sich der Mann seine Partnerin als die schönste Göttin des Universums

vor. Beide visualisieren die Kraft der *Kundalini*, eine schlangenhaft, aus flüssigem Gold bestehende Energiewelle, die sich vom unteren Ende des Rückgrats her nach oben hin ausbreitet. Ziel ist es, daß das Paar seine persönliche, menschliche Identität vergißt und sich nur noch als *Shiva* und *Shakti*, als oberstes Götterpaar sieht.

Äußerlich verehrt der Mann, der zu *Shiva* wird, seine *Shakti* zunächst, indem er ihre Füße mit duftendem Öl massiert und sich dabei besonders auf ihre großen Zehen und deren nähere Umgebung konzentriert. Dann wendet er sich der rechten Seite der Frau zu und bewegt seine Hände langsam über ihren Körper nach oben. Er berührt sie sehr zart, nur mit den Fingerspitzen, in der Reihenfolge: rechte Zehen, rechter Fuß, rechtes Knie, rechter Oberschenkel, die *Yoni* (ihr Geschlecht), rechte Pobacke, Nabel, Brustmitte, rechte Brust, rechte Schulter, rechte Halsseite, rechte Wange, Unterlippe, rechtes Auge und Oberseite des Kopfes. Über die linke Seite geht er dann wieder abwärts: linkes Auge, Oberlippe, linke Wange, linke Halsseite, linke Schulter, linke Brust, Brustmitte, Nabel, linke Pobacke, *Yoni*, linker Oberschenkel, linkes Knie, linker Fuß und linke Zehen. Bei diesen Berührungen sollte sich der Mann vorstellen, daß Energie aus seinen Fingerspitzen in den Körper der Partnerin fließt und dadurch ihre Leidenschaft erregt.

Die Frau sollte sich von sich selbst ein Bild als der lebendigen Göttin machen und sich auf die Freisetzung ihrer erotischen Energie konzentrieren. Konzentration auf den Atem und sanftes Vor- und Zurückschaukeln des Beckens helfen ihr, ihre Sexualität zu stimulieren. Beide Partner sind nun von einem Gefühl der Erwartung und der Erregung getragen.

Nachdem er die Frau derart berührt hat, schließt der

Mann diese Phase des Rituals damit ab, indem er in die Flamme der Kerze blickt und sich dann wieder der Frau zuwendet. Ruhig und beherrscht trägt der Mann nun auf die Schamhaare, den Nabel, die Herzregion, den Hals, die Stirn, die Kopfoberfläche, hinter den Ohren und auf die Handflächen der Frau parfümiertes Öl auf – der geeignetste Duft ist Sandelholz oder Patschuli. In seinem Geist beschwört er dabei die Worte herauf: »Frau ist Feuer. Sexuelle Energie ist der Brennstoff. Ihre *Yoni* ist die Flamme. Ihr Schamhaar ist der Rauch. Eindringen ist das Opfer. Lustgefühle sind die Funken. In diesem Feuer opfern die Götter ihren Samen. Aus solchen Opfern ist jedes Wesen geboren.« Alles, was beide als erhebend oder stimulierend empfinden, darf er jetzt tun, aber sein Bewußtsein muß dabei auf den Zweck des Rituals ausgerichtet bleiben.

- Die Frau bewegt sich nun auf die linke Seite ihres Partners, und damit beginnt der zweite Teil des Rituals, in dem nun das männliche Prinzip, der *Shiva*, verehrt wird. Sie reizt ihn mit ihren Bewegungen, berührt seinen Körper mit Händen und Lippen und salbt seinen *Lingam* (Penis) mit Öl. Im Uhrzeigersinn windet sie sich schlangengleich um den Partner herum und schließt damit alle negativen Einflüsse aus.
- Nun kann der eigentliche Liebesakt beginnen. Sitzende Positionen sind liegenden vorzuziehen, da sie im allgemeinen für verlängerten intimen Kontakt wirksamer sind. Die Stellungen können jedoch nach Belieben variiert werden. Positionswechsel unterstützen die Verlängerung des Liebesaktes, und sie schenken dem Liebesritus neue Dimensionen.

Es ist sehr zu empfehlen, schon vor dem Ritual die grundlegende Reihenfolge der Liebesstellungen gemeinsam festzulegen. Eine spontane Bewußtwerdung soll jedoch jede Planung verdrängen oder ersetzen dürfen.

ꝏ Das Lieben sollte sanft, sinnlich und wechselseitig sein. Wenn der *Lingam* in die *Yoni* eingeführt ist, sollte das Paar die Täler und Gipfel des Liebens erforschen. Bewegung wechselt mit Ruhe ab. Das tantrische Paar sollte sich bemühen, das Herannahen des Höhepunkts beim Partner abzuwarten und vorauszusehen. Es sollte das Lieben koordinieren, um so Energie- und Ekstasewellen freizusetzen, die gegenseitig das ganze Sein bereichern. Je länger Mann und Frau erhöhte sexuelle Erregung ohne Höhepunkt beibehalten können, desto transzendentaler wird das Erlebnis sein. *Shakti* und *Shiva* suchen im Verlauf ihres sexuellen Beisammenseins nach erleuchtenden und bedeutungsvollen Visionen. Mit offenem Herzen empfangen sie ein tieferes Verständnis des Lebens selbst. Für ein Paar, das tantrische Liebe voller Hingabe und Verpflichtung praktiziert, gibt es nichts Unerreichbares.

ꝏ Ob man sich mit oder ohne gegenseitigen körperlichen Orgasmus liebt, ist eine Sache der persönlichen Vorliebe, des physischen Zustands oder purer Spontaneität. Falls es jedoch zur Ejakulation kommt, dann sollte der Mann seinen *Lingam* einige Zeit in der *Yoni* belassen, um seinen Samenverlust durch die Sekretionen seiner Partnerin zu kompensieren. Im Moment der Ejakulation sollte der Mann versuchen, die damit freiwerdende Energie über die sieben Chakren nach oben in das letzte, das Kronenchakra zu ziehen und den Fluß mit dem geistigen Auge verfolgen. Im gleichen Augenblick sollte er seine Partnerin oben am Kopf oder zwischen den Augen berühren, um die Kraft auch auf sie zu übertragen.

Rache

Rachlust ist ein Gefühl, das viele Menschen antreibt. Sie bringt Dynamik und Aktivität mit sich und führt manchmal auch zur Besessenheit. Für manche Menschen oder sogar manche Völker scheint sie der einzige Ausdruck von Lebendigkeit zu sein.

Die Alte Religion kennt Wege, wie man ein Übel, das einem gesandt wurde, umkehren und zehnfach verstärkt zurückschicken kann. Das mag angemessen sein, wenn das eigene Leben, die eigene Sicherheit oder geistige Gesundheit durch den anderen bedroht werden. Rache ist nur dann gerechtfertigt, wenn das Überleben auf dem Spiel steht, und selbst dann ist sie niemals christlich.

Ein Mann oder eine Frau, der oder die von außen in eine Partnerschaft eindringt, rechtfertigt Rache nicht. Immer wenn es das verletzte Ego ist, das nach Rache schreit, dann heißt es aufhorchen: Stolz, Ruhm, Überheblichkeit dürfen niemals Anlaß für einen Rachefeldzug sein.

Wenn Sie in aller Ruhe über ihr Ziel nachgedacht und Ihre Entscheidung zur Rache weise gefällt haben, dann warten Sie bis zum nächsten Vollmond und zelebrieren als Frau das folgende Ritual:

- Suchen Sie sich einen geeigneten Platz unter freiem Himmel, wo Sie für die Göttin *Kali Ma* einen Altar erachten. *Kali Ma* liebt Hühnerknochen oder Gräten auf ihrem Altar. Ihr Symbol ist das Dreieck, ihre Flüssigkeit das Menstruationsblut, das durch Rotwein, Tierblut oder – warum nicht – Tomatensauce ersetzt werden kann.
- Schreiben Sie den Namen der Person, die Ihnen Leid zugefügt hat, von hinten nach vorne, auf ein Stück Pa-

pier. Wiederholen Sie das fünfmal, und bestreichen Sie das Stück Papier dann mit Blut. Neben den bereits genannten Möglichkeiten ist auch Urin ein zweckmäßiger Ersatz.

- Falten Sie das Papier zusammen, und legen Sie es unter eine schwarze Kerze.
- Stellen Sie etwas Räucherwerk für die schwarze Kunst oder einen beliebigen bannenden Duft bereit.
- Mit einem rostigen Nagel ritzen Sie den Namen der Person, die Ihnen Leid zugefügt hat, rückwärts, also wieder von hinten nach vorne, dreimal in die Kerze. Wenn Sie nicht wissen, wer Ihnen das Leid zugefügt hat, dann ersetzen Sie den Namen durch eine Formel wie: »Die Person, die mir Leid zugefügt hat.«
- Verbrennen Sie das Räucherwerk, zünden Sie die Kerze an, und sprechen Sie:

Ich schicke dir zurück die Krankheit, das Leid,
das du so gefühllos mir hast zugesandt.
Nimm nun zurück die schlaflosen Nächte,
Gefahr und den Schrecken,
den Schmerz meines Herzens und die tiefe Trauer.
Zurück falle es auf dich,
zurück falle es auf dich,
zurück falle es auf dich.
Über Spinngewebe wirst du fallen,
im eigenen Unglück wirst du dich verstricken.

- Wiederholen Sie dieses Ritual in sieben aufeinanderfolgenden Nächten, bis die Kerze niedergebrannt ist. Verbrennen Sie in den letzten Flammen der Kerze auch das Papier, auf dem der Name der Person steht, die Ihnen Leid zugefügt hat.
- Bringen Sie die Asche und die Wachsreste der Kerze

zum Haus dieser Person, oder werfen Sie beides auf ihren Weg, damit sie darauf tritt, wenn sie vorübergeht, und der Zauber an ihr haften bleibt.

- Wenn Sie nicht wissen, wo die Person wohnt, dann werfen Sie die Reste dieses Mondzaubers in ein lebendes Gewässer und überlassen es *Kali Ma,* die richtige Person zu finden.
- Sollten Sie jedoch einen unschuldigen Menschen angegriffen haben, dann wird der Zauber zehnfach auf Sie zurückfallen, und Sie werden Ihren Hals nicht so leicht aus der Schlinge beten können.

Blutsbruderschaft

Jeder Karl-May-Leser weiß, wie bei den Indianern Blutsbrüderschaft geschlossen wird. Aber diese Art Ritual ist bei weitem nicht nur auf die nordamerikanischen Indianerstämme beschränkt. Auch bei den Kikuyus Ostafrikas gibt es einen solchen Brauch. Sein Ablauf sieht allerdings etwas anders aus.

Derjenige der beiden Männer, der in der Gegend der Fremde ist, stellt für die Zeremonie ein Schaf zur Verfügung. Die Sitte will es, daß sowohl die Freunde der beiden als auch zwei Älteste anwesend sind. Das Schaf wird geschlachtet, sein Herz herausgenommen und über dem Feuer geröstet.

Die beiden Männer fügen sich selbst an der Nasenwurzel und über dem Brustbein je einen Schnitt zu. Jeder träufelt sein Blut auf das Herz des Schafes. Einer der Ältesten schneidet das Herz in zwei gleich große Teile, und jeder der beiden Männer ißt eine Hälfte.

Für ihre Dienste erhalten die beiden Ältesten je eine Keule. Die Neuverbrüderten lassen sich mit ihren Freunden zu einem fröhlichen Festmahl nieder, wobei der Rest des Schafes verspeist wird.

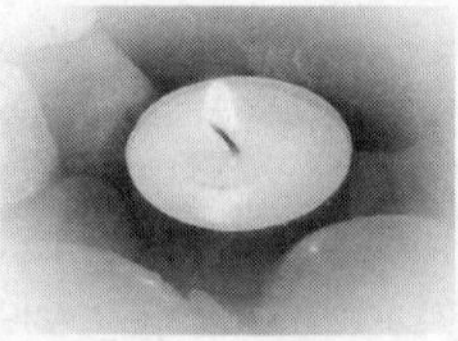

Selbstsegnung

Dies ist ein recht machtvolles Ritual und sollte nur dann praktiziert werden, wenn Sie wirklich Schutz benötigen. Es ist nicht an bestimmte Termine gebunden, jedoch bei Neumond, der den Neubeginn des Mondzyklus und damit allen Seins signalisiert, besonders wirkungsvoll.

Nigene González-Wippler empfiehlt die Selbstsegnung vor allem dann, wenn man den klaren Blick auf sein Lebensziel oder seine Mitte verloren hat, wenn man sich unsicher und gespalten fühlt. Sie vermag die Verbindung zum Göttlichen wiederherzustellen und weiht den das Ritual Zelebrierenden neu dem Gott und der Göttin. Darüber hinaus ist die Selbstsegnung auch als Bann gegen alle von außen kommenden schlechten Einflüsse oder Dämonen anwendbar.

- Suchen Sie sich einen Ort, wo Sie das Ritual frei von allen störenden Einflüssen und nackt feiern können.
- Sie benötigen Salz, Wein, Wasser und eine Kerze. Bereiten Sie Ihren Altar vor, knien sich vor ihm nieder, und konzentrieren Sie sich auf das, was vor Ihnen liegt.
- Wenn Sie bereit sind, dann stehen Sie auf, verstreuen das Salz auf der Stelle, wo Sie eben noch knieten und stellen sich darauf. Dann entzünden Sie die Kerze. Lassen Sie die Wärme und das Licht der Kerze in Ihren Körper strömen.
- Mischen Sie dann das Wasser mit dem Wein, und meditieren Sie über die Gründe für diese Selbstsegnung.
- Sagen Sie laut: »Segne mich Gott, segne mich Göttin, denn ich bin euer Kind.«
- Tauchen Sie die Finger Ihrer rechten Hand in das Gemisch aus Wein und Wasser, und berühren Sie damit

Ihre geschlossenen Augen. Sprechen Sie: »Gesegnet seien meine Augen, damit ich meinen Weg erkenne.«

- Verfahren Sie auf gleiche Weise mit Ihrer Nase, und sagen Sie dazu: »Gesegnet sei meine Nase, auf daß sie auch in Zukunft eure Essenz wahrnehme.«
- Auch den Mund salben Sie und sprechen dabei: »Gesegnet sei mein Mund, auf daß er von euch künde.«
- Nun ist Ihre Brust und damit Ihr Herz, das darin schlägt, an der Reihe: »Gesegnet seien meine Brust und mein Herz, auf daß ich in Treue eure mir gestellten Aufgaben erfülle.«
- Ihr Beckenbereich, in dem Ihre Geschlechtsorgane liegen, folgt: »Gesegnet seien meine Lenden, die das Leben von Menschen hervorbringen, so wie ihr die gesamte Schöpfung hervorgebracht habt.«
- Und schließlich berühren Sie auch Ihre Füße mit dem Wein-Wasser-Gemisch und sagen dabei: »Gesegnet seien meine Füße, auf daß ich hinfort auf dem rechten Weg wandle.«
- Verweilen Sie noch einen Augenblick und lassen die Handlung in Ihnen nachklingen.

Nach diesem Ritual werden Sie von innerem Frieden und von innerer Ruhe erfüllt sein. Sie sind dem Göttlichen nähergekommen, egal, ob Sie ihm in seinem weiblichen und seinem männlichen Aspekt, wie in der Beschreibung geschehen, begegnen oder einer anderen Vorstellung gefolgt sind. Sie wissen nun wieder, wohin Sie gehören, und können sich auf dieser Basis gestärkt den Dingen des Alltags stellen.

Amtseinsetzung

Das Volk der Ndembu in Nordwestsambia betreibt sowohl einfache Landwirtschaft als auch die rituell hochbewertete Jagd. Es besitzt ein reiches Repertoire an Riten mit ausgeprägter Symbolik. Darunter fällt auch das Amtseinsetzungsritual für den ältesten Häuptling, wie es von Victor Turner, der es selbst miterlebt hat, beschrieben wird. Durch den ältesten Häuptling wird das Stammesterritorium mit alledem, was sich darin befindet, repräsentiert. Die körperliche und moralische Verfassung des Häuptlings entscheidet über die Fruchtbarkeit des Landes und über die Abwehr von Dürrekatastrophen, Hungersnöten, Krankheiten und Insektenplagen.

Um einen neuen ältesten Häuptling in sein Amt einzusetzen, bauen mehrere Männer in einiger Entfernung vom Hauptdorf eine Hütte aus Blättern. Der Name dieser Hütte leitet sich von dem Ndembu-Wort für »sterben« ab und weist damit auch schon darauf hin, was in der Hütte geschehen soll: Hier stirbt der zukünftige Häuptling als normaler Dorfbewohner.

Nur mit dem Allernötigsten bekleidet, werden der zum Häuptling bestimmte Mann und seine Frau, die entweder seine älteste oder eine zu diesem Anlaß ausgewählte Sklavin ist, sogleich nach Sonnenuntergang von dem Bewahrer der Häuptlingsinsignien aufgefordert, sich zu der Hütte zu begeben. Bei diesen Insignien handelt es sich um ein aus menschlichen Sehnen und Genitalien hergestelltes Armband, das bei jeder Amtseinführung in das Opferblut männlicher und weiblicher Sklaven eingetaucht wird.

Das Paar wird in die Hütte geführt, als könne es nicht selbst gehen. Dort nehmen die beiden eine kauernde Demutshaltung ein und werden mit dem Wasser eines bestimmten Flusses gewaschen, der in mythologischem Zusammenhang mit dem Ursprung des Volkes steht. Das Feuerholz, das bei hereinbrechender Nacht entzündet wird, darf nicht mit der Axt gespaltet worden sein. Es muß vom Boden aufgesammelt werden und somit direkt von der Erde kommen.

Der Insignienbewahrer bringt an der Innenseite des linken Armes des Häuptlings, auf den am folgenden Tag das Armband geschoben wird, einen Schnitt an und reibt Medizin in ihn hinein. Dann werden der zukünftige Häuptling und seine Frau recht unsanft auf einer Mitte zum Sitzen gebracht. Die Frau darf nicht schwanger sein, da sich die Zeremonie ungünstig auf das ungeborene Kind auswirken kann. Beide dürfen bereits mehrere Tage zuvor keinen Geschlechtsverkehr miteinander gehabt haben.

Sind alle Voraussetzungen wie verlangt erfüllt, dann beginnt der Insignienbewahrer damit, den designierten Häuptling zu beschimpfen. Er wirft ihm vor, ein gemeiner, selbstsüchtiger und übellauniger Narr zu sein, der nach nichts anderem trachtet, als andere Menschen zu verletzen und sie zu bestehlen. Jetzt aber ist er dazu aufgerufen, seine Gemeinheiten und seinen Zorn abzulegen, auf jeglichen Hexenzauber und auf ehebrecherischen Geschlechtsverkehr zu verzichten. Der Insignienbewahrer verlangt von ihm, daß er seine Frauen von nun an angemessen mit Nahrung versorgt, mit den Leuten lacht und nicht kleinlich zu ihnen ist. Er soll die Häuptlingswürde nicht für sich allein behalten, sondern sie teilen. Da er an diesem Tag als neuer Häuptling geboren werden soll, muß er von nun an seinen Maniokbrei oder sein Fleisch teilen, jeden, der zu ihm will, willkommen heißen und darf bei der Rechtsprechung nicht parteiisch sein, vor allem nicht, wenn die eigenen Kinder in einen Rechtsstreit verwickelt sind.

Nach dieser Moralpredigt hat jeder, der glaubt, daß ihm

in der Vergangenheit durch den künftigen Häuptling Unrecht geschehen ist, die Gelegenheit, diesen zu beschimpfen und seinem Groll Ausdruck zu verleihen. Der Häuptling darf sich nicht verteidigen, sondern muß schweigend in demütiger Haltung dasitzen. Der Insignienbewahrer bespritzt ihn unterdessen mit Medizin und reibt dann und wann in beleidigender Weise sein Gesäß an ihm.

Überhaupt wird der Häuptlingsanwärter am Vorabend seiner Amtseinführung wie ein Sklave behandelt: Man zwingt ihn, Feuerholz zu holen und andere ähnlich niedrige Arbeiten zu verrichten, beschimpft ihn ohne Unterlaß und hindert ihn am Einschlafen. Letzteres geschieht jedoch auch, weil er dann von den Schatten der verstorbenen Häuptlinge träumen würde, die ihm das Recht absprächen, ihre Nachfolge anzutreten, da er doch für ihren Tod verantwortlich sei.

Der künftige Häuptling muß während alledem seine Selbstbeherrschung bewahren, so wie er es auch später in seiner Amtsführung tun muß, um den Versuchungen der Macht nicht zu erliegen. Er darf seinen Peinigern nichts übelnehmen und ihnen ihre Beschimpfungen später niemals vorwerfen.

Am folgenden Tag finden mit feierlichem Pomp die öffentliche Amtseinsetzung und das Überstreifen des heiligen Armbands statt.

Wohnsitzwechsel

Unsere Gesellschaft und die Berufswelt verlangen von uns immer größere Mobilität, und vor allem in den Städten ist häufiges Umziehen nichts Ungewöhnliches. Unser neues Zuhause ist jedoch meistens von Menschen bewohnt worden, die wir nicht kennen, und ihr Geist hängt oft noch »in der Luft«.

Zwar übernehmen wir unser neues Domizil in der Regel sauber, neu tapeziert und geweißt, was an sich schon ein Reinigungsritual sein kann, aber dennoch ist es manchmal sinnvoll, diesen für uns wichtigen Übergang noch einmal rituell zu gestalten. Traditionell werden solche Grenzüberschreitungen bei vielen Völkern markiert, indem ein Tier – je nach den Vermögensverhältnissen der beteiligten Personen ein Rind oder Schaf, eine Ziege oder ein Huhn – geopfert wird. Sein Blut wird auf der Schwelle oder der zu überschreitenden Grenze vergossen, Kopf und Körper werden voneinander getrennt und links und rechts auf der Grenze oder vor der Schwelle abgelegt, so daß der Überschreitende zwischen den beiden Körperteilen des geopferten Tieres hindurchgehen muß. Statt eines getöteten Tieres kann es sich auch um die Zweige eines bestimmten Busches oder Baumes handeln. Den Ethnologen sind zahlreiche solcher Praktiken bekannt, denen die Vorstellung zugrunde liegt, daß man auf diese Weise die alte Welt verläßt und eine neue Welt betritt.

Mitunter werden solche Übergangsriten sogar jedesmal praktiziert, wenn ein Haus betreten oder verlassen wird. So berührten etwa die Araber zu Mohammeds Zeiten beim Betreten und Verlassen eines Hauses mit der Hand den Hausgott. Ebenso berührt ein orthodoxer Jude, wenn er durch den Haupteingang seines Hauses tritt, mit einem Finger der rechten Hand ein Kästchen, das am Türpfosten befestigt ist und entweder ein Stück Papier oder ein Band enthält, auf das der Sakralname Gottes geschrieben oder gestickt ist. Dann küßt er den Finger und sagt: »Der Herr behüte deinen Ein- und Ausgang, von nun an bis in Ewigkeit.«

Nehmen Sie die nun folgende Beschreibung als Anregung, und verändern Sie sie nach Ihren speziellen Bedürfnissen.

- Der günstigste Zeitpunkt für dieses Ritual ist der Abend, bevor der Umzug stattfindet. Ihre neue Wohnung ist noch leer, aber doch schon sauber und einzugsfertig.
- Verharren Sie einen Augenblick vor dem Eingang, und vergegenwärtigen Sie sich, daß Sie im Begriff sind, Ihr Leben in einer neuen Umgebung fortzusetzen. Begrüßen Sie dann Ihr neues Zuhause, zum Beispiel mit den Worten: »Sei gegrüßt, neue Heimstatt. Mögest du mich in deinen Räumen willkommen heißen.«
- Bevor Sie die Schwelle überschreiten, gießen Sie Wasser in eine mitgebrachte Schale und geben einige Tropfen Rosmarin hinzu. Besprengen Sie damit den Rahmen und die Schwelle der Tür, und sprechen Sie: »Neues Leben, neues Licht ziehen hier nun ein!«
- Betreten Sie dann die Wohnung. Stellen Sie in die Mitte jeden Raumes eine Kerze, und zünden Sie sie an. Beginnen Sie mit Ihrem zukünftigen Schlafzimmer, denn dort bedürfen Sie des größten Schutzes.
- Entzünden Sie in einer weiteren Schale Räucherwerk – Weihrauch ist hier natürlich geeignet, aber nicht jeder mag den Duft. Wählen Sie gegebenenfalls ein anderes Räucherwerk, und lassen Sie sich dabei nur von Ihren Bedürfnissen leiten. Wieder im Schlafzimmer beginnend, beräuchern Sie nacheinander alle vier Ecken des Raumes und sprechen dazu: »Dämonen und böse Geister der Vergangenheit, hinfort mit euch. Neues Leben,

neues Licht ziehen hier nun ein.« Wiederholen Sie dies in jedem weiteren Zimmer und stellen die Schale schließlich neben der Kerze in Ihrem Schlafzimmer auf den Boden.

- Nehmen Sie nun die Schale mit dem Rosmarinwasser auf, und beginnen Sie wieder im Schlafzimmer. Treten Sie in die Mitte, und erklären Sie dem Raum seine zukünftige Funktion. Zum Beispiel: »Du sollst mein Schlafzimmer sein.« Besprengen Sie mit dem Wasser seine vier Ecken, und »weihen« Sie jede einem speziellen Wunsch. Sagen Sie zum Beispiel: »Möge ich in dir Ruhe und gute Träume nach einem langen Tag finden.« – »Möge ich in dir Schutz finden.« – »Möge ich in dir Nächte der Leidenschaft feiern.« – »Möge ich in dir am Morgen frohen Geistes erwachen.«
- Auf diese Weise durchschreiten Sie alle weiteren Zimmer.
- Dieser Zeremonie könnte sich ein rituelles Mahl mit den Menschen anschließen, die Sie nach Ihrem Einzug möglichst häufig in Ihrer neuen Wohnung sehen möchten. Erklären Sie ihnen, daß Sie vorher für sich allein ein Ritual feiern, an das sich das Mahl direkt anschließen soll. Pünktlichkeit ist also wichtig.
- Lassen Sie sich mit diesen Freunden in einem Raum bei Kerzenschein auf dem Fußboden nieder, trinken Sie mit ihnen roten Wein, und essen Sie mit ihnen Brot und Salz. Lassen Sie sich nicht aus der Ruhe bringen, wenn sich jemand über die Spärlichkeit der Verköstigung wundert. Schließlich handelt es sich um ein rituelles Mahl und nicht um eine Einweihungsfete.
- Die letzten Tropfen Wein aus der letzten Flasche lassen Sie auf die Schwelle tropfen, wenn Sie die Wohnung nach diesem Abend verlassen. Sie versiegeln damit Ihr neues Zuhause vor allen Dämonen und bösen Geistern.

Beruf

Das Handwerk mit seinem Zunftwesen und seinen Gilden war im Mittelalter nicht nur Produktionsstätte und Arbeitsgemeinschaft, sondern auch Lebensgemeinschaft, in deren Mittelpunkt die handwerkliche Welt stand. Der Handwerksbetrieb bildete eine Gemeinschaft, die Geschlossenheit, Ordnung und Solidarität anstrebte und die politische, wirtschaftliche, gesellschaftliche und erzieherische Funktionen übernahm.

Im Bewußtsein der daraus resultierenden Verantwortung bemühte man sich, der handwerklichen Arbeit einen angemessenen geistigen Unterbau zu geben.

In diesem Zusammenhang entstand mit der Zeit eine Vielzahl von oft geheimgehaltenen Bräuchen, Zeremonien, Traditionen und Ritualen. Erhalten haben sich vielerorts aber auch die öffentlich an Festtagen abgehaltenen Zeremonien bestimmter Gewerke, die an Verdienste um die Stadt in Notzeiten erinnern sollen. Prominente Beispiele hierfür sind der Münchner Schäfflertanz oder das Schönbartlaufen in Nürnberg.

Die überlieferten alten Handwerksrituale lassen sich grob in zwei Bereiche gliedern: in die nach innen, in den Betrieb, und in die nach außen, in die Gesellschaft, gerichteten Rituale. Unter den nach innen gerichteten Ritualen waren jene, welche die soziale Umstrukturierung und Angliederung markierten, besonders wichtig.

Rituell begangen wurde der Eintritt eines neuen Lehrlings, seine Aufnahme in den Gesellenstatus und schließlich seine Erhebung in den Meisterstand. Die Freisprechung der Lehrlinge nach dem Abschluß der Ausbildung und das sogenannte »Gesellenmachen« waren meist strenge Zeremonien, die in jedem Gewerk eigene und für dieses typische Ausprägungen aufwiesen.

In München beispielsweise sprangen die Metzgerlehrlinge bei ihrer Freisprechung vor versammelter Zunft und vielen Schaulustigen in das Wasser des Rohrbrunnens auf dem Marienplatz. Nach vollendeter »Taufe« wurden sie im Wasser losgesprochen und anschließend vom Altgesellen zu Gesellen geschlagen.

Der wichtigste Bestandteil des der Freistellung folgenden »Gesellenmachens« war die Schleifrede. In ihr wurde der noch »ungehobelte« Geselle, oft in derber Sprache, über die besonderen Bräuche seines Handwerks aufgeklärt. Ursprünglich hatte sie auch den Zweck, dem jungen Handwerker, der sich danach auf die Wanderschaft oder auf die Walz begeben mußte, in konzentrierter Form Lebensweisheiten mit auf den Weg zu geben.

Bei den Schlossern fand die Zeremonie ihren Abschluß im sogenannten »Bartbeißen«. Hierbei fragte der Altgeselle den Neuling, ob er lieber dem Schlüssel den Bart abbeißen oder sich mit seinen Brüdern vergleichen wolle. Natürlich fiel die Wahl auf letzteres, worauf der Altgeselle ihm den Schlüssel in den Mund steckte und ihn dreimal umdrehte, wie um ein Schloß zu öffnen – ab jetzt erst durfte der ehemalige Lehrling die Gesellen ungefragt ansprechen.

Das »Gesellenmachen« endete mit dem »Verschenken des Gesellenbratens«, also mit einem Festmahl.

In den zweiten Bereich handwerklicher Rituale, also in die Kategorie der nach außen, in die Gesellschaft gerichteten, gehörten zum einen Zeremonien wie Grundsteinlegung, Richtfest, Schiffstaufe und ähnliche, die auch heute noch in Gebrauch sind. Zum anderen sind ihm auch Feste und Feiern zuzurechnen, die als höchste Form der Bejahung, als Zeichen der Einheit von Individuum, Gott und Gesellschaft begangen wurden.

Den Sinn solcher Feste und Feiern sah man nicht in gemeinschaftlichen Alkoholexzessen. Neben ihrem reinen Unterhaltungswert war es die Funktion von Festen, nach Hast und Hetze des Alltags durch plötzliche freie Zeit und Muße das Sinnverständnis und die Sinnerfüllung des Lebens zu erleichtern. Fast automatisch entstand durch Innehalten und Besinnung eine gewisse Nachdenklichkeit, und die Frage nach dem Sinn des eigenen Tuns kam auf. Der einzelne fand einen angenehmen Rahmen, um seine Pflicht gegenüber der Gemeinschaft zu erfüllen, und die Gemeinschaft kam ihrer Verpflichtung nach durch eine strenge und »richtige« Begehung des Fests, um das damit Beabsichtigte – in der Regel Gottes Segen – zu erwirken.

Hinzu kamen religiöse Obliegenheiten, die ein Handwerksbetrieb oder eine Zunft beispielsweise gegenüber einem Schutzheiligen abzuleisten hatte. Dies geschah meist mit Umzügen, die oft regelmäßig einmal im Jahr abgehalten wurden und der Öffentlichkeit eine angenehme Abwechslung boten. Auch die säkularen Feiern und Zeremonien, die im Rahmen der Zünfte veranstaltet wurden, spielten eine wichtige gesellschaftliche Rolle.

Eine vernünftige, moderne Wiederbelebung von Ritualen im Bereich des Handwerks oder der Dienstleistung kann durchaus sinnvoll sein. Mit Ritualen wäre es möglich, den inneren Zusammenhalt und die Solidarität im Betrieb zu fördern, die Lebensqualität der beteiligten Personen zu steigern und letztlich auch positiv auf die Produktivität einzuwirken. Außerdem könnten Rituale in Verkauf und Marketing eine Rolle spielen, da sie, wie das folgende Beispiel zeigt, den Bedürfnissen der heute typischen erlebnisorientierten Verbraucher auf geradezu ideale Weise anzupassen sind.

Angenommen, ein Kunde möchte sich von einem Tischler einen Schrank anfertigen lassen. Er bespricht mit dem

Handwerker seine Vorstellungen, dieser setzt sie in einer Zeichnung oder in einem Modell um, und der Auftrag kommt auf dieser Basis zustande. Nun hören beide lange Zeit nichts mehr voneinander. Der Schreiner arbeitet Tag für Tag an dem Schrank und erlebt, wie er langsam Form annimmt. Je länger er mit Liebe daran arbeitet – und das muß er, wenn er seinen Beruf ernst nimmt und konkurrenzfähig sein will –, desto mehr liebt er den Schrank. Bei dem Kunden wird in der Zwischenzeit, da er ja aus dem Entstehungsprozeß ausgeschlossen ist, aus der anfänglichen Vorfreude Zweifel. Er fragt sich, ob das Resultat ihn auch wirklich befriedigen kann, ob ihm die Angelegenheit nicht doch zu teuer wird und ob der Handwerker ihn nicht vielleicht übers Ohr haut. Schließlich bringt der Schreiner den Schrank. Er freut sich, daß seine Arbeit gelungen ist, aber da er inzwischen eine Beziehung zu dem Schrank aufgebaut hat, fällt ihm die Trennung schwer. Der Kunde andererseits nimmt mit seinen Zweifeln einen Gegenstand entgegen, zu dem er nur kaum eine Beziehung hat. Das Ende der Transaktion erfolgt mit der Übergabe des Schrankes und durch die Bezahlung der Rechnung. Zurück bleibt ein Schreiner, der unter der Trennung von seinem Schrank leidet, und ein Kunde, der keine Beziehung zu dem Möbelstück hat und sich deshalb irgendwie betrogen fühlt.

Der langen Rede kurzer Sinn: Der Moment der Übergabe ist eine klassische krisenhafte Übergangssituation mit entsprechender emotionaler Instabilität. Sie läßt sich durch ein angemessenes Ritual entscheidend aufwerten. Das Ritual gibt der Arbeit einen richtigen Abschluß und nimmt der Situation durch Rahmen und Ordnung Angst und Unbehagen. Die Inszenierung der Übergabe schafft Sicherheit und Wohlbefinden auf beiden Seiten, und es macht den Kauf, wie es moderne Marketingstrategien verlangen, zum Erlebnis.

Nachfolgend Anregungen dafür, aus welchen Elementen sich ein solcher ritualisierter Arbeitsabschluß bei einem Tischler zusammensetzen könnte:

- Bei der Anlieferung des in Auftrag gegebenen Möbelstücks wählen Kunde und Schreiner gemeinsam den Standplatz des neuen Möbelstücks aus.
- Der Schreiner macht den Kunden mit seinem Werk vertraut, indem er ihn auf Details und Eigenheiten aufmerksam macht. Er spricht dabei über den Entstehungsprozeß, läßt den neuen Besitzer an seinen Überlegungen teilhaben und verheimlicht ihm auch nicht, wenn ihm etwas nicht so gut gelungen ist.
- Der Tischler erklärt dem Käufer, wie das Holz zu pflegen ist und übergibt ihm abschließend ein Fläschchen mit Möbelpolitur. Dieses Fläschchen ist ein Symbol, es drückt aus: »Ich habe meine Arbeit so gut gemacht, wie ich konnte. Jetzt übergebe ich das Möbelstück in deine Hände und in deine Pflege.«
- Bevor sich der Handwerker verabschiedet, fragt er den Kunden nach seiner Zufriedenheit.

Literatur

Arthur Avalon (Sir John Woodroffe), *Shakti und Shakta – Lehre und Ritual der Tantras*, Bern/München 1987.

Carol Beckwith/Tepilit Ole Saitoti, *Die Massai*, Köln 1992.

Bruno Bettelheim, *Die symbolischen Wunden – Pubertätsriten und der Neid des Mannes*, 2. Aufl. Frankfurt a. M. 1990.

Serge Bramly, *Macumba – Forces noires du Brésil*, Paris 1975.

Raymond Buckland, *Complete Book of Witchcraft*, St. Paul (USA) 1990.

Zsuzsanna E. Budapest, *Mond-Magie – Kreative Begegnung mit der dunklen Seite der Weiblichkeit*, München 1993.

David Cannadine/Simon Price, *Rituals of Royalty*, Cambridge 1987.

John M. Cooper, *The Gros Ventres of Montana*, Washington 1957.

Ernest Crawley, *Studies of Savages and Sex*, London 1929.

Patricia Davis, *A Change for the Better – A Woman's Guide through the Menopause*, Saffron Waiden 1993.

Warren R. Dawson, *The Custont of Couvade*, Manchester 1929.

Ludwig Deubner, *Attische Feste*, Berlin 1956.

Mary Douglas, *Ritual, Tabu und Körpersymbolik*, 2. Aufl. Frankfurt a. M. 1993.

Nik Douglas /Penny Slinger, *Das große Buch des Tantra – Sexuelle Geheimnisse und die Alchimie der Ekstase*, 3. Aufl. Basel 1989.

Emile Durkheim, *Die elementaren Formen des religiösen Lebens*, Frankfurt a. M. 1984.

Mircea Eliade, *Schamanismus und Archaische Ekstasetechnik*, Frankfurt a. M. 1975.

E. E. Evans-Pritchard, *The Position of Women in Primitive Societies and Other Essays in Social Anthropology*, London 1965.

Luisa Francia, *Drachenzeit*, München 1988.

Sir James George Frazer, *The Golden Bough – The Scapegoat*, London 1913.

Sir James George Frazer, *The Golden Bough – The Dying God*, London 1920.

C. Gay, *Fragment d'un voyages dans le Chili et oau Cusco partie des anciens Incas*, in: *Bulletin de la Société de Géographie*, Paris 1843.

Arnold van Gennep, *Übergangsriten*. Frankfurt a. M. 1986.

Max Gluckman (Hrsg.), *Essays on the Ritual of Social Relations*, Manchester 1962.

Migene Gonzalez-Wippler, *The Complete Book of Spells, Ceremonies & Magic*, St. Paul (USA) 1993.

William G. Gray, *Magie – Das Praxisbuch der magischen Rituale*, München 1992.

Bruno Gutmann, *Die Stammeslehren der Dschagga*, München 1932-1938.

Michael J. Harner (Hrsg.), *Hallucinogens and Shamanism*, Oxford 1973.

Horst Hartmann, Die *Plains- und Prärieindianer Nordamerikas*, Berlin 1973.

James Hastings (*Ybsg.*), *Encyclopaedia of Religion and Ethics*, Edingburgh 1955, Begriff: Initiation, Mysteries.

E. Hoffmann-Krayer/Hanns Bächtold-Stäubli (Hrsg.), *Handwörterbuch des deutschen Aberglaubens*, Berlin 1942.

Evan Imber-Black/Janine Roberts, *Vertrauen und Geborgenheit, Familienrituale und alte Bräuche neu entdeckt*, Düsseldorf 1993.

J. S. La Fontaine, *Initiation*, Manchester 1985.

Margaret Lantis, *Alaskan Eskimo Ceremonialism*, New York 1947.

Dr. Theophil Löbel, *Hochzeitsbräuche in der Türkei*, Amsterdam 1897.

Wilhelm Mannhardt, *Wald- und Feldkulte*, Darmstadt 1874/1963.

Mary Elisabeth MARLOW, *Handbook for the Emerging Woman – Awakening the Unlimited Power of the Feminine Spirit*, Shaftesbury 1994.

John MATTHEWS, *The Celtic Shaman*, Shaftesbury 1991.

Kenneth MEADOWS, *The Medicine Way*, Shaftesbury 1991.

Ulrike von MITZLAFF, *Massai-Frauen – Leben in einer patriarchalischen Gesellschaft, Feldforschung bei den Parakuyo in Tansania*, München 1988.

Ernst Wilhelm MÜLLER (Hrsg.), *Geschlechtsreife und Legitimation zur Zeugung*, Freiburg 1985.

Bruno NARDINI, *Das Handbuch der Mysterien und Geheimlehren*, München 1994.

Martin P. NILSSON, *Geschichte der Griechischen Religion*, München 1941.

Ludwig PAULI, *Keltischer Volksglaube*, München 1975.

Werner PETERMANN, *Regenkulte und Regenmacher bei bantusprachigen Ethnien Ost- und Südafrikas*, Berlin 1985.

Will-Erich PEUCKERT, *Geheimkulte*, Hildesheim 1988.

Robert von RANKE-GRAVES, *Griechische Mythologie – Quellen und Deutungen*, Reinbek 1987.

Ernst Thomas REIMBOLD, *Die Nacht im Mythos, Kultus, Volksglauben und in der transpersonalen Erfahrung*, Köln 1970.

James ROOSE-EVANS, *Passages of the Soul – Ritual Today*, Shaftesbury 1994.

W. Scoresby ROUTLEDGE/Katherine ROUTLEDGE, *With a Prehistoric People – The Akikiyu of British East Africa*, London 1968.

Wilhelm SCHMIDT, *Gebräuche des Ehemannes bei Schwangerschaft und Geburt*, Wien 1955.

STARHAWK, *Der Hexenkult als Ur-Religion der Großen Göttin – Magische Übungen, Rituale und Anrufungen*, München 1992.

STARHAWK, *Wilde Kräfte – Sex und Magie für eine erfüllte Welt*, München 1993.

SUN BEAR/WABUN WIND/Crysalis MULLIGAN, *Das Medizinrad –*

Praxisbuch – Übungen zur Heilung der Erde, München 1993.

Victor TURNER (Hrsg.), *Celebration*, Washington 1982.

Victor TURNER, *Das Ritual – Struktur und Anti-Struktur*, Frankfurt 1989.

Paul UCCUSIC, *Der Schamane in uns – Schamanismus als neue Selbsterfahrung, Hilfe und Heilung*, München 1994.

Ruth M. UNDERHILL, *Ceremonial Patterns in the Greater Southwest*, New York 1948.

Woldemar von UXKULL, *Die Eleusinischen Mysterien*, Büdingen-Gettenbach 1957.

Jan de VRIES, *Keltische Religion*, Stuttgart 1961.

Diane von WELTZIEN, *Rituale neu erschaffen – Elemente gelebter Spiritualität*, Basel 1995.

Rudolf WISSELL, Des *alten Handwerks Recht und Gewohnheit.* 6 Bände. Berlin 1971-1988.

Erich ZEHREN, *Das Testament der Sterne*, Berlin 1957.

Dr. Moritz ZELLER, *Die Knabenweihen*, Bern 1923.

Diese Titel könnten Sie ebenfalls interessieren

Nevill Drury

Lexikon des
esoterischen Wissens

ISBN 3-89767-449-1

Karin Hunkel

Farbtherapie

Das Arbeitsbuch zur richtigen Farbentscheidung

ISBN 3-89767-470-X

Margit & Ruediger Dahlke

Meditationsführer

Wege nach Innen

ISBN 3-89767-451-3

Renee Baron/Elisabeth Wagele

Das Enneagramm leichtgemacht

Entdecken Sie das System der neun Archetypen
• mit Typentest •

ISBN 3-89767-448-3

Markus Schirner

Talismane und Amulette

ISBN 3-89767-438-6

Harold J. Reilly/Ruth H. Brod

Das Edgar-Cayce-Gesundheitsbuch

Medizin aus einer anderen Dimension

ISBN 3-89767-457-2